엘 페레그리노

El Peregrino

엘 페레그리노El Peregrino
— 스페인 산티아고, 쿠바 순례기

2021년 11월 5일 처음 찍음

지은이 | 조헌정
펴낸이 | 김영호
펴낸곳 | 도서출판 동연
등 록 | 제1-1383호(1992. 6. 12)
주 소 | 서울시 마포구 월드컵로 163-3
전 화 | (02)335-2630
전 송 | (02)335-2640
이메일 | yh4321@gmail.com

ISBN 978-89-6447-734-2 03040

스페인 산티아고, 쿠바 순례기

엘 페레그리노

조헌정 지음

SANTIAGO DE COMPOSTELA
Ferrol
Leon
Oviedo
Saint-Jean-Pied-de-Port
San Sebastian Bilbao
Porto
Salamanca
Caceres
Coimbra
Seville
LISBON

동연

말이 잘 통하지 않는 외딴 길을 찾아

단 며칠이라도

홀로 걸어보았을 때,

비로소

참 자기를 발견하게 된다.

코로나(Corona) 세대인

손녀 애림(愛林, Brooklyn)이의

두 돌을 축하하며

길을 나서며

전혀 예상하지 못했던 코로나 비상사태를 맞아 우리는 모두 커다란 위기의식을 느끼며 살아가고 있다. 일상이 중지되고 홀로의 시간이 많아지는 것은 자연과 생명에 대한 자기 성찰을 하라는 하늘의 요구로 들린다. 필자 또한 몸이 허락하는 한 매년 계속하고 싶었던 스페인 까미노를 두 해나 건너뛰어야 하는 상황이 발생했다. 작년 봄 까미노를 걷고자 비행기 예약까지 마쳤던 몇 사람이 예약을 취소하는 것을 바라보면서 마음이 매우 안타까웠다. 그래서 그간 페북에 실었던 글을 정리하여 펴냄으로 아쉬운 마음을 달래고자 한다.

스페인 까미노에 관한 책은 여행 서적 중에서 가장 많이 출판되었다. 그럼에도 불구하고 필자가 이 책을 내고자 한 것은 다음의 몇 가지 점에서 구별이 되기 때문이다.

첫째, 지금까지 출판된 까미노Camino의 책은 거의 대부분 프랑스길Camino Frances에 한정되어 있다. 이 책은 스페인 까미노의 주요 네 개의 길을 다 다루고 있다.

둘째, 대부분의 책이 사진이 주를 이루지만, 필자의 책은 글이 주를 이룬다. 따라서 처음 걷고자 하는 사람들은 물론 이미 한두 차례 걸어본 사람들에게도 많은 정보를 제공하고 있다.

셋째, 대부분의 순례자들은 주로 6~8월 여름에 걷는다. 필자는 주로 12~1월에 걸었다. 겨울 길과 여름 길은 많은 차이가 있다. 겨울에는 순례자가 적기에 많은 알베르게가 닫힐뿐더러 열려있던 알베르게도 성탄절과 연말연시로 인해 예고 없이 닫는 일이 발생하여 곤혹스러운 경험을 겪는다. 게다가 스페인의 겨울 날씨가 주는 독특한 기운과 더불어 고풍스러운 도시와 끝없이 넓게 퍼진 산길의 정경은 여름과 사뭇 다르다.

넷째, 이 책은 홀로의 기록이다. 포르투갈 길Camino Portugues과 대평원 길Camino de la Plata을 걷는 동안에는 온종일 순례자는 물론 주민 한 명 만나지 못하는 경우도 많다. 어찌 보면 외로움의 기록이자 자기와의 투쟁(?) 기록이다. 필자가 보기에는 비록 두 사람이라도 친구끼리 함께 걷는 것은 순례라기보다는 여행에 가깝다.

다섯째, 겨울에는 혼자 걷는 외국인 순례자를 가끔 만나게 된다. 보이지 않는 깊은 연대감이 생기면서 마음속 깊은 이야기를 나누게 된다. 이 책에는 외국인 순례자들의 여러 이야기가 담겨 있다.

여섯째, 필자는 60세를 훌쩍 넘은 나이에 스페인 순례길을 처음 시작하였다. 보고 듣는 경험이 젊은이들과는 많은 차이가 있다.

일곱째, 필자는 은퇴 목사이다. 본래 스페인 까미노는 중세 기독인들이 참회와 용서를 빌기 위해 시작한 순례길이었다. 유럽인들은 그렇지 않지만, 우리나라 사람들은 돈이 별로 들지 않는 하나의 걷기 여행으로 생각하고 있어 여러 부작용이 일어나고 있다. 심지어 외국인 순례자들끼리는 한국인들이 머무는 마을을 피해 걷고자 서로 정보를 교환하기도 한다.

끝으로 필자는 목걸이용 작은 십자가를 수집하기도 하여 여행 중에 오래된 교회와 마을, 들판에 놓여 있는 십자가를 많이 찍었다. 하지만, 책의 지면상 몇 장밖에 들어가지 못해 무척 아쉽다.

이 책을 통해 코로나로 인해 우울해진 우리의 마음이 조금이나마 밝아지기를 기원한다. 기꺼이 출판을 맡아 주신 도서출판 동연의 김영호 사장과 편집에 애써주신 직원들께 마음 깊이 고마움을 드린다.

2021년 8월 DMZ국제평화대행진을 마치고

조헌정

차 례

NTIAGO DE
OMPOSTELA

Bilbao

Leon

Porto

Coim

lamanca

LISBON

Seville

1장

프렌치 길
Camino Frances

(2016. 12~2017. 1)

나는 왜 떠나는가?
기차로 6시간이면 갈 길, 왜 40일을 걷고자 한 것인가?
곧장 가면 3일 만에 건널 수 있는 광야 길,
야훼는 왜 40년 동안 빙빙 돌게 만드셨는가?

내가 이 세상에 보냄 받은 이유를 알고자 함인가? 소위 내가 이루었다고 하는 것이 쓰레기임을 깨닫고자 함일까? 인간의 의식은 결국 태어날 때로 돌아가는 것일까? 단지 태어날 때의 첫 숨은 들숨이고 죽을 때의 마지막 숨은 날숨만의 차이일까? 순례길 40일 후에는 좀 더 원초에 가까운 사람이 되기를 갈구한다.

마드리드는 스페인 중앙에 있고 마드리드 중앙광장은 해를 뜻하는 SOL이다. 태양의 나라, 정열의 나라라고 하지 않는가? 그러나 겨울은 다르다. 전날은 해가 비쳤다고 하던데 내가 도착한 날부터는 부슬비가 계속 내리고 있다. 기차를 타고 순례 여정의 출발지인 프랑스 생장드포르로 가는 오늘도 비가 내린다. 쉽게 개일 것 같지 않다. 창밖의 정경이 을씨년스러운 게 정말 멜랑꼴리하다. 그래서 스페인 미술에 검은색 시대가 있었던 것 같다. 바흐의 무반주 첼로 곡을 듣기에는 제격이지만, 설마 40일 내내 이러지는 않겠지.

2016 1216

Camino Frances 1일 차

Saint Jean Pied de Port – Roncesvalles 23.4km

프랑스 생장드포르에서 1000m 피레네 산장까지 26km. 9시에 출발해서 30분 정도 쉬고 계속 걸어 저녁 6시경 도착. 아마 이 코스가 육체적으로 가장 힘든 코스가 아닐까. 출발하는 곳에 작은 돌 성당이 있다. 기도하며 초를 하나 밝혔다.

짐을 줄이고 또 줄였는데도 배낭이 너무 무거워서 바로 무릎 통증이 온다. 몇 년 전 네팔 트레킹 후 통증으로 큰 고생을 하고 이제 조금 나아졌는데 무리하면 안 될 것 같다. 짐을 반으로 줄여 큰 배낭을 먼저 숙소로 보내기로 했다. 여름에는 서비스가 있는데 겨울에는 개인 택시로 보내야 한다. 40유로란다. 같이 잤던 젊은 한인 친구 2명도 짐을 보낸다고 해서 반반씩 부담했다.

그런데도 가방에 물과 간식을 넣으니 이 무게도 무시하기 힘들다. 오전 내내 통증이 있더니 저녁때는 조금 적응이 된다. 앞으로 어찌 될지 잘 모르겠다. 이런 식으로 계속 짐을 부치는 것도 비용이 문제가 된다. 그러나 짐을 다 지고 다니는 것 또한 문제다. 중도 탈락은 물론 돌아와서 고통과 치료비가 더 드니 말이다.

순례자가 많이 없다. 숙소에서 잔 4명이 전부다. 한국 젊은이 둘, 나 그리고 스위스에서 정원사로 일한다는 여성인데 몇 년 전 산티아고까지 걸은 적이 있어서 이번이 두 번째라고 한다. 이 여성은 45일 계획이고 한인 두 젊은이는 5일 여정이란다.

걷는 도중 반대편에서 오는 한 명을 만난 게 전부이다. 산티아고에서 오는 거냐고 말을 걸어 보았다. 그렇단다. 며칠째 걷냐고 물었더니 바로 답이 없다. 좀 더 얘기해보니 그는 5개월 반을 걷는 중인데 집으로 돌아가는 중이란다. 자기는 겸손을 배우는 중이라고. 그래서 처음에 답이 없었던 것 같다. 30대 초반으로 보이는 그가 나보고 급히 걷지 말라고 충고한다. 자기도 가끔 너무 빨리 걸었다고. 빨리 걷는다는 뜻이 무엇일까? 자기 존재를 잊었다는 말일 게다. 그는 6주 전 거리에서 만난 개랑 함께 걷는 중이다. 만난 날이 금요일이라서 프라이데이라고 부른다. 알베르게 숙소에서는 개랑 함께 잘 수가 없어서 텐트 치고 노숙을 한다고 한다. 내가 목사라고 하니까 그가 먼저 "갓 블레스 유"라고 한다. 나도 같은 말로 축복해주고 기념으로 사진 한 장 찍고 헤어졌다.

가끔 동네를 지나가면 옆에 와서 개들이 짖기도 하여 두려울 때가 있다. 하지만 때로 반가운 친구도 있다. 울타리 안의 조그마한 개가 꼬리를 마구 흔든다. 틈새로 손을 넣어 쓰다듬어 주었더니 좋아서 어쩔 줄을 모른다. 더 쓰다듬어 달라고 울타리에 몸을 마구 비벼댄다. 먹을 것까지 주었다.

자유와 방황은 같은가, 다른가? 둘 다 무엇엔가 구애받지 않고 자기 원하는 대로 사는 점에서는 같다. 젊은이가 자유롭게 산다고 하지만 부모가 볼 때 방황으로 보인다. 지금 나는 자유인가 방황인가?

신학자 틸리히가 말했다. 자유에는 자율, 타율, 신율 세 종류가 있다. 자율은 자기 욕망을 따라, 타율은 외부에 의해—그게 율법이든 주인이든—, 신율은 신의 뜻을 따라 사는 삶이다. 이건 복종과는 다르다. 자기 욕망과 어긋나지 않기 때문이다. 진리 안의 자유함이다. 자기를 좇아 걷지만, 목적지가 있으니 순례라고 부른다. 자유인지 방황인지는 후의 삶으로 구분될 것이다.

지금 묵고 있는 숙소는 제일 높은 곳에 있는 제일 큰 알베르게이다. 모두 180 베드가 있는데 생장드포르를 출발하는 모든 순례객이 머무는 첫 번째 장소이다. 지리산을 오르면 산장에 머물 듯이 다른 장소와 달리 선택의 여지가 없다. 여름에는 1,400m 산등성을 따라 겨울에는 중간에 찻길이 조금 있는 계곡을 따라 길이 있는데 둘 다 각기 다른 맛이 있을 것 같다. 겨울에 여름 코스로 들어가면 벌금을 물린다. 날은 잔뜩 흐리고 빗방울도 떨어지는 데다 계곡 물소리 따라 걷는 맛이 괜찮다. 3불짜리 포도주 한 병을 다 마셔가면서 노래도 흥얼거리고 말이다.

2016 Camino Frances 2일 차
1217 Roncesvalles – Zubiri 21.4km

어제 못다 한 식사 얘기다. 순례자 저녁 식사는 10유로인데 세 개 코스를 하나씩 선택한다. 포도주 혹은 물이 같이 나온다. 그런데 오늘 저녁보다 어제 산장에서 먹었던 음식이 정말 맛있었다. 식사는 콩 수프, 민물고기, 후식은 요구르트였다. 지금까지 먹어 본 생선요리 중 이렇게 맛있는 건 처음이었다. 뼈까지 아삭아삭. 아마도 근처에서 잡은 민물고기라서 더 맛있었는지 모른다. 크기는 손바닥만 한데 기막히게 맛있었다.

아침은 숙소마다 다르다. 첫날은 방값이 10유로에 식사 포함이었다. 식사라고 해봤자 가루 커피 한잔과 빵조각이 전부였지만. 오늘 아침은 5유로를 따로 내야 한다. 오늘 자는 곳은 아침 포함해서 방값 15유로이다. 메뉴가 뭔지는 모르지만, 아침을 먹으면 점심을 안 먹어도 된다. 원래 아침을 안 먹으니. 오늘 아침은 어젯밤 잠을 설쳐 몸을 데우기 위해 커피 대신 맥주로! 여기는 빵이 주식이다. 빵을 왜 그렇게 길게 만드는지 이해가 안 되지만 하나 사면 3일은 먹는다. 걸으면서 뜯어 먹으면 점심이 해결된다.

요즘 국내에서 국용으로 말린 제품이 나오는데, 정말 좋다. 보온병에 풀어 조금씩 종일 마셔도 되고 거기에 고추장을 조금 풀면 최고의 맛인 데다가 무게도 안 나가니 많이 사 올 걸 겨우 세 개만 사 와서 후회막심이다. 걸으면서 비프져키, 빵과 함께 씹을 수 있으니 최고다.

마트에서 귤, 사과를 하나씩 사서 먹으면 저녁 전까지 배고픔이 없다. 참고하시라. 오늘은 마트도 가지 않았다. 그러니까 어림잡아 하루 30유로면 먹고 자는 데 충분하다.

* 프랑스에서는 다음 숙소로 짐 보내는 비용이 20유로인데 스페인으로 오니 7유로로 뚝 떨어진다. 가끔 방값도 싼 곳(7유로)이 있다. 겨울에는 닫힌 곳이 많고 성탄, 연말연시에는 더 많이 닫는다. 한국 까미노 홈피는 2년 전 것이라 맞지 않는 곳이 많다. 특별 홈피가 따로 있다.

다들 떠난 다음 9시 너머 서서히 출발했다. 거의 8시간 동안 혼자 숲속을 걷는다. 지리산 등산을 하는 기분이다. 잔뜩 흐려 을씨년스럽

자유와 방황은 같은가 다른가?
둘 다 무엇엔가 구애받지 않고
자기 원하는 대로 사는 점에서 같다.
지금 나는 자유인가 방황인가?

지만 사색하기에는 좋은 날씨다. 무릎 통증이 조금 더 심해지고 방수용 새 신발을 샀더니 왼쪽 새끼발가락에 계속 통증이 온다. 역시 친구와 포도주 그리고 신발은 오래될수록 좋다.

겨우겨우 버텨가며 20km를 걸어 주비리에 도착하니 아직 해지기 전인 4시 반이다. 가게는 다 문을 닫았고 근처 식당에 가서 맥주 한잔하고 목욕을 하니 개운하다. 오늘은 4인실에서 혼자 잘 테니 꺨 염려 없다. 페친들 모두 평안하시라(4인실이 두 개인데 내가 5번째로 도착했다. 그런데 먼저 도착한 이가 있었으니 그 코골이 친구! 그가 식당부터 갔다가 늦게 오는 바람에 내 옆에서 자게 되는 막막한 상황이 발생했다. 그런데 이 친구가 주인에게 자기가 코를 골아서 내가 잠을 잘 자지 못하였다고 하자 40유로짜리 2인실을 그냥 쓰라고 했다. 늦게 온 자에게 복이 있으리…).

2016 1218 **Camino Frances 3일 차**
Zubiri – Pamplona 20.4km

팜쁠로나까지 20km를 걷는 데 7시간 걸렸다. 오늘은 일요일. 예배하는 마음으로 자연과 함께 천천히 걸었다. 처음에는 숲속에서, 조금 지나서는 강물과 함께, 후반부는 산등선을 따라, 마지막에는 정감 넘치는 독특한 건물 양식을 보존하고 있는 오래된 도시와 함께. 지금 머무는 숙소는 옛 성채 한가운데에 있는 교회가 운영하는 숙소이다. 침대가 150개나 되지만 오늘은 9명뿐이다. 새로 세 명이 더 왔는데 그중 한 명은 남미를 4개월 여행하고 온 한국 젊은이다.

내가 자랄 때는 꿈도 꾸지 못 할 일이었지만, 어찌 되었든 젊었을 때 해외여행을 하는 것은 너무나 좋은 일이다. 직업을 바꾸면서 혹은 부모의 도움으로 왔든, 젊었을 때 새로운 경험을 하는 것은 매우 바람직하다. 이곳은 물론 해외를 여행하는 수많은 한국 젊은이들이 있는데, 이들의 경험이 분명 한국 사회를 변화시킬 것이다.

작심삼일이라는 말이 있다. 3일을 견디지 못하는 결심을 두고 하는 말이지만, 뒤집으면 무슨 일이든 3일만 견디면 계속할 수 있다는 말이다. 단식할 때 고비는 3일째다. 삼 일만 넘어서면 배고픔의 고통이 비움의 편안함으로 넘어간다. 예수의 죽음이 부활로 바뀌는 기간이 3일이다.

몸이 적응하고 있는 것을 느낀다. 무릎 진통도 새끼발가락의 고통도 더 심해지지 않는다. 몸이 고통에 적응하고 있다. 나아졌다기보다는 계속되는 진통을 신경계통에서 시간의 감각으로 줄이는 것이다. 사랑하는 가족을 잃고 1년이 지났다고 해서 헤어짐의 슬픔의 크기가 변할 수는 없다. 그러나 계속 같은 고통의 크기를 간직한다면 병으로 번질 것이다. 몸이 살기 위해 스스로 고통을 줄인다. 적응하는 것이다. 어렸을 때 일은 생생하게 기억하면서 1년 전, 2년 전 사랑하는 이의 떠남은 기억에서 줄어든다(아버지를 먼저 보내신 내 엄마를 보니까 그런 것 같다). 물론 누구나 다 그렇다는 말은 아니다.

어제 아침 작은 동네를 빠져나가고 있는데 차가 약간 외진 집 앞에 선다. 강이 내려다보이는 매우 전망이 좋은 외딴집이다. 그런데 가까이 가서 보니 집이 아니라 작은 공동묘지였다. 지나가면서 힐끗 보니 60대 중반에 가까운 한 남자가 중앙에 있는 십자가 비석을 매만지며 슬픈 표정을 짓고 있다. 아마도 먼저 간 사랑하는 아내가 아닐까? 그는 매일 아침 이곳을 찾아오고 있는지도 모른다. 처음 몇 개월은 그럴 수 있겠지만 그 이상 하는 경우가 얼마나 될까?

주변 친구들 가운데 언젠가는 산티아고 순례길을 걷고자 생각하는 사람들이 제법 있는 것 같다(페이스북을 통해 자세하게 경험을 써달라거나 더 많은 정보를 위해 친구 요청을 한 사람들도 있다). 그래서 도움이 될 만한 이야기 몇 마디 하겠다.

물론 시중에 이미 많은 소개 책들이 있고 나도 갖고 있다. 그런데 겨울 순례자를 위한 안내서는 드물다. 우선 옷가지이다. 난 히말라야 트레킹을 여러 번 했다. 거기는 여름이든 겨울이든 일단 고지로 올라가면 영하의 온도에서 잠을 잔다. 전기도 없을뿐더러 숙소가 너무 허술하다. 이곳을 오면서도 영하의 온도에서 잠을 자는 상황을 대비하여 옷가지를 챙겼다.

그래서 짐이 많아졌다. 그런데 와서 보니 얇게 입고 잠을 자도 될 만큼 겨울 숙박시설이 거의 완벽하다. 세탁과 건조시설도 잘되어 있다(쉽게 말하면 양말 한 켤레만 갖고도 해지지만 않는다면 매일 빨아서 신을 수 있다). 또 약간 비싸긴(15유로 정도) 하지만 집을 개조한 사설 숙소를 이용하면 침낭도 필요가 없다. 방 안 온도도 높고 담요를 주기 때문이다. 시트도 매일 갈고 시설이 매우 깨끗하다. 그리고 간단하지만, 아침을 주기에 담요와 아침을 제공하지 않고 거의 백여 개의 베드가 있는 공립시설(8~10유로)에 비해 그리 비싼 것도 아니다. 겨울 순례를 생각하는 분들에게 도움이 되기를(지금 대형 숙소인데, 양쪽에서 코를 골고 있다. 물론 사설도 어쩔 수 없는 때도 있지만 많은 사람이 한 공간에 있으면 확률은 커진다).

배낭이 힘에 부치는 여성이나 어르신들은 처음부터 배낭을 다음 숙소로 배송하는 서비스를 선택해도 된다. 하루 7유로인데 이 경우

차라리 한국 음식을 준비해서 직접 요리해서 먹으면 식사비가 절약된다. 대부분 알베르게(숙박소)는 부엌이 있다. 난 조금 마른 걸 가져온 게 있어서 점심을 사 먹지 않고 있다. 오늘 저녁은 젊은 친구가(선글라스를 길에다 떨어뜨리고 간 걸 주워다 주었더니 감사의 표시로) 스파게티를 해주어 같이 먹었다. 그런대로 맛있었다. 다른 두 친구는 일찍 도착해서 라면과 비빔밥을 먹었다. 물론 순례용 저녁 식사는 절반 값에 내용도 훌륭하니 사 먹는 것도 매우 좋다.

2016 1219	Camino Frances 4일 차 Pamplona – Puente la Reina 23.9km

거의 7시간 반이 걸렸다. 중간에 약 900m의 산을 넘는다. 오늘은 바람이 무척 세게 분다. 산 주위에 풍력 바람개비 수십 개가 있는 것을 보니 본래 바람이 센 지역임을 알 수 있다.

핸드폰이 처음 나왔을 때 샀던 아이폰 3를 지금도 갖고 다닌다. 99센트에 구입한 클래식 천 곡이 들어 있는 앱 때문이다. 안드로이드에서는 찾을 수가 없다. 아침에 걸으며 바흐의 곡을 한두 시간 듣는데 가끔 초기 화면이 수십 배로 확대되면 방전하여 새로 충전할 때까지는 어떻게 할 수가 없다. 끌 수도 없다. 그래서 오늘은 끝날 때까지 평소에는 너무 길어서 듣지 않던 천지창조 오라토리오도 듣고 베토벤 교향곡도 몇 개 들었다. 바람 부는 을씨년스러운 분위기를 잊기에 좋았다.

순례길은 조개껍데기와 노란색 화살표로 표시되어 있다. 그런데 완전하지 않아 하루에 한두 번은 헷갈리는 경우가 있다. 숲속에서는 길이 낙엽에 덮여 약간 헤맨 적도 있고 갈림길에서 양쪽 모두에 표시된 곳도 있다. 물론 두 길이 결국은 같은 목적지로 이끈다. 며칠 지내보니 요령이 생긴다.

요한복음의 저자 요한은 앞의 세 복음서 저자들처럼 예수께서 행한 여러 가지 기적을 기적이라는 단어로 말하지 않고 세메이온 곧 표지, 표식으로 번역되는 단어로 바꿔 표현했다. 우리말 성서는 이를 이적이라고 번역하여 본래의 저자 의도를 감춰버렸다. 읽는 사람이 기적과 이적의 차이를 발견할 수 없다. 의도적인 오역이라고 본다.

왜 예수의 기적을 표지라고 말할까? 왜냐하면, 신자들이 달을 보지 않고 손가락에 매이기 때문이다. 물로 포도주를 만든 가나 사건은 기적이나 이적이 아니다. 표지이다. 예수께로 인도되는 단지 표식일 따름이다. 잔칫집에 포도주가 없다는 것은 잔치의 흥 곧 진정성이 끝났다는 말이다. 유대교가 그랬는데 예수가 다시 이를 새로운 흥으로 만들어 냈다는 말이다.

한참을 걸어가다 조개 표지판이 보이지 않으면 불안하다. 그러다가 보이면 안심이 된다. 로마 시대는 물론 고대, 중세, 최근 지도가 만들어질 때까지 길의 표지판은 초행길을 걷는 순례자들에게 매우 중요했다. 숲속에서 잘못 갔다가는 죽음에 이르기 때문이다. 인생은 두 번 살 수 없다. 잘못을 뉘우칠 수는 있어도 시간을 되돌릴 수는 없다. 예수는 요한에게 참 자유로 이끄는 표지였다.

요한복음에는 "나는 빵이다"와 같은 에고 에이미 선언이 일곱 번 나온다. 이는 히브리어로 야훼가 되는 선언이다. 그래서 유대 종교지도자들이 분노한다. 그리고 세메이온이 일곱 번 나온다. 완전 숫자이다. 그래서 나를 본 자는 아버지를 본 것이고 나로 말미암지 않고는 아버지께로 갈 수 없다. 요한은 예수가 길을 인도하는 표지임을 말하고 싶었던 것이다.

여기서 길은 단 하나일까 아니면 여럿일까? 그건 해석에 달렸다. 지름길도 있고 돌아가는 길도 있다. 급한 사람은 지름길로 가고 여유 있고 운치를 보기 원하는 사람은 돌아가는 길로 간다. 어떤 사람은 한번 갔던 길은 다시 가지 않는다. 길은 여러 사람이 계속 밟으면서 생겨난다. 길이 절대는 아니다. 가끔 새롭게 길을 내는 사람도 있다.

최근 교황께서 자연 진화를 공개적으로 주장했다. 이는 창조의 부정이 아니다. 신앙과 과학이 서로 반대가 아니듯이. 시와 논설은 같은 인생을 노래하지만, 표현 방식이 다르다. 진화는 오랜 과정을 겪기도 하지만 가끔은 새로운 패러다임 곧 전연 다른 차원으로 건너뛰기도 한다. 이때 작용하는 것은 조나단의 갈매기와 같은 별종 모험을 즐기는 창조자들이 있기 때문이다.

예수는 요한에게 전연 새로운 차원의 표지였다. 미지로의 여행은 새로운 자기를 눈뜨게 한다. 나는 본래 이 까미노 길을 70대쯤에 하리라 생각했다. 잘 닦여 있기 때문이다. 칠레나 이란 쪽으로 가려고 하다가 갑자기 오게 되었다. 준비 없이 와서 책이나 인터넷을 통해 다음 목적지를 알아보고 있다.

이 길은 30년 전 우연히 미국 공항에서 당시 유명한 여배우가 쓴 책을 통해 알았다. 누구나 그렇듯이 일과 가정이 있는 사람이 40일의 시간을 내는 것은 불가능하다. 그러다가 오늘에 이르렀다.

오늘 숙소에는 사람이 더 늘어 모두 12명이 묵는다. 스페인, 이탈리아, 일본 친구 그리고 한국인 두 명이 더 왔다. 26세의 아들과 50대

후반의 어머니가 함께. 아들은 6개월간 세계여행 중에 어머니의 버킷리스트 중 하나를 실현하기 위해 여기서 만났다고 한다. 등산 경험도 별로 없다고 하는데 걱정된다. 첫날은 견뎠지만 분명 발이 부르틀텐데 아들은 걱정이 없다. 엄마가 힘들면 버스로 이동하면 되기 때문이다. 이탈리아 친구가 우리 모두를 위해 스파게티를 요리했다. 다들 맛있게 먹었다. 난 포도주로 대접했다.

아침에 짐을 보내려고 했더니 여기는 겨울 배송 서비스가 없어서 택시로 가야 한다면서 20유로란다. 한참을 망설이다가 일단 보냈다. 그런데 길을 떠나고 나서 우체국을 이용하면 8유로라는 사실을 알게 되었다(다만 이런 경우에는 우체국에 가서 찾아야 한다). 다시 돌아갈 수는 없다. 길은 여러 갈래임을 다시 깨닫는다.

2016 1220	Camino Frances 5일 차 Puente la Reina – Estella 21.6km

Estella까지 20km. 그리 힘든 코스는 아니지만, 배송료가 너무 비싸 차라리 그 돈으로 맛있는 것을 사 먹기로 하고 짐은 지고 가기로 했다. 약 13kg 정도. 20대 젊은 친구들 배낭 무게와 거의 비슷하다.

둘러매자 지금까지에 비해 무게가 배가 되어 무척 힘들게 느껴진다. 무릎 통증이 심해질까 걱정되지만, 천천히 걸으면서 시도해 보고 너무 힘들면 다른 방도를 찾아보기로 했다. 그러나 무사히 도착했다. 역시 몸은 자기 훈련과 마음먹기에 따라 어느 정도까지는 가능함을 다시 한번 실감했다.

De nada sirven los caminos que has recorrido,
si en ellos no has dejado ninguna huella.

The roads you have walked are of no use
if you haven't left any footprints.

아무 흔적도 남기지 않았다면
당신이 걸었던 그 길은 아무런 의미가 없습니다.

중간에 로마 시대의 길과 수문이 있는 길을 걸으면서 이 길을 걸어갔던 야고보 사도와 수많은 순례자를 생각한다. 그들은 무엇을 위해, 또 나는 무엇을 위해 걷고 있는 걸까?

여러 차례 고속도로 밑으로 혹은 위로 지나가며 빠름의 의미에 대해 묵상해 본다. 오늘 내가 7시간 걸었던 20km는 80km 속도로 달리면 15분 걸린다. 저들은 무엇을 위해 저토록 빨리 가는 것일까? 나는 또 무엇을 위해 이렇게 천천히 걷는 것일까? 궁극적으로 따지고 보면 삶의 행복함일 것이다. 경쟁 시대에서 남보다 빨리 간다는 것은 성공의 조건이기도 하다. 그런데 결국 목적지는 같은 것이 아닌가? 도중에 남보다 빨리 가는 것이 기분은 좋을지 몰라도 가서 보면 그 차이는 아무것도 아니다. 나도 저들처럼 쌩쌩 달린 적이 한두 번이 아니지만, 그때보다 지금이 수십 배는 행복하다.

2016	Camino Frances 6일 차
1221	Estella – Los Arcos 21.3km

짐 무게에 몸이 적응하는 것 같다. 커피 한잔과 요구르트를 먹고 출발한다. 햇볕이 따사롭다. 어제보다 날씨가 화사하다. 우기라고 해서 걱정을 많이 하고 왔는데 일단 오늘까지는 걷는 도중 비가 내리지 않았다. 땅이 흠뻑 적셔있는 것을 보면 밤사이 비가 내린 건 분명한데 아침이 되면 비가 그친다. 하늘이 길을 축복하는 것 같다. 물론 내일은 비를 만날지도 모르지만.

도시를 빠져 외곽으로 조금 가다 보니 유명한 이라체 포도주 공장과 성당이 보인다. 물과 포도주 두 꼭지가 달려있다. 1991년도부터 베네딕트 수도사들이 순례객을 위해 제공하고 있다. 단, 하루에 제공하는 포도주가 제한되어 있으니 마시는 것은 좋지만 너무 큰 용기에

담아가지는 말라고 적혀 있다. 겨울 순례자는 숫자가 적어 마음껏 마시고 담아갈 수도 있지만, 일단 짐 무게 때문에 많이 가져갈 수도 없고 아침부터 취해서 걸을 수도 없으니 맛만 보고 작은 물병에 담아 걸어가면서 마시니 기분이 좋다(지금 이 글을 쓰면서 더 많이 가져올 걸 후회가 든다).

새 신발이 맞지 않아 오른 엄지발가락 등이 점점 심하게 아파져

온다. 할 수 없이 등산화를 벗고 운동화로 갈아 신었다. 그러자 발도 편하고 가벼우니 걸음걸이가 훨씬 가볍다. 험한 산을 걷는 것도 아니니 처음부터 운동화를 신을걸. 생각의 변화가 필요하다.

그러고 보니 몇 년 전 히말라야 트레킹 할 때, 60대의 독일 여성이 샌들을 신고 3,000m를 올라가는 것을 보았다. 물론 등산화도 있었지만, 본인이 편하면 되는 게 아닐까. 이 운동화는 내가 안식년을 떠난다고 하자 부이사장으로 있는 서울 외국인 노동자센터에서 기념으로 마련하여 준 신발이다. 처음에는 '웬 운동화?' 하며 의아하였는데 지금 생각하니 신발이 이렇게 가볍지 않았다면 분명 가져오지 않았을 것이다. 선견지명이 있는 외노센터 이사장 최의팔 목사님을 비롯한 이사 직원분들에게 이 자리를 빌려 감사드린다.

무려 4시간 동안 마을도, 사람도 없는 길을 걸었다. 그래서 고독과 명상의 길로 알려져 있다.

2016	Camino Frances 7일 차
1222	Los Arcos – Logrono 27.6km

비가 내림에도 불구하고 로그로노까지 무사히 7시간 반 만에 완주했다. 조금씩 속도가 붙는다. 그런데 비가 오니 쉬지 못한 채 계속 걸었더니 다리와 어깨에 통증이 온다. 여기 겨울비는 보슬비와 가랑비를 왔다 갔다 하며 온종일 내린다. 슈베르트의 겨울 나그네를 듣기에 제격이다.

로그로노는 지나온 도시 중 가장 큰 도시이다. 성탄절을 앞두고 도시가 들떠 있다. 나도 함께 들뜨려고 한다.

어제는 비가 밤에만 내리는 것에 감사했는데 오늘은 비에도 감사하며 길을 걸어야겠다. 28km를 오르락내리락하기는 쉽지 않은 길이다. 인샬라!

2016	Camino Frances 8일 차
1223	Logrono – Najera 29km

8시간 반이 걸려 나헤라까지 31km를 걸었다. 거의 쉬지 않고 걸었다. 해가 빨리 지니 말이다. 겨울에는 중간에 있는 작은 마을의 숙소가 닫힌다. 큰 도시라 하더라도 시가 운영하는 숙소만 연다. 오늘은 힘이 들지만 어쩔 수 없이 걸어야 했다.

운동화가 가볍긴 한데 자갈길을 걸으니 발바닥이 아프다. 등산화는 발등이 아프고 운동화는 발바닥이 아프니 어찌해야 할지 고민이다. 내일 일은 내일 걱정하자.

내일은 성탄절 이브이다. 이브에는 모든 가게가 일찍 닫고 성탄절은 모두 문을 닫는다. 숙소도 대부분 닫는다. 철저한 주의가 필요한데 함께 걷는 8명의 일행 중 스페인 친구가 있어 미리미리 확인할 수 있어서 다행이었다. 혼자 움직이는 경우엔 고민이 되는 사항이다.

스페인 겨울 날씨는 너무 변덕스럽다. 5분 후를 예측할 수 없다. 오늘은 끝없이 펼쳐진 포도밭을 지나간다. 가끔 수확하고 남은 포도송이들이 여기저기 달려있다. 대부분 먹기 힘들지만 그래도 가끔 먹을만한 포도가 발견된다.

로그로노를 출발할 때 해가 뜨기 전 성당을 들어갔다. 두 명이 기도 중이었다. 중간에 들른 나바레따라는 작은 마을에는 500년 된 성당이 있었는데 내부가 매우 웅장하고 거의 전체가 금으로 덮여 있었다. 유럽의 여러 성당을 다녀보았지만 이렇게 전체가 금으로 뒤덮인 성당은 처음인 것 같다. 그러나 웅장한 느낌은 있지만, 신자들로 하여금 잘못하면 금을 숭배하게 하는 것은 아닌가 염려된다. 금관의 예수가 생각난다. 주님은 머리 위에 씌워진 금관이 너무 무겁다고 제발 벗겨 달라고 하소연을 하고 있는데 말이다.

오늘은 숙소에서 식사를 만들어 먹었다. 누군가 남겨놓은 쌀이 있어 밥을 짓고 마켓에 가서 마늘과 토마토, 버섯을 사서 다듬어 함께 넣고 끓였다. 소금으로 간을 맞추고 생강 가루와 백포도주를 조금 넣었다. 생각보다 맛있다. 먹어 본 친구들이 다 좋아한다. 요리라곤 김치찌개와 된장찌개 외에 처음으로 시도했는데 만족할 만하다. 앞으로 계속 시도할 예정이다.

2016	Camino Frances 9일 차
1224	Najera - Santo Domingo de la Calzada 20.7km

21km를 걸어 Santo de Domingo에 도착하다. 크리스마스이브다. 며칠을 함께 지내고 있는 스페인, 이탈리아, 아르헨티나, 뉴질랜드, 한인들과 함께 파티를 열었다.

오는 도중 끝없이 펼쳐진 포도밭을 지나가면서 남겨진(버려진) 포도 열매를 마음껏 먹었다. 아침 이슬을 머금은 포도가 아주 맛있다. 여름 순례객들은 얻을 수 없는 기회이다.

마태복음에 동방박사 얘기가 나온다. 그들은 단순히 별을 연구하는 천문학자가 아니다. 알렉산더 사후 로마제국에 저항하는 페르시아 제국의 후예들이 세운 파르티아 제국의 사람들이다. 한때 헤롯은 이들의 침략에 의해 로마로 피신 갔던 적이 있다.

유대는 오래전 바빌론 제국의 포로 생활에서 페르시아 제국에 의해 해방을 얻어 고향으로 돌아올 수 있었다. 따라서 동방은 해방을 상징하고 별 또한 새로운 시대가 시작하는 상징이다. 그러기에 동박의 박사들이 찾아왔을 때 예루살렘 성내 전체에 소동이 일어났다.

마태는 이미 1장 아브라함으로부터 시작하는 예수 족보를 통해 4명의 문제 많은 여성을 언급함으로 이미 기존 질서의 붕괴를 선포했다. 또한, 족보의 연대를 40대로 암묵하여 언급(14대씩 3번을 언급했지만, 다윗과 바빌론 포로가 처음과 끝에 각각 두 번 언급되니 실제는 40대이다)함으로 인간 크로노스의 역사가 아닌 하느님의 카이로스 역사 곧 꼴찌가 첫째 되는 혁명의 역사가 도래했음을 선포하고 있다.

이것이 바로 기쁜 소식, 복음이다. 페이스북 친구 모두에게 세상이 줄 수 없는 하늘의 기쁨이 임하기를 기도한다.

2016	Camino Frances 10일 차
1225	Santo Domingo de la Calzada – Villambistia 28km

성탄절. 1972년 신학교에 입학 이래 성탄절은 언제나 예배와 설교 등등 일종의 교회 업무를 수행하는 날이었다. 그것도 일 년에 한 번 찾아오는 특별하고도 가장 바쁜 날이었다. 그런데 어제 이브에는 안식년에 맞게 함께 걷는 친구들과 조촐한 파티를 하고 오늘도 계속 걷는다. 오늘 하루쯤은 쉬어야 하지만 쉴 곳이 없다. 숙소는 8시 이전에 나와야 한다. 더욱 큰 문제는 하루길 안에 문을 연 알베르게가 없다는 것이다. 예수를 따르는 순례자들이 예수 탄생 축하로 인해 잘 곳이 없는 모순이다.

어제저녁 성당 입구에 아기 예수 모형이 놓여 있는데 문은 닫혀 있었다. 교황께서는 이번 성탄 메시지에서 예수가 물질주의의 포로가 되어있다고 했다.

나 또한 오늘내일 먹을 양식을 잔뜩 짊어지고 물질의 포로가 되어 걷는다. 오늘 하루 안 먹는다고 죽는 것도 아닌데….

성탄절이라 들어갈 만한 숙소가 없어 28km를 걸어 땅거미가 완전히 진 6시경에야 비얌비스트에 도착했다. 9시간 걸렸다. 비슷한 속도로 앞서거나 뒤서거니 걷던 아르헨티나의 젊은이 프레드리꼬. 아들과 같은 나이 35세인데 4년 전 한 번 순례길을 걸었다고 한다. 발바닥이 아파서 매우 힘들어하더니 더는 못 가겠다고 해서 작별 인사를

했다. 아예 못 볼 수도 있으니 하늘나라에서 만나자고 말했다.

가까운 다음 마을로 갔더니 성당 안에서 소리가 난다. 마을 사람들 약 백여 명이 모여 미사 중이다. 다들 한 줄로 나가기에 성체를 베푸나 하여 나도 맨 끝에 서서 나갔더니 아기 예수 인형에게 입을 맞추는 예식이었다. 입술에 맞추나 하고 입술을 내밀었는데 배꼽을 대어준다. 이번 성탄절 예배는 이것으로 대신, 아주 특이한 예식이었다.

마을을 빠져나가는데 아까 헤어진 프레디가 길가에 누워 있다. 숙소가 없단다. 걷고 걸어서 결국 여기까지 함께 왔다. 그런데 숙소 주인의 서비스가 매우 좋다. 바와 식당을 겸한 작은 집이다. 마을회관 역할을 하는 곳이다. 뭐든지 더 주려 하고 시원시원한 성격이다. 어제 남은 마늘과 토마토로 스프를 만들려고 하니 본래 부엌 시설이 없는데도 불구하고 식당 부엌을 쓰게 해줄 뿐 아니라 이것저것 양념 재료를 마구 내어준다. 나중에는 포도주와 아이스크림도 준다. 흰 포도주와 로즈마리로 만든 닭고기도 일품이다. 화끈한 서비스에 피로가 말끔히 씻긴다. 값도 싸다. 저녁 식사를 안 하면 6유로에 조식 포함이

다. 최고로 싼 것 같다.

아래층 식당에서 모두 기분이 좋아 떠드는데 가장 유쾌하게 웃는 50대 중반의 이태리인 알렉산드르의 웃음소리가 빠져있다. 그는 이곳까지 못 오고 벨도라도에서 혼자 38유로의 펜션에 머무르고 있다. 어쩌면 그와는 헤어짐의 인사도 하지 못한 채 헤어질 것 같다.

2016	Camino Frances 11일 차
1226	Villambistia – Ages 20km

오늘은 20km, 6시간 정도 걷고 Ages에서 짐을 풀었다. 길 자체는 힘들지 않았지만, 마을도 없고 숲속 길만 거의 5시간을 혼자 걷다 보니 외로움이 밀려온다. 그때, 700m 가면 오아시스가 있다는 팻말이 눈에 띈다. 난 물이 있나 했더니 여름 순례자들이 만들어 놓은 갖가지 목공예품들이 있다. 외로움을 덜어주니 오아시스가 맞다. 거기서 어

제 만든 수프와 빵으로 점심을 먹었다.

처음 숲속 길을 들어섰을 때, 방금 잠에서 깨어난 세 명의 순례자들을 만났다. 앞이 터진 숲의 쉘터에서 잠을 자고 일어난 것이다. 독일인들로 둘은 20대 초반, 다른 한 명은 40대 초반쯤 보인다.

이 친구 얼굴이 예사롭지 않다. 어제 젊은이들을 만나 여기서 잤다고 한다. 며칠째 걷느냐고 물었더니 둘은 4주가 되었고 이 친구는 4개월째란다. 그래서 내가 한 열흘 전에 만난 친구는 5개월 반이 되었고 직접 만나지는 못했지만, 내 일행이 만났던 사람 중에는 5년째 걷는 독일인도 있다고 했다. 그랬더니 바로 자기가 5년째 걷는 사람이란다. 여름에는 일하고 겨울, 봄 9개월은 걷는다고 하면서 지금 4개월 되었고 이 순례는 5년 전에 시작했다고. 이게 끝나면 스페인에서 세르비아까지 그리고 내후년에는 스위스까지 갈 예정이란다. 감자칩을 손에 들고 있는데 잠자리에 보니 감자칩이 잔뜩 있다. 식사대용이란다. 이 친구 짐 크기가 나의 두 배나 된다. 무게 위주로 밥을 챙겨서 다니는 것이다.

내가 한국인이라고 하자 자기도 현대자동차 회사랑 일하느라 일주일간 서울에 머문 적이 있는데 그때 먹어 본 커피가 제일 맛있었다고 하면서 한국 커피가 세계 최고란다.

독일인들이기에 내가 목사라고 밝히고 지금 통일을 위해 기도하며 걷는다고 하면서 기도를 부탁하자 그 친구가 배낭에서 신약성서를 꺼내 보여준다. 그리고는 주머니에서 기도 묵주를 꺼낸다. 자기도 기도하며 걷는 중이란다. 이제 한국 통일을 위해서도 기도하겠다고 하면서 수첩을 내밀며 내 이름을 써달라고 한다. 그 친구 이름은 Michael Wijns. 통일 기도 동지를 한 명 얻었다.

2016 1227	Camino Frances 12일 차 Ages – Burgos 25km

25km를 7시간 걸려 부르고스에 도착. 오늘은 해뜨기 전에 출발했다. 짙은 안개 속에 산을 오르내리기에 팻말을 지나쳐 잘못된 길로 들어갈까 염려했는데 잘 왔다. 오전은 자갈길 산속, 오후는 도시 차로를 따라 걸었다. 완전히 대비되는 길이다. 다행히 중간에 만난 스페인 친구가 공장지대로 가는 공식 길과는 다른 강가의 길로 인도하여 좋았다. 시민들이 걷는 산책길을 까미노 친구들이 어지럽힐까 하여 이 길로 인도하지 않는 것 같다. 강가의 길로 들어섰음에도 불구하고 다른 길로 가라는 노란색 표시가 있었다. 나도 부르고스 시민이라면 당연히 외부인들에 대한 불평이 나올 수 있을지도 모르겠지만, 그래도 좀 너무했다는 느낌이….

부르고스 숙박시설은 5유로로 기부형식 빼놓고는 제일 싸면서도 최고의 시설이다. 숙박(알베르게) 관련하여 한마디 한다면 보통 시립 숙박 표시인 municipal이 붙어 있으면 싸고 좋다. 그런데 이틀 전 사

설 숙박은 아침 포함 6유로였는데 아침도 그냥 빵과 커피뿐만이 아니라 사과와 오렌지도 하나씩이다. 이보다 못한 아침 식사도 3유로이니 따지고 보면 방값은 거의 공짜 수준이었다. 게다가 주인의 친절은 상상 이상이었다.

그런데 어제 잤던 아헤스는 municipal이 붙은 사설인데도 10유로에 아무것도 없을뿐더러 따뜻한 물을 먹을 방법도 없었다. 주방 시설이 없어도 보통은 마이크로오븐이 있는데 이곳은 그것도 없다. 곧 자기 바 식당을 이용하라는 것이다. 저녁도 10유로에 기본 메뉴 하나다. 보통 순례자 메뉴에는 전식과 후식이 따라온다. 게다가 아침 일찍 출발하는데 식당이 문을 열지 않아 커피도 못 먹고 출발했다. 이런 경우는 처음이다. 자기 집에 머문 손님에 대한 예의가 아니다. 게다가 주인 남자가 보통 무뚝뚝한 게 아니다. 다시는 이곳에 오고 싶지 않다.

부르고스 대성당은 겉모습도 매우 웅장한데 내부의 화려함은 상상을 초월한다. 보면서 과연 예수님의 마음이 어떠할까 생각해 보았다.

내일은 30km를 가야 한다. 중간에 숙소가 없기 때문이다. 31일과 새해 첫날이 걱정이다. 책에는 연중무휴라고 되어 있는 숙소가 많지만, 현실은 그렇지 않다. 스페인 정부 차원에서 뭔가 조처가 필요한 것 같다.

2016 1228	Camino Frances 13일 차 Burgos – Castro jeriz 40km

새벽 6시. 몇 번을 깼는지 모른다. 완전히 선잠이다. 본래 카페인,

미원, 조미료 등을 먹으면 잠을 설치기에 커피는 오전 10시 지나면 먹지 않는다.

어제 11시경 스페인식 작은 잔의 에스프레소를 처음 먹었는데 이렇게 강력할 줄 미처 몰랐다. 오늘은 지금까지 중 제일 많이 걸어야 하는데 잠을 설쳐 힘들겠구나. 그러나 한걸음에만 집중하자. 그러다 보면 도착하게 될 것이다. 목적보다 과정!

Castro jerez까지 무려 40km를 11시간 넘게 걸었다. 본래는

30km 떨어진 Hontanas에 숙소가 있다고 해서 왔는데 와서 보니 닫혀 있었다. 연말이다 보니 주인에 따라 하루하루 사정이 달라진다. 그래서 10km를 더 걸어야 했고 중간에 다른 사람의 물건을 잘못 가져와 이를 전달하느라 왔던 길을 되돌아가면서 남들보다 3km를 더 걸어야 했으니 43km를 걸은 셈이다. 봇짐을 짊어지고 백릿길을 걸은 셈이다.

앞서거니 뒤서거니 하는 이탈리아 50대 초반 알렉산드로스가 오전 휴식 시간에 염소 머리 고기를 사 왔는데 엄청 맛있다. 이 친구는 5개 국어를 하고 이탈리아 까미노를 만들어가는 중이다.

2016 1229	Camino Frances 14일 차 Castro jeriz – Fromista 20km

Fromista까지 20km. 적당한 거리지만 어제 많이 걸어서인지 피곤하다. 오늘은 개인 주택 알베르게이다. 독일인 순례자가 겨울 숙소가 없는 것을 알고 개인 집을 구입하여 침대를 갖다 놓고 제공하고 있다. 숙박료는 자유 기부이다.

까미노 길을 걷고자 하는 사람은 훈련을 하고 와야 한다. 우선 발바닥이 굳어 있어야 한다. 힘이 장사라도 물집이 생기고 이게 터져 속살이 드러나면 도리가 없다.

함께 걷는 20대 한인 젊은이들이 이 때문에 모두 다리를 절뚝거리고 처음에는 앞서가지만, 저녁에는 나보다 뒤처진다. 30대 한 친구는 남미를 4개월 걷고 와서 괜찮다. 팜플로냐에서 만난 아들과 50대 중반의 엄마 이야기.

아들은 6개월을 여행 중이니 잘 걸었고 엄마는 첫날을 걷고 나서 이 정도면 해낼 수 있다는 자신 있는 표정이었다. 그런데 배낭을 들어 보니 제법 무게가 나갔다. 먹는 알약 30일 치가 큰 봉지로 하나 가득이다. 그런데 병이 뭐 그리 심각한 게 아니었다. 그 나이에 대부분 갖는 마음에서 생기는 병이었다. 내가 이 약 다 쓰레기통에 버리고 굳은 마음으로 걸으라고 했다. 물론 스쳐 듣는다. 그리곤 3일째 물집이 생겨 뒤로 처졌고 지금은 어디 있는지 모른다. 버킷리스트를 실현하게 되어 너무 좋다고 하더니만….

다른 한 분은 젊어서는 쿵후 대표선수였고 지금은 골프와 요가를 통해 건강을 챙기는 40대 초반의 여성이다. 이분 또한 물집으로 고생하고 있다. 짐을 짊어지고 하루 8시간을 계속 산길을 걷는 것은 차원이 다르다. 나는 20년 넘게 테니스를 쳐온 덕에 발바닥이 굳어 있기에 물집이 생기지 않았지만, 무릎이 문제인데 통증에도 계속 걸으니 몸 자체가 가진 유기체적 생명 복원력이 버텨주는 것 같다. 반도 마치지 않아 아직 장담하기 이르지만. 하여간 발바닥은 단련시키고 와야 한다. 물론 오늘 함께 머문 호주 여의사처럼 짐은 택시로 보내고 두세 시간만 걷는다면 문제가 되지는 않지만….

여름에는 지금 걷는 발렌시아의 황야 길이 뜨거운 태양 열기로 인해 고통스러운 길이겠지만 겨울 순례객들에는 축복의 길이다. 더구나 요즘같이 구름 한 점 없는 따사로움 속에 걷는 한 걸음 한 걸음이 즐거움이다.

2016	Camino Frances 15일 차
1230	Fromista – Carrion de los Condes 19km

Carrion de los Condes까지 19km. 지금까지 가장 짧은 거리이다. 그러나 힘들기는 마찬가지다. 아마 머리가 더 이상 가지 않을 것을 몸에게 이미 말한 것 같다. 다음 마을은 17km를 더 가야 한다.

10일 동안 함께 하며 한국 젊은 친구들과 재미있게 지낸 스페인 루벤 친구가 이제 휴가를 마치고 일하러 가기 위해 작별을 하였다. 좋은 친구이다. 스페인에 일할 곳이 없다고 자주 불평한다. 이는 스페인뿐만 아니라 전 세계의 문제이다.

도로를 따라 넓고 넓은 밀밭 벌판을 걸어간다. 좁은 땅에 70%가 산악지대인 우리로서는 상상하기 힘들다. 농사로만 말하면 참으로 축복받은 땅이다. 인구는 우리보다 적으면서 땅덩어리는 엄청나게 크고 산이 거의 없어 전체가 농지이다. 길을 걷다 보면 곡식이 많이 떨어져 있는 것을 본다. 추수한 것을 실은 차가 계속 흘리면서 이동한

것이다. 우리나라에서는 보기 드문 상황이다.

2016	Camino Frances 16일 차
1231	Carrion de los Condes – Moratinos 30km

30km. 9시간 걸려 모라티노스라는 아주 작은 마을에 도착했다. 모두 집이 9개니 마을이라고 부르기도 그렇다. 그중에 교회가 하나, 숙소가 셋, 알베르게는 닫혔고 호스텔만 열려 있는데 10유로이다. 그러나 베들레헴이 작다고 무시해서는 안 되듯이 시설은 지금까지 묵은 숙소 중 제일 좋다. 큰 창문으로 밖의 정경이 다 보이니까.

2016 마지막 날 6명의 순례자(한국인 2, 이탈리아인 2, 아르헨티나인, 호주인)가 함께 10유로짜리 조촐한 저녁을 먹는다. 10대 이후 이렇게 조용한 곳에서 송년을 보내기는 처음이다.

5년째 걷고 있는 마이클이란 친구와 많은 대화를 나누었다. 이른 아침 걷고 있는데 텐트를 정리하고 있던 그가 나를 불러 서로 아침 인사를 하고 지나쳤다. 한 시간을 가니 쉼터가 있었고 누가 갖다 놓았는지 귤 두 개가 놓여 있었다. 천사의 선물로 알고 하나를 먹고 있는데 마이클이 와서 다른 한 개를 주었다. 20분가량 걸어갔는데 자기가 젖은 텐트를 말리는 곳이라며 멈췄다. 거기서 내가 아침에 만든 마늘 토마토 스프 반을 나눠주고 헤어져 서너 시간을 걷다가 쉬고 있는데, 그 친구가 와서 함께 두 시간을 같이 걸었다. 그 친구는 자기가 텐트를 치는 장소가 있어 더 걸어갔다.

여러 얘기를 들었다. 내가 목사라고 하니 사적인 얘기도 했다. 아

No lamentes lo que podía haber sido,
ilusiónate por lo que ha do llegar.

Don't be sorry for what could have been,
feel joy about what is yet to come.

~ 했더라면 좋았을 일에 대해 아쉬워하지 말고
앞으로 다가올 일에 기대를 품으세요.

내가 일찍 죽은 얘기, 자녀 셋이 있는데 아들은 뉴욕에 있고 딸은 자기 집을 관리하고 있다. 낡은 박스 안에 있는 오백 유로짜리 두 장도 보여준다. 그런데 행색이 그렇게 보이는지 은행에서 잔돈으로 바꿔주지 않는단다. 하여간 그는 굳이 돈을 필요로 하지는 않는다. 다만, 담뱃값을 조달하기 위해 여름에는 일한다.

깨달음(?)이 온 이후 집을 떠나 순례자가 되었고 자본주의, 소비주의에 저항하는 사람이 되었다. 벨기에 군인으로 아프리카에서 일하면서 미국의 세계패권주의를 알았고 독일에서는 녹색당원으로 활동하기도 했지만, 녹색당 또한 자본의 포로가 되었다고 질책한다. 피스보우트가 몬사토의 큰돈을 후원금으로 받는데 그걸 받지 말자고 주장하다가 녹색당도 떠났다고 한다.

2016년 마지막 날인 오늘, 30km를 묵상하며 걷는다. 무엇보다 부지불식간에 혹은 알면서도 나의 에고로 인해 상처받은 많은 분에게 용서를 빌며 걷는다. 2017년에도 모두에게 평화가 함께 하시기를!

2017 0101	Camino Frances 17일 차 Moratinos – El Borgo Ranero 28.5km

새해 아침 해가 밝아온다. 숫자로 새해가 무슨 의미가 있겠는가? 크로노스 새해가 아닌 카이로스 새해 곧 예수께서 자주 설파한 꼴찌가 첫째 되는 그리고 첫째는 꼴찌가 되는 참역사의 새해가 되기를 기원하며 걷는다.

2017년 1월 1일 El Burgo Ranero까지 28km, 8시간 반을 걷다.

2017 0102 Camino Frances 18일 차
El Borgo Ranero – Arcahueja 29.4km

한신대에 들어가서 안병무의『역사와 증언』을 읽었다. 첫 장 제목은 '도상의 나그네'. 아브라함을 비롯한 창세기 족장들의 이야기는 신앙의 근본이 무엇인지 밝혀준다.

야훼 하느님은 메소포타미아 제국들의 정착 농경(도시) 문화에서 떠돌이 유목 문화로 아브라함을 불렀다. 땅의 소유권에 대한 차이이다. 정착 농경 문화는 땅 빼앗기 투쟁의 역사이고 유목 문화는 무소유 공동체 나눔 역사이다.

아브라함에게 땅을 주었다는 축복 기사는 가나안 정착 이후 왕국 역사가들의 편집이라고 생각한다. 카인과 아벨, 에서와 야곱의 뜬금없는 편들기 얘기 또한 이 두 문화권의 차이에서 이해된다.

성서 본래의 떠돌이 나눔 축복 문화(가장 분명한 것은 많이 거둔 자나 적게 거둔 자나 모두 같아졌다는 만나 이야기와 하루의 양식만을 구하라는 예수의 가르침이다)는 정착 과정 이후 제국의 축복문화로 변질되었고 서구 그리스 로마의 농경 정착문화권에서 성장하며 돌이킬 수 없는 자본주의 문명으로 굳어지고 말았다. 사무엘이 경고한 대로 되었다.

믿음이란 보이지 않는 것을 보게 만드는 힘이라고 하는데 보이지 않는다는 것을 자본주의 정착문화권에서 이해하는 것이 정당한 성서 이해일까? 그러나 지금은 교회 자체부터 이렇게 이해하고 전도하고 선교도 한다. 하느님 나라를 Christendom으로 이해하고 있다.

아브라함을 갈대아 우르에서 불러낸 축복은 농경 축적문화에서 땅은 물론 집조차 접었다 펴는 유목 평등문화의 축복으로 불러낸 것

이다. 에리히 프롬이 40년 전에 펴낸 "To Be or To Have?"의 물음은 계속 진행형이다.

Arcahueja까지 30km, 8시간 반. 25km 이상은 역시 무리다. 중간에 알베르게가 없어서 할 수 없이 여기까지 왔다.

어제 함께 잔 8명 중 독일인 둘과 이탈리아인 둘은 여기서 8km 더 가서 Leon에 머물고 나머지 셋 호주 여의사와 아르헨티나 젊은이(내 아들과 나이 같음) 그리고 한국 젊은이는 힘들다고 10km 전 마을 숙소에 머문다. 그래서 오늘은 혼자 잔다. 18일 순례 여정 중 처음이다. 내일은 8km만 걷고 레온시를 구경할 예정이다. 오전 중에 도착하니 시간은 충분하다.

이전 마을에서 호스텔을 알아봤더니 27유로란다. 그래서 그냥 나왔다. 그동안 5유로 혹은 7, 8유로만 내고 계속 머물다 보니 갑자기 아까운 생각이 든 것이다. 새해 기념으로 점심 한턱 쓰는 것은 아깝지 않은데 말이다. 여기 알베르게는 저녁 아침 포함 18유로이니 비싼 건 아닌데 종업원이 무척 불친절하다.

아침에 도시를 빠져나오면서 워낙 흐린 날씨라 땅만 내려다보며 아스팔트 길 위를 걷고 있는데 갑자기 내 앞으로 참새 한 마리가 날아들더니 훌쩍 2, 3m를 날고는 땅에 앉는다. 내가 가까이 가자 또 그렇게 한다. 자기랑 같이 놀자는 것처럼. 세 번 그러더니 길 건너로 훌쩍 날아가 작은 표시 기둥 위에 앉는다. 고개를 들어 쳐다보니 거기서부터 샛길 까미노가 시작하는 것이었다. 내가 길을 건너 가까이 갈 때까지 거기 있더니 훨훨 날아간다. 우연치고는 너무 신기하다.

순례길 처음 며칠은 도시 안이나 숲속 길에서 가끔 길을 못 찾을 때가 있었다. 한번은 큰길을 건너 숲속 길로 계속 가야 하는데 왼쪽

대로변 쪽으로도 노란 길 표시가 있어 그쪽으로 방향을 틀었는데 어디서 나타났는지 갑자기 자전거 순례자가 그리로 가지 말라고 했다. 그날 만난 유일한 사람이었다. 우연일까? 도시에서도 헷갈리고 있는데 어디서 나타났는지 한 노인이 길을 안내해 준 적도 있다.

5년간 걷고 있는 독일인 미가엘이 경험한 사건이다. 첫째, 3년 전 3일을 굶고 길을 걷는데 버스정류장에 케이크 세 박스가 놓여 있었단다. 그래서 주인이 나타날까 하여 30분을 기다린 다음 하늘에 감사하고 세 박스를 다 먹고 배가 너무 불러 못 일어났단다. 둘째, 한밤에 이탈리아 까미노 길을 걷는데 억수 같은 비가 이틀간이나 내려 어디에도 텐트 칠 장소를 얻지 못한 채(이탈리아는 아무 곳에나 텐트를 칠 수 없단다) 목적 마을을 향해 걷고 있는데 홍수로 다리가 무너져있었다. 할 수 없이 왔던 길 20km를 되돌아 걸어가는데 갑자기 차 한 대가 서더니 젊은 여자가 자기 얼굴을 유심히 쳐다보더란다. 그러더니 어제 꿈속에서 봤다고 하면서 자기 집에 데려가 저녁을 먹이고 차로 목적지까지 데려다주었단다. 믿거나 말거나. 그런데 나는 믿고 싶다.

2017 0103 Camino Frances 19일 차
Arcahueja – Leon 8km

아주 가벼운 산책길 8km를 천천히 걸어 성 프란시스 숙소에 도착했다. 시설은 현대식인데 부엌 시설이 없다. 밖에 맛있는 거 많으니까 외식하라는 뜻인가 보다. 난 오늘 밥을 해 먹고 싶은데….

레온은 중세시대의 성곽과 성당 건물이 많이 남아 있고 건축물들이 독특하다. 몇 시간을 돌아다녀도 지루한 줄 모르겠다. 숙소 성당에 책방이 붙어 있어 들렀다가 값도 싸고 모양이 너무 예뻐서 유리 십자가를 샀는데 깨지 않고 집으로 잘 가져갈 수 있을지….

2017 0104 Camino Frances 20일 차
Leon – San Martin del Camino 24.6km

레온에서 산마틴까지 25km지만 이 길이 찻길을 따라 있기에 소

음을 피해 우회하는 길로 가느라 3, 4km쯤 더 걸었다. 8시간 반. 우회도로 중간쯤에서 까미노 노란색 표시를 따라가면 또 찻길과 함께 가기에 구글맵을 이용해 논길을 이용하였다. 논길이라고 하지만 트랙터가 다니는 큰길이다. 가다 보면 큰 도로를 따라가는 지름길이 보인다. 그러나 화살표는 돌아간다.

2017 0105	Camino Frances 21일 차 San Martin del Camino – Astorga 24.6km

샌마틴에서 아스토르가까지 24km. 그런데 4km를 더 걸었다. 사연인즉 아침 일찍 해뜨기 전 출발했는데 찻길 옆으로 한 시간은 가야 하는데 차 소리가 너무 싫어 표식도 없는 밭 농로로 들어갔다.

트랙터가 다니는 넓은 길이지만 사유지였다. 이제는 시간과 해의 위치를 보면 대강 방향을 정할 수 있었다. 필요할 때는 구글맵을 사용하면 되었다. 그러나 밭과 밭 사이에 난 길을 걸어야 했으므로 왔다 갔다 해야 했다. 안개가 잔뜩 낀 들판을 혼자 걷는 기분은 최고였다.

지름길을 선택하지 말라는 이틀 전 숙소의 문구가 맞았다. 해서는 안 될 일이지만 무밭이 있어 아침 대신 요기를 하고 대신 추수의 풍성한 축복을 빌어주었다. 그러다 보니 다음 마을에서 한 시간 늦게 출발

Si vas muy rápida por la vida,
no tendrás la aportunidad de observar las casas sencillas.

If you walk through life too fast
you will not have the chance to observe the simplest things.

인생을 너무 빨리 걸으면
당신은 가장 간단한 것도 바라볼 기회를 놓치게 된다.

한 동료들과 만나게 된 것이다. 두 시간 길을 세 시간 걸린 것이다. 마을 슈퍼에서 햄, 빵, 맥주와 고추 조림을 사서 셋이 먹었다. 4천 원으로 세 명의 아침 겸 점심이 해결된 것이다. 우리나라에 비하면 식품값이 엄청나게 싸다.

산 중간에 조그마한 휴식처가 있는데 먹고 싶은 음료와 과일을 먹고 돈은 자유 기부이다. 두 명의 독일인이 두 달가량 머물고 있는데 원주인은 바르셀로나 사람이다. 그곳이 좋아 그냥 머물고 있단다.

안개가 너무 짙다. 하루 내내 50m 전방이 안 보인다. 런던에서 마드리드로 올 때 9시 출발 예정 비행기가 안개로 인해 오후 3시에 출발한 적이 있다. 오늘 같은 날씨라면 온종일 비행기가 뜰 수 없을 것 같다.

2017 0106	Camino Frances 22일 차 Astoirga – Foncebadon 23.7km

서방 기독교는 성탄절, 동방 기독교는 동방박사가 아기 예수를 경배했다는 주현절을 더 성대히 지키는 전통이 있다. 날짜는 5일에서 8일까지 나라와 지역에 따라 다르다. 그런데 스페인에도 이 전통이 있는데 오늘이 그날이라 가게가 모두 문을 닫는다.

전날 저녁에는 마을 주민들이 모여 큰 축제를 벌인다. 별을 따라오는 동방박사 일행이 밴드 소리와 함께 마을을 행진하고 성당에서 경배한 후 아이들에게 선물을 준다. 짙은 안개에 추운 날씨지만 마음이 따뜻해진다.

Astorga에서 Foncebadon, 25km를 세 번 충분히 쉬면서 8시간.

산 정상 중턱에 있는 알베르게 화덕이 너무 좋다. 날씨도 좋다.

산 중턱에서 햇볕을 쬐며 벤치에 앉아 쉬는데 팻말이 두 개 붙어 있다. 두 명의 아일랜드인이 먼저 간 가족을 기억하여 만들어 놓았다. Cornail은 12살에 하늘나라로 갔고 Johny는 태어난 해는 기록되어 있지 않다. 그런데 두 사람이 이 세상을 떠난 해는 22년의 차이가 나는데 추모일은 같다. 사랑하는 가족이 떠나자 그의 관이나 묘를 비싸게 만들지 않고 이런 외딴곳에 순례자들이 쉬어갈 수 있는 벤치를 만들어 놓았다.

우리는 장례 예식이나 묘지에 너무 많은 돈을 지불한다. 차라리 그 돈을 아껴 이런 식으로 기념하는 것이 좋지 않을까? 외국에서는 장례 부의금은 대체로 장학금이나 이렇게 공적 기념물을 세우는 데 쓴다. 배울 필요가 있다. 돌에 새겨진 '물이 되라'라는 문구도 좋다.

화덕 위에 놓인 이슬람 Rumi Sufi 글 또한 좋다.

Come, come whoever you are,

Wanderer, Worshipper, lover of leaving.

Ours is not a caravan of despair even if you have broken your vow one thousand times···

Come yet again. Come.

2017 0107	Camino Frances 23일 차 Foncebadon – Ponferrada 26.8km

Foncebadon에서 Ponferrada까지 26km. 산 정상에 높은 철탑 십자가가 있는데 그곳은 무거운 마음의 짐을 내려놓는 곳이란다. 앞서가던 한국인이 두꺼운 외투를 벗어 놓는다. 완전 방한용이라 쓸모는 없고 짐이 되니 벗어 놓는다. 그런데 가만히 보니 20일 전에 길에서 잃어버린 새 방한용 입마개가 걸려있다. 죄스러운 마음 때문일까? 아니면 주인에게 돌려주려는 것일까? 하여간 되찾으니 기분이 좋다.

점심때 숲속에서 길을 잃었다. 생각에 골몰하느라 길이 갈라지는 곳에서 표지판을 못 봤는지 양쪽 길이 모두 같았다. 해를 보면서 서쪽 길을 선택했는데, 알고 보니 다음 Riego 마을은 동쪽으로 돌아가는 길이었다.

30분이면 도착한다고 알고 있었는데 마을이 보이지 않는다. 다시 알아보니 계곡을 사이로 산 하나를 넘어야 했다. 그래서 이 마을은 그냥 건너뛰기로 하고 앞으로 난 길을 계속 갔다. 그런데 갑자기 길이 없다. 출구가 없다는 사인이 붙어 있다. 난감하다.

다시 돌아 올라오면서 생각해 본다. 왜 이런 일이 생겼는가? 우선 까미노 길과 소방도로 길이 겹쳤다. 그런데 다른 사람들도 그렇게 착각한 탓에 길이 똑같았다. 그리고 여름 순례객 중 소수가 따가운 햇빛을 피해 숲속 길을 만들어 놓아 이런 착각이 생겼다.

다시 올라가기가 너무 힘들어 구글맵을 검색해보니 샛길로 인도한다. 그런데 이 또한 문제이다. 길은 길인데 사람이 다니지 않아 가시나무들이 앞을 가린다. 두 시간 가까이 숲속에서 헤매다 보니 기운이 없다. 그래서 이 마을은 포기하고 다음 마을로 방향을 정하고 산 정상 길로 올라가려고 하는데, 계곡을 따라 작은 길이 나 있다. 까미노 길은 아닌데 계곡을 따라가면 다음 마을이 나오지 않을까 하여 이 길을 선택했다.

완전히 실수다. 이제 돌아가는 건 어렵다. 그래서 계곡 세 개를 건너는 힘든 산행이 되었다. 1,000m 높이의 길은 계곡을 사이로 까미노 길과 평행으로 가는 마을 사람들의 산행길이다. 위험한 곳도 여러 군데 있고 거의 세 시간을 걷는다. 먹을 음식도 물도 없다. 가다 보니 한 가족이 식사하고 있다. 염치를 무릅쓰고 물과 음식을 요청하니 흔쾌히 나눠준다. 기념으로 북마크를 줬다.

결국, 오늘은 쉼 없이 열 시간을 걸었다. 기진맥진….

2017	Camino Frances 24일 차
0108	Ponferrada – Ambasmestas 45km

오늘 일어난 모든 과정을 어떻게 설명해야 좋을지 모르겠다.

어제 열 명이 함께 한 숙소에 머물렀다. 나는 9번째 도착하였는데 8인방이 다 차서 4인방에 배정을 받았다. 오는 순서대로 베드를 배정받는다. 겨울 숙소는 난방을 해야 해서 대체로 규모가 작다. 그런데 20대 후반의 스페인 여성이 내 뒤에 와서 둘이 한방을 쓰게 되었다. 그는 오늘 처음 걸었단다. 나는 외국 여행할 때 주로 호스텔을 이용하기에 6인, 10인 침대실에서 여자랑 방을 같이 쓰는 경우가 흔하다. 젊은 여자가(내 딸보다 어리다) 외간 남자랑 한방에서 처음 자게 되었으니 마음이 어땠을까?

여자가 아침 일찍 나갔다. 30분 후 나도 나가려는데 여자가 갑자기 나타나더니 자기는 이 순례길이 처음이라 겁이 난다고 하면서 나랑 같이 걷겠다고 한다. 아마도 부모님이 동양 할아버지랑 동행하라고 한 모양이다. 그러나 말도 안 통하고 난 자주 자연 화장실을 가야 하고 가끔 쉬면서 노래도 하는데, 불편하기 짝이 없다. 그러다가 자연히 아르헨티나 친구(내 아들과 동갑내기. 15일을 같이 지내다 보니 친구 사이)와 말동무가 되었다.

가다가 아르헨티나 친구가 어젯밤 새롭게 동숙한 한국 친구 때문에 잠을 설쳤다고 하면서 본래 25km 지점에 숙소를 정했는데 한 마을을 더 가자고 한다. 가는 도중 숙소가 열렸는지 확인해서 알려주기로 했다. 그런데 연락이 없어서 한 시간 반을 더 걸어갔다. 그런데 가서 보니 닫혀 있다. 33km, 8시간을 거의 쉼 없이 걸어왔으니 많이 왔다. 그 친구는 전 마을에서 멈춰 나를 기다렸는데 길이 엇갈려 나 혼자 여기까지 온 것이다.

다음 숙소를 확인하니 11km를 더 가야 한다. 난감하지만 도리가 없다. 걸음을 빨리하여 걷다 보니 3일 전에 헤어진 이탈리아 친구가 앞에 가고 있다. 같이 걷다가 내가 앞서갔다. 1,500m 산 중에 다행인 건 산길이 아닌 예전 찻길이다. 걷기에는 편하지만 6시 반이라 해는 이미 졌다. 생일은커녕 잘못하다간 노숙이다.

호텔이 하나 나타났는데 50유로 내기는 너무 아깝다. 망설이다가 그냥 지나쳤다. 순례자의 덕목 첫 계명이 인내이기에….

그래서 지금까지 가장 긴 45km, 10시간 반을 걸었는데, 도착한 숙소가 의외로 너무 멋있다. 나이 든 독일인 부부가 조그만 집을 사서 2층에 침대 5개를 놓았다. 내가 새해 들어 첫 손님이란다. 조금 있으니 알렉산드르가 왔다. 그런데 이 친구가 어떻게 오늘이 내 생일인 것을 알았는지 오다가 샴페인과 생일 케이크를 사 왔다. 정말 뜻밖이다. 식사 후 주인 부부와 이 친구가 생일 노래를 불러주었다.

이렇게 편한 알베르게도 처음이고 더구나 스페인에서 생일 케이크까지…. 정말 하늘이 준비해주신 것이라는 생각밖에 들지 않았다.

2017	Camino Frances 25일 차
0109	Ambasmestas – Triacastela 34km

이곳은 문어 요리가 유명하다. 삶은 문어에 고춧가루와 올리브유, 감자를 함께 먹는다. 맥주 안주로 제격이다.

Ambasmestas에서 Triacastela 까지 34km, 10시간을 걸었더니 해가 완전히 진 7시 넘어 도착했다. 중간에 열린 숙소가 없었기 때문이다. 천 년 전 캄캄한 밤 멀리 보이는 성의 불빛을 따라 걷는 순례자들의 심정을 이해할 만했다.

떠오르는 아침 햇살을 맞으며 걷는 것도 좋지만 석양을 바라보며, 더욱이 해가 진 다음 어둠이 깔리는 순간에 걷는 것도 제맛이 있다. 나이 탓일까? 비목 노래가 절로 나온다.

2017	Camino Frances 26일 차
0110	Triacastela – Sarria 17.8km

긴 길과 짧은 길 중 긴 쪽을 선택했다. 7km 더 가지만 중세의 커다란 수도원을 볼 수 있다. 어젯밤부터 비가 오더니, 오후에는 비가 그치고 짙은 안개로 뒤덮였다. 그간 날씨가 너무 좋았다.

전날 같은 숙소에서 잔 나이가 많은 이탈리아인, 나 그리고 스페인 친구 셋이 앞서거니 뒤서거니 걸었다. 여섯 번째 걷는다고 하는 스페인 친구와는 이탈리아 친구가 통역해 주어서 겨우 대화를 했다. 비 오는 처마 밑에 선 채로 빵과 고기와 포도주로 점심을 먹었다.

그 후에 들른 레스토랑 바는 내부 장식이 아주 독특할 뿐 아니라 맥주 맛도 독특했다. 이 지방의 특산으로 사과 사이다와 섞었는데 뒷맛이 너무 좋다. 춥기도 해서 내리 석 잔을 마셨다. 나중에는 주인이 모두에게 한잔을 공짜로 줬다. 따르는 법도 아주 프로여서 맨 위에 거품을 올려 주었다.

PEREGRINO. 출발에 앞서 식당에 붙어 있는 글귀를 묵상한다. 순례자란, 인내, 짐 지기, 책임, 우아, 나눔, 존경, 지혜, 고상, 정돈….

2017 0111 Camino de Santiago 27일 차
Sarria – Portomarin 22.2km

사리아에서 포르또마린까지 22km. 7시간을 안개와 빗속에서 걸어야 했지만 운치가 있어 좋았고 오후 늦게 해가 나와 더 좋았다.

어제 숙소에서 잔 8명 중 6명이 한국인이었다. 20대 여성 둘은 어제 처음 만났고 20대 후반 남자 세 친구는 열닷새를 같이 걷다가 생일 축하 겸 연말 새해 축제를 레온에서 보내기 위해 열흘 전에 버스로 3일 길을 먼저 갔던 친구들인데 어제 다시 만났다. 그중 둘은 생장드포르에서 첫날 밤을 잤던 친구들이다.

나머지 둘은 이곳 출신 스페인 친구들로 20대 친구는 어제 내 옆에서 잤고 이틀째 같이 걷고 있는 50대 친구는 2층 침대에서 잤다. 젊은 친구는 걷다가 만났는데 둘이서 계속 이야기를 나누다 보니, 나

이를 넘어 길벗이 되었다. 저녁까지 함께 먹고 같은 방에서 또 잤다. 말도 잘 안 통하는데도 길벗이 되었고 식당에서 만난 여성은 밥벗이 되었다. 순례자들만의 특권이다.

우리나라도 이런 순례길을 만들면 좋겠다. 너도나도 배낭 하나 메고 걸으며 서로 친구가 되는 모습은 상상만 해도 즐겁다. 다만 방값이 6유로이니 정부 보조가 필요하다.

중간쯤 가니 가게에 한국 라면이 그득하다. 나도 처음 보는 새 제품이 두 개나 된다. 주인이 불닭 라면과 짜파게티를 들고 이걸 섞어 먹으면 끝내준단다. 그러면서 이마에서 땀 닦는 모습을 한다. 재미있는 친구이다. 저녁 식사는 이곳 특산인 스프와 문어 요리이다. 값은 후식 포함해서 10유로다.

2017 Camino Frances 28일 차
0112 Portomarin – Palas de Rei 24.8km

아침 묵상 ① 홀로 함 없이 큰일을 이룰 수 없다. ② 흐르는 물이 아닌 정지되어 있는 물에서만 자신을 비춰볼 수 있다. 고요한 마음과 고요한 물의 고요한 만남.

어제저녁 숙소에서 한국인 젊은이를 만났다. 내가 27일 걸어온 길을 22일 만에 마치고 아침 일찍 떠났다. 진통제를 먹으면서 가고 있다.

오후 내내 비가 세차게 내린다. 쓰레기로 만든 십자가를 봤다. 오늘의 교회를 조롱하는 것인지 아니면 예수는 쓰레기 취급을 받는 소외된 이들을 원한다는 뜻인지 분명하지 않다. 아마 후자의 뜻이리라. 비를 피해 잠시 주막에 머물렀다.

뒤에 오는 누군가를 위해 오렌지 하나를 남겨두었다. 나도 그렇게 하나를 먹은 적이 있으니까.

포도주 한잔에 맥주 한잔. 거기에 안주용 빵, 고기 세 개를 먹었는데 1.8유로, 2천 원이다. 우리도 이렇게 살아갈 수 없을까?(아마도 순례자라 반값에 주었을 것이다)

25km를 걸었다. 세찬 비가 와서 힘들긴 했지만, 중간 식당에서 충분히 쉬고 숙소에 도착했다.

식당에서 나왔다가 스틱을 깜박해서 다시 들어가려는데 나를 본 알렉스가 부른다. 들어가 맥주와 피자를 먹었다. 스페인에서 처음 먹는 피자인데 치즈가 맛있다.

알렉산드로에게 얻어먹은 점심에 보답하고자 저녁을 한국식으로 대접하려고 공립 숙소에 갔다. 밖에 나가서 저녁을 사 먹으라는 것인지 부엌에 그릇도 컵도 아무것도 없다. 그래서 10유로인 사립 숙소에 들어가 밥을 했는데 재료에 비해 밥이 너무 많아 별 재미를 못 봤다.

2017 0113	Camino de Santiago 29일 차 Palas de Rei – Arzua 24.8km

아르주아까지 24.8km. 우중이라 그런지 생각만큼 쉽지 않다. 이곳의 비는 참으로 변덕스럽다. 오늘 하루에도 한 열 번은 비와 해가 서로 숨바꼭질을 했다. 햇빛이 비쳐 우비를 벗으려고 하면 비가 오기를 계속 반복했다. 이런 날씨를 옛 어른들은 호랑이 시집 장가가는 날이라고 했다. 왜 그렇게 불렀는지는 잘 모르겠다.

이제는 성당도 초 대신에 전기 초를 켜는데 값에 따라 켜있는 시간이 다르다. 환경을 생각하면 좋긴 한데 어째 느낌이 좀 그렇다.

산티아고까지는 약 40km가 남았다. 하루 만에 가기는 무리겠지?

2017 0114	Camino de Santiago 30일 차 Arzua – Santiago de Compostela 39.5km

함께 잔 젊은 친구들이 산티아고까지 간다고 해서 함께 걸었다. 9시간 걸렸다. 하루 먼저 도착한 알렉산드로가 도시 입구에서 우리를 기다리고 있다가 깜짝 축하 파티를 열어주었다. 이 친구는 이틀 전에 나와 함께 같은 숙소에서 자고 출발을 했는데, 밤중에도 잠을

자지 않고 산티아고까지 걸었단다.

우리가 산티아고에 도착하니 비가 그치고 보석처럼 맑은 푸른 하늘에 큰 무지개가 떴다. 그것도 쌍무지개가! 이때의 기쁨과 놀라움이란 직접 경험하지 않고서는 뭐라고 설명하기가 힘들다.

순례 증명서를 떼러 가서 등록카드를 보니 오늘은 모두 40여 명이 내 앞에 도착했는데 50대가 한 명, 60대는 나 혼자였다. 좀 뿌듯한 마음이 든다. 물론 얼마 못 가 내 육체도 폭삭하겠지만….

산티아고에 도착했지만, 아직 여정이 끝나지는 않았다. 예정보다 2~3일 일찍 도착하다 보니 비행기 일정이 남아 내친김에 피에스트라를 거쳐 묵시나까지 4일을 더 걷기로 하였다.

중간에서 만나 산티아고에 들어온 순례자들이 함께 저녁 식사를 했다. 스페인 2명, 아르헨티나 1명, 이태리 1명, 한국인 4명.

성당 주위에는 겨울에 열리는 알베르게가 없다. 4km 떨어진 곳에 2,000 베드가 있는 알베르게가 있는데 여름에는 꽉 찬다고 한다. 오면서 보니 마치 유령 도시처럼 텅텅 비어 있었다. 여름에는 순례를 끝낸 사람들이 축제를 벌이는 곳이다. 그리고 다음 날 산티아고 콤포스텔라에서는 조용히 예배에 참석한단다.

산티아고 입성을 축하하면서 모두가 광장 옆 20유로짜리 호텔에 묵었다. 우리 개념으로 2만 3천 원짜리에 호텔 이름을 붙이긴 어렵겠지만…. 30일 만에 처음 독방이다!

2017	Camino de Santiago 31일 차
0115	Santiago de Compostela – Negreira 21km

산티아고에서 피니에스트라, 이름 그대로 땅끝까지 간다. 사도 바울이 가고 싶었던 길이다. 오늘은 무릎이 더 아프다고 아우성이다. 자기 책임을 다했다는 뜻일까? 아니면 목사가 안식일에 무슨 짓을 하냐는 하늘의 일갈일까?

조용한 숲속에 총성 수십 발이 한꺼번에 들린다. 마을 사람들이 굶주린 사냥개 수십 마리를 풀어놓으면 놀란 산짐승들이 산 위로 도망을 간다. 그러면 미리 대기하고 있던 도시 사람들이 총을 쏜다. 일종의 도시 사람들의 겨울 레크레이션이다. 잔인하기 짝이 없다. 산짐승들은 어느 날 갑자기 짝을 잃고 새끼를 잃는다. 거기서 희열을 느끼다니, 그게 사람일까?

한 1년 전 사우디가 쏜 미국산 미사일이 예멘의 조그마한 시골 마을의 3층 건물을 강타했다. 3형제가 합동결혼식을 진행하던 중이었다. 신랑 신부 등 30여 명이 죽고 수십 명이 부상을 당했다. 서구 뉴스에는 나오지도 않았다. 지금도 수십 대의 드론이 갑자기 공격 한다. 네바다 공군기지에서 화면을 보던 20대의 젊은이들이 단추를 누른다. 희생당한 사람들이 누구인지는 상관없다. 명령에 따를 뿐, 이들은 인간이 아닌 기계일 뿐이다.

IS. 그들은 누구인가? 본래 그들은 알카이다 마냥 미국 정보부가 키우던 반군들이다. 그러다 세력이 커져 자기 말을 안 들으면 테러리스트라고 불린다. 후세인이 그랬고 가다피가 그러했다. 독재자? 지금 가장 독재국가는 사우디이다. 여자는 운전면허증도 못 갖는다. 적과 테러리스트는 누구인가? 강자에게 있어 선과 악의 기준은 자기 이익이다. 제국의 논리이다. 우리도 이런 제국의 논리에 의해 나라가

El silencio puede llegar a convertirse, en esa luz que estamos buscando.

Silence might become the light we are looking for.

침묵이 당신이 찾던 빛이 될 수 있습니다.

동강났고 전쟁을 했고 그리고도 모자라 서로 절천지 원수가 되었다. 절천지(切天地)라니? 하늘과 땅이 두 쪽이 나도 원수지간이란다. 단단히 미쳤다. 한반도는 거대한 정신병동이다. 미친 사람이 자기가 미친 것을 알면 미친 사람이 아니지. 세계 사람들이 비정상이라고 말하는데, 굳이 정상이란다. 정상인 사람들이 사는 나라가 세계 제일의 자살 국가일 리가 없다.

오다가 본 동상이 인상 깊었다. 앞면에는 전쟁 떠나는 아버지를 붙드는 아들, 뒷면에는 갓난아기를 안고 있는 우울한 어머니의 상이었다. 전쟁 없이 살 수는 없을까? 누가 전쟁을 일으키길 원할까? 전쟁의 승리만을 외치는 사람들은 제정신일까? 한반도는 거대한 정신병동이라는 말이 틀린 말일까?

많은 한국 사람들 특히 젊은이들이 까미노 길을 걷는 이유는 이러한 상태에서 벗어나 자유를 찾고 진정한 자아 발견을 위함이 아닐까?

2017 0116	Camino de Santiago 32일 차 Negeira – Olveriroa 33.6km

날씨가 훈훈하다. 그런데 휴식차 들린 식당에서 TV 뉴스를 보니 내가 이십일 전에 걸었던 지방에 눈이 엄청나게 왔다고 한다. 가장 춥단다. 다행이라고 해야 할지. 그 길을 걷는 순례자 모두 무사하길 기도한다.

샌드위치가 매우 크다. 그런데 빵이 부풀어 있어서 밥에 비해 오히려 작은 셈이다.

다른 지역은 눈이 오고 비가 오지만 여기는 좋다고 했는데 식당을 나서자마자 비구름이 몰려오고 바람이 거세졌다. 그러나 비는 오지 않았다.

올리베이라까지 33km, 9시간. 무척 힘들지만, 숙소가 너무 멋지다. 한인 셋, 알렉스와 프레드리꼬와 함께 각자 장을 본 것으로 숙소 식당에서 나눠 먹으니 돈은 거의 들어가지 않은 멋진 저녁이 되었다. 포도주를 한 잔씩 마시고 흥에 겨워 소리 높여 노래를 한 곡씩 불렀다. 이웃집과 멀리 떨어져 있어서 다행이었다.

2017 0117	Camino de Santiago 33일 차 Olveiroa – Muxia 31km

성서가 말하는 세상 끝을 향해간다. 문밖을 나서니 반달 빛이 맑고 밝다.

인간은 전기를 만들어낸 이후 달의 고마움은 커녕 달의 존재조차 잊고 산다. 달은 인간의 모든 오물을 씻어내는 썰물과 밀물을 만들어 낼 뿐 아니라 인간 생명 탄생 달걸이의 기원이다.

달의 신비를 깨달은 자에게 축복 있으라.

거의 한 달을 함께 한 세 친구가 걸었다. 20대 후반의 유00는 한국인 35세, 아르헨티나의 프레드리꼬, 50대 후반의 이탈리아 알렉산드로이다.

유00는 오늘이 마지막이고 알렉산드로는 내일이 마지막이다. 그런데 알렉산드로가 버스 스케줄을 확인하더니 무시오를 거쳐 피니스타로 가자고 한다. 친구 따라 강남 간다고 방향을 바꿨다. 그렇게 해서 두 친구와 헤어지게 되었다.

만일 프레드리꼬가 내일 무시오로 온다면 중간에서 만날 것이다. 이렇게 쉽게 헤어질 줄 생각하지 못했다. 그래서 만났을 때 헤어짐을 생각하라는 말이 생겼나 보다.

2017	Camino de Santiago 34일 차
0118	Muxia – Fiesterra 30km

걸음이 빠른 알렉산드로는 먼저 갔다. 그런데 또 길을 잃었다. 무시오에서 피에스트라까지 30km인데 무려 11시간이 걸렸다. 숲속에서 무려 한 시간 이상을 헤매었다. 나이 탓일까?

하여간 까미노 마지막 날 또 길을 잃었다는 것은 연륜이 지혜를 말하지 않는다는 뜻이리라. 말조심하라는 뜻으로 받아들인다.

아침 해뜨기 직전 무시오 성소 해변에서 의미 있는 시간을 갖고 알렉산드로에게 이런 제안을 했다. 정확히 10년 후 2027년 1월 18일 오전 9시에 이 자리에서 다시 만나자고. 그러자 그도 흔쾌히 동의해서 새끼손가락으로 깍지를 껴서 약속했다. 앞으로 10년을 더 살아야 할 이유가 생겼다.

Más importante que valorar lo que tienes,
es con quién puedes compartirlo.

What is more important than valuing what you have,
is knowing with whom you can share it.

당신이 가진 것을 소중히 여기는 일보다 더 중요한 것은
이를 누구와 함께 공유할 것인가를 아는 일이다.

NTIAGO DE
OMPOSTELA

Leon

Bilbao

Porto

Coim

lamanca

LISBON

Seville

2장

포르투갈 길
Camino Portugues

(2017. 12~2018.1)

작년에 이어 두 번째 33일간의 산티아고 순례길을 떠난다
작년에는 프랑스길, 이번에는 포르투칼 길이다
왜 또 남들이 피하는 겨울에 떠나는가?

새벽부터 고민에 고민을 더하며 짐을 넣고 빼고 반복하다가 결국 배낭이 10kg이 되어 빽빽하다. 무릎 연골이 다 닳아 평소에도 통증을 느끼는데 이번 순례길 무사히 마치기를….

집을 나와 한참을 걸었는데 아차! 쓰레기를 버리지 않았다. 다시 언덕길을 올라갔다. 쓰레기 봉지에 여유가 좀 있어서 빌라 앞에 널려진 광고지를 줍다 보니, 저런! 내 우편함에 뭔가 꽂혀 있다.

20일 전 영국 출판사에 주문한 이번 여행 가이드북이었다. 기다리다 지쳐 이미 포기하고 E-book을 만 이천 원에 구매한 후였다. 그런데 책이 지도도 있고 다른 설명도 많아 훨씬 유용하다. 이건 분명히 이번 여행길에 많은 좋은 사건이 일어날 것임을 암시하는 일임에 틀림이 없다.

한밤에 공항에 도착하여 게스트하우스에 도착하니 새벽 1시가 넘었다. 리스본에서의 첫날 아침. 7시인데 밖은 어둡고 차량 소통도 거의 없다. 창문으로 내다보니 변두리 지역이라 가게도 보이지 않는다. 배가 출출하다. 이곳 게스트하우스는 부엌도 없다(후에 보니 손님들이 쓰지 못하도록 잠가 놓았다). 서울에서 가져온 삶은 달걀로 우선 요기를 때운다. 집 떠나면 고생인 걸 이제야 깨닫는가?

2017
1220
1221

Camino Portugues 1~2일 차

Lisboa

걷기는 저항입니다

오랜 기간 걷는 일에 가장 중요한 것은 체력이고 체력을 받쳐주는 것은 배낭 무게이다. 젊은 사람들이야 2~30kg은 큰 문제가 안 되지만, 나 같은 나이에는 10kg이 넘으면 문제가 된다. 요즘 젊은이들은 핸드폰 하나만 있으면 다 되지만, 나이 든 세대는 활자로 봐야 그래도 글을 읽은 것 같다. 여행 필수품 중 하나인 책이 항상 고민이다. 그래서 노트북도 포기하고 대신 자판만 들고 왔다. 요즘은 그런대로 인터넷을 통해 여러 가지 글을 읽을 수 있지만, 책 한 권은 중요하다.

이번 여행에 택한 책은 『걷기의 인문학』(*Wanderlust : A History of Walking*)인데, 레베카 솔닛(Rebecca Solnit, 2001), 김정아 씨의 번역이다. 글쓴이도 매우 탄탄하게 썼지만, 몇 페이지를 읽어보니 번역 또한 탄탄하다. 여러 사상가의 걷기에 대한 철학적 사색이다. 단순히 철학이 아닌 행동과 실천을 동행하는 삶의 나눔이다.

저자 서문의 첫 문장이다.

지난해 한국 사람들이 부정한 정권에 맞서 뭉치는 모습은 감동적이고 경이로웠습니다. 하지만 지구 반대편에서 우리의 역사를 알고 있는 사람들은 놀라지 않았습니다. 공적 공간으로 걸어 나오는 비무장 시민들이 엄청난 힘이라는 것, 때로 자치의 힘이기도 하고 때로 압제 정권, 불량 정권을 막아내는 힘이기도 하다는 것은 이 책의 주제 중 하나입니다.

첫 문장부터 나의 시선을 확 끌어당긴다. "길을 걸으면서 자기 몸의 힘을 느끼는 경험, 집 밖에서 집처럼 편하게 느끼는 경험, 스스로를 사회의 한 구성원이라고 느끼는 경험, 낯선 사람들과 공존하는 경험입니다." 집 밖을 집처럼 편하게…. 우선 말이 제대로 안 통하니 집처럼 편하기는 쉽지 않겠지만, 그렇게 편하게 마음을 먹자. 그간 여러 해 혼자 다녔다. 혼자 다닐 때 위험성은 높다. 이미 몇 차례의 소매치기단을 만났다. 그때마다 임기응변과 주위의 도움으로 잃어버린 것은 없었지만, 항상 위험이 따른다. 그러나 낯선 이들과 공존하는 기술을 배우는 건 삶의 지혜이자 축복이다.

그는 우리나라의 촛불시민혁명과 제3세계 여러 나라에서 일어났던 비슷한 시민혁명을 언급하면서 정의와 자유를 지키고자 하는 반세계화 시민들의 힘이 인류 역사에서 매우 중요한 일임을 강조한다.

> 나는 이 책에서 (컴퓨터와 스마트폰의) 이런 현상이 지나치게 과도해질 때, 잃어버릴 수밖에 없는 삶의 기쁨, 삶의 역동들에 대해 이야기하고자 했습니다.
> 정신과 육체, 내면의 성찰과 사회의 결성, 사적인 것과 공적인 것, 도시와 시골, 개인과 집단, 이 양쪽은 대립하는 것 같지만 그렇지 않습니다. 대립하는 듯한 두 항이 이 책에서는 보행을 통해 하나로 연결됩니다. 걸어가는 사람이 바늘이고 걸어가는 길이 실이라면, 걷는 일은 찢어진 곳을 꿰매는 바느질입니다. 보행은 찢어짐에 맞서는 저항입니다.

그렇다. 난 저항의 목적으로 이 길을 걷는다. 예수를 따르는 목사이고 이 길이 예수의 첫 번째 제자 야고보가 걸었던 길로 알려졌지만,

난 단순히 신앙 때문에 걷는 것은 아니다. 걷기를 통해 찢어진 곳을 꿰매기 위함이다. 예수의 삶도 사회적 시각에서 보면 방랑자의 삶이었다. 머리 둘 곳이 없는….

밖의 창문을 내다보니 무너져가는 빌딩이 보이고 길 건너에 Casa Da Boa Sorte라는 간판이 보인다. 사전을 뒤져보니 복권 판매소이다. 작년에 마드리드에서 경험했는데, 성탄절 전야 광장 한가운데에 사람들이 매우 길게 늘어 서 있는 두 개의 큰 줄이 있었다. 하나는 성당에 가서 아기 예수상을 만져보는 줄이고 또 하나의 줄은 복권을 사는 줄이었다. 아마 며칠이 지나면 저 가게에도 엄청나게 긴 줄이 형성되리라. 걷기를 통한 가장 큰 저항은 반자본이 아닐까.

보통은 아침 포함 게스트하우스가 많은데 여기는 4유로를 따로 받는단다. 그래도 커피에 우유, 요구르트, 빵, 사과와 바나나를 먹고 싶은 만큼 먹을 수 있으니 행운 아닌가?

그런데 이 식탁을 준비하는 11년째 살고 있다는 필리핀 여인에게 들으니 31개의 방이 다 찼단다. 겨울에는 자리가 없단다. 어제저녁 인기척이 없어 모두 빈 줄 알았더니만 대단한 착각이었다. 왜냐하면, 보통 젊은이들이 모이는 숙소엔 자정 너머 여기저기 사람들이 있기 때문이다.

특히 겨울철에 가득 찬다는 것은 주로 나이 든 부부들에게 있어 싼값이 매력인 것 같다. 하긴 나도 싼값에 여길 택했으니까. 20유로가 조금 넘으니 호텔보다 무척 싸지만, 앞으로 주로 이용할 순례자 전용 숙소인 알베르게 보다는 두 배 정도 비싸다. 알베르게는 최소 열 명 이상이 함께 자지만 여긴 독방이니 최상의 값이 된다.

작년에 걸으면서 겨울철 특히 성탄절과 연말연시에는 숙소 잡기

가 어려운 것을 경험했다. 알베르게 주인이 가족 행사로 문을 닫기 때문이다. 그래서 리스본에서 성탄절까지 보내기로 하고 숙소는 5일간 예약을 했다. 오늘과 내일은 일단 시내를 돌아보기로 하고 이틀짜리 시티투어 티켓을 구입했다.

중세시대 교회 권력과 정치 권력은 떼려야 뗄 수가 없지만, 제롬 수도원이 왕궁 안에 있었다. 교회가 왕을 위해 존재했던 것이다. 한때 이슬람 제국의 지배를 받아서 더욱 그랬을 것이다.

어제에 이어 독특한 건물 양식이 즐비한 리스본 시내와 150년 전 500m 산 정상에 세워진 마치 요정이 사는듯한 신트라 왕궁을 다녀왔다. 해외여행을 혼자 다닐 때 제일 좋은 점은 말을 하지 않아도 된다는 점이다. 절실할 때만 잠시 입을 열면 된다.

2017	Camino Portugues 3일 차
1222	Patima

파티마

리스본에서 투어버스로 1시간 반 거리에 있는 파티마는 성모 마리아의 현현지로 알려진 가톨릭 성지이다. 꼭 백 년 전 1917년 5월 13일 한낮에 세 명의(10살, 9살, 7살) 목동들에게 태양보다 더 강력한 빛과 함께 첫 모습을 보여준 이래 매월 13일에 5번 연속하여 나타났고, 이 일이 신문에 기사화가 되어 마지막에는 무려 7만 명이 이 모습을 함께 보았다는 것이다. 당시 강렬한 빛에 감동된 군중들의 모습이 사진으로도 남아 있다. 그 이후로 이곳을 찾는 순례자들이 매년 4백만이 넘고 가까운 곳에 사는 신실한 신도들은 5월 13일을 기해 한주 혹은 두 주에 걸쳐 자신의 집으로부터 걸어서 이곳을 방문하는 순례 전통을 갖고 있다. 이들은 천년 전통의 야고보 사도의 길을 따라 산티아고 콤포스텔라까지 걷는 Pilgrim과 구별하여 Rosarian(묵주를 든 이)으로 부르고 있다.

이 세 명 중 두 명은 얼마 후 유럽을 강타했던 독감으로 죽고 10살의 루시아만이 살아남아 수녀로 활동하다 98세인 2005년 2월 13일(!)에 죽었다. 그는 그 이후에도 여러 번 성모마리아 현현을 목격하였다. 그에게 성모 마리아는 세 개의 비밀을 예언으로 주었다고 한다. 첫째는 지옥 불을 보여주면서 회개 기도를 촉구하였고, 두 번째는 비슷하지만, 전쟁과 박해를 예고했다. 당시 세계 1차대전 중이었고, 러시아 볼셰비키 혁명으로 동유럽 전반에 걸쳐 교회 박해가 시작된 것 또한 맞다. 세 번째는 그 내용이 비밀로 감추어져 있다.

여담으로, 왜 하필 13일일까? 13이라는 숫자는 서양에서 불길함을 상징한다. 마치 우리의 숫자 4와 같이. 그래서 우리나라의 빌딩에서 4층을 빼듯이 서양에서도 13층을 뺀다. 어느 외국 호텔 엘리베이터에는 4층도 없고 13층도 없다. 13일에 연속하여 나타났다는 것은 숫자의 미몽에서 깨어나라는 뜻일까?

이 신앙 현상을 이성과 과학의 시대를 살아가는 현대인들은 어떻게 받아들여야 할까? 신앙과 과학의 해묵은 논쟁: 창조인가? 진화인가?에 대한 질문은 성서 문자주의를 벗어나서 성서 형성에 대한 역사적 기본 상식만 제대로 갖고 있어도 쉽게 풀린다. 창조론의 근거가 되는 창세기 1장은 6천 년 전 우주가 어떻게 형성되었는가에 대한 과학적 설명서가 아니다.

이는 창조주에 대한 찬양과 고백의 시이다. 히브리어로 읽으면 판소리처럼 운율이 딱딱 맞아떨어지고 어구(… 째 날이었더라. … 보시기에 아름다웠더라…)가 반복되는 찬양의 노래이다. 우주와 세계의 존재 의미에 대한 답을 주고자 하는 것이지 그 형성 과정을 설명하고자 하는 것이 아니다. 과학과 이성은 상호 보합의 관계에 있지 대립적 관계에 있지 않다. 좁은 세계관을 가진 신앙인들이 이를 자꾸만 자기 편협함과 폐쇄성을 감추기 위해 신의 이름으로 이를 대립으로 만들어가고 있을 따름이다. 그런데 소위 배웠다고 하는 사람들마저 여기에 현혹되고 있으니 참으로 안타까울 따름이다. 창조과학을 주창하는 사람들 말이다.

우리는 파티마의 종교 신비 현상을 어떻게 설명할 수 있을까? 물론 인간의 머리와 언어로 신의 세계를 다 담아낼 수는 없다. 종교가

COISAS ESPANTOSAS!

OMO O SOL BAILOU
AO MEIO DIA EM FATIMA

그렇게 되어서도 안 되겠지만, 그렇다고 해서 그냥 신비의 세계로 넘겨 버린다면 비신앙인들과는 담을 쌓게 되니 대화의 끈을 놓지 않기 위해서라도 우리는 최선의 노력을 해야 할 것이다.

파티마가 이렇게 거대한 세계적 성지로 거듭나기까지 중대한 사건 하나가 있었다. 그건 1981년 과거 교황들과는 달리 개방적인 태도로 세계평화에 응답하고자 하는 교황 바울 요한 2세가 베드로 성당에 들어오던 중 메흐메트 알리 아카에게 4발의 총탄을 맞고 쓰러진 일이다. 암살 배후에는 여러가지 설이 있다. KGB, PLO 심지어는 내부 암약설까지 있다. 가장 유력시되는 것은 폴란드 민주화운동이 소비에트 연방정부에 위협이 된다고 보아 폴란드 출신 교황을 제거하고자 했다고 하는 KGB 배후설이다. 우선 파티마 환상은 러시아혁명과 시기적으로 그 궤를 같이한다. 그런데 더 기가 막힌 것은 교황이 총탄을 맞고 쓰러진 날이 바로 5월 13일이다. 기적적으로 회생한 바울 요한 2세는 다음 해 5월 13일 자신의 몸에서 나온 총알 하나를 파티마 성모 마리아상 머리 관에 꽂아놓는다. 세계평화의 상징으로.

교황청은 전통적으로 이러한 신비 운동에 제동을 걸어왔다. 신비현상 운동을 방치하다 보면 걷잡을 수 없게 되기 때문이다. 그래서 파티마 현현에 대해서도 교황청은 인정도 부정도 하지 않는 일정한 거리를 두고 있었다. 그런데 교황 자신이 이런 일을 직접 겪고 나자 이를 공식화하지 않을 수 없었다. 그래서 루시아를 성인화하였고, 그간 공개되지 않았던 루시아가 받은 세 번째 예언은 다름아닌 교황 암살이라고 설명하였다. 하얀 옷을 입은 신부가 땅에 쓰러져 있는 환상이었다고. 그렇게 보면 암살범은 다름 아닌 성모 마리아의 예언을 성취하기 위한 하늘의 도구였을까? 가롯유다처럼. 암살범 알리 아카도 그런 믿음을 갖고 있었다고 하면서 체포 직후 세 번째 예언을 밝히라고 요구했다고 한다.

사실 파티마 신비 사건은 이상과 같은 설명으로만 본다면 별로 이상한 것이 없다. 인간의 언어로 설명할 수 없는 초자연적인 사건이라고 해서 허위라고 단정할 수는 없기 때문이다. 이는 개인에게도 흔히 경험할 수 있는 일이다. 난 파티마 사건과 같이 그 결과가 세계 평화와 약자를 우선시하는 신앙 운동으로 나아간다면 장려할 일이지 이성과 과학의 이름으로 반대할 일은 아니라고 본다. 그런데 문제는 이를 받아들이는 개인 특히 부자들의 경우이다. 지금 파티마 성지 오른편으로 거대한 신시가지가 형성되어 있는데, 한눈에 보아도 엄청난 부촌임을 알 수 있다. 세계의 부자 신자들이 이 근처에 별장을 짓고 있는 것 같다. 가까이 살면 천국에 쉽게 갈 수 있다는 이런 믿음이 우리가 경계해야 할 신비 현상이다. 종교 신비적 사건은 개인이 경험하지만, 그것이 사회적 책임을 감당할 때, 신비가 되는 것이다.

지금도 수많은 사람이 방문하고 참회의 뜻으로 무릎으로 기어가 묵상으로 기도하며 엄청난 초를 태운다. 이들이 본래 루시아가 계시로 받았던바, 전쟁을 반대하고 평화를 위해 일하는 일꾼으로 거듭나기를 기도한다.

이 성지에는 분단 독일의 상징이었던 넓이 4m의 장벽이 옮겨져 있다. 난 하루속히 이 장벽 옆에 38분단 선의 상징인 4m 길이의 철조망이 같이 놓이길 기도한다. 그리고 팔레스타인의 장벽도 함께….

파티마가 세계평화의 상징으로 세계 끝날까지 남아있기를 기도한다.

No tengas prisa en llegar,
el camino todavia tiene mucho que enseñarte.

Don't hurry to get there;
the camino still has a lot to teach you.

도착하기 위해 서두르지 마세요.
길은 아직도 당신에게 줄 많은 것을
가지고 있어요.

2017 1223 Camino Portugues 4일 차
Lisbon – Alverca 25km

가이드북에 제시된 첫째 날 노선이다. 본래는 32km인데, 아무래도 첫날부터 30km를 가는 게 벅차기도 하고 처음 약 8km 구간은 차도를 따라 공장지대를 걷는 일이기에 출발지 성당에서 증명서만 구입을 하고 지하철로 오리엔트역까지 이동을 한 후에 걸었다. 처음부터 걸었다면 아마 날이 어두워지도록 걷고 녹초가 되었을 것이다. 도시 구간을 건너뛴 건 현명한 판단이었다.

줄여서 걸었음에도 상당히 힘들었다. 작년 프렌치길은 첫날부터 1,500m의 피레네산맥을 넘는 일이었다. 이 또한 무척 힘들었지만, 그에 비하면 오늘은 주로 평지이니까 아무것도 아닌 셈이다. 아무래도 1년 사이에 체력이 많이 약해졌나 보다. 하긴 60을 한참 지났으니 그럴 만도 하겠지. 다만 마음만 젊은 게지. 하여간 첫날 걷기를 무사히 해내었으니 반은 한 셈이다. 내일과 모레는 성탄절 기간이니 적당히 하면서 체력을 조절해야 하겠다.

첫날 포르투갈 길을 걷는 느낌은 스페인에 비해 모든 것이 매우 부족해 보였다. 물론 포르투갈 길은 주로 포르또에서 산티아고까지의 약 250km를 걷는다. 나처럼 리스본에서 출발하여 전 구간 640km를 걷는 사람은 매우 드물다. 작년에 리스본에서 출발한 사람은 2,357명이란다. 그런데 오늘 걷는 동안 한 사람도 만나지 못했다. 아마도 대부분이 여름에 걷기 때문일 것이다.

표지나 걷는 구간은 그런대로 정리되어 있는 편이다. 약 150km는 파티마 가는 길과 산티아고 가는 길이 겹친다. 그래서 표지가 동시에 그려져 있다. 파티마는 파란색, 산티아고는 노란색으로.

가이드북에 설명이 매우 자세하게 되어 있어서 매우 유용한데, 책과는 달리 길이 막혀 있는 구간이 있어 약간의 애를 먹었다. 하여간 스페인과는 달리 이곳 길은 가이드북이 필수인 것 같다. 또 2018년도 판이기에 최신판이기도 하다(내가 생각보다 이 책을 늦게 받은 것은 아마도 출판사가 2018년도 신판을 주기 위해 그런 것으로 추정된다).

책에는 여러 작은 마을을 지난다고 되어 있어서 물도 준비하지 않은 채 길을 떠났는데, 가게나 레스토랑이 전혀 없어 상당히 애를 먹었다. 이는 순례자들이 마을로 들어오는 것을 원치 않는 주민들이 많기 때문에 길을 외곽으로 돌려놓은 이유이다. 끝날 때쯤에 가서야 주유소 가게에 들어가 물을 사 먹었다. 큰 병인데도 35전 약 오백 원인 셈이니 우리나라 물가에 비하면 많이 싼 셈이다.

그러다 보니 점심은 서울에서 가져온 5일 지난 삶은 달걀 한 개로 때웠다. 어제는 해산물 코스를 매우 맛있게 먹었는데 말이다. 순례길은 내일을 알 수 없다. 그저 오늘에 만족하는 수밖에….

북은 미국이 주도하는 무자비한 경제봉쇄 압박을 전쟁 선포로 간주하겠다고 한다. 이미 70년 동안 이보다 더한 상황을 견뎌왔지만 추운 겨울 주민이 겪어야 하는 고통을 어찌하랴. 백 년 후 역사는 오늘의 항미 투쟁을 어떻게 평가할까?

전쟁과 분단, 세상 욕망을 함께 극복해 가자고 예루살렘 로마군단의 마구간 여물통에 누이심으로 하늘 혁명을 완성하신 아기 예수를 생각하며 오늘도 힘차게 하루를 걷자.

지나가는 길가에 귤나무 두 개가 탐스럽게 서 있다. 땅에 떨어진 하나를 집어 맛을 보니 시긴 해도 길손의 마른 목을 축이기에는 부족함이 없다. 왜 정작 필요할 때는 이런 일이 일어나지 않았을까? 풀리지 않는 인생의 숙제이다.

2017 1224	Camino Portugues 5일 차 Alberca – Vila Nova da Rainha 23km

임기 만료로 교회 사역을 떠났지만, 아직 은퇴하지 않은 목사가 성탄절 기간에 홀로 무거운 배낭을 짊어지고 이렇게 길을 걷는 일은 축복일까? 저주일까? 어떤 이들은 목사가 할 일이 아니다. 다른 날에 갈 수도 있는데 지금 한반도의 전쟁 상황이 임박해 있는 중요한 시기에 한가하게 무슨 짓이냐고 핀잔하는 사람도 있을 것이다.

어떤 분들은 차라리 국내에서 이런 평화의 길을 걸으면 어떻겠냐고 제안하는 분도 있다. 다들 옳은 의견이다. 모든 일에 장단점이 다 있듯이 여기에도 장단점이 있다. 우선 한반도 상황이 위급한 것은 사실이다. 그러나 그렇지 않았던 적이 한 번이라도 있었던가? 물론 지금이라도 내 한 몸 바쳐 이게 해결될 수 있다면 당장 그렇게 할 것이

Las mejores cosas en la vida nos las proporciona el tiempo,
sobre todo cuando aprendemos a contemplarlas lentamente.

Time offers us some of the best things in life,
especially when we learn to contemplate them slowly.

시간은 매번 다른 선물을 준다.
그런데 우리가 묵상하는 법을 배울 때에 최고의 선물을 준다.

다. 그리고 국내에서 걷는 일은 우선 긴장감이 떨어진다. 음식이나 언어, 잠자리에 불편이 거의 없다. 그러나 외국에서 특히 모든 것을 최소한의 경비로 편함이 아닌 불편함 위주로 걸어야 하는 순례자들은 매 순간 깨어있게 된다. 걷기가 육체 운동이라면 국내외의 차이가 없겠지만 내면활동 곧 자기 성찰과 배움에는 큰 차이가 있다.

내가 까미노를 걸으면서 이렇게 글을 올리는 것은 후학들 특히 신학생 후배들에게 도전을 주기 위함이다. 난 이런 도보 순례 여행의 기쁨과 배움이 얼마나 큰지 오십이 넘어 뒤늦게 깨달았다. 젊은 시절 이런 경험을 조금 더 진하게 했더라면 세상을 보는 눈이나 사람을 대하는 결이 훨씬 달라졌을 것이고 목회가 훨씬 풍성해졌을 것이라고 하는 것을 깨닫기 때문이다. 물론 이는 꼭 신학생이나 젊은 목사들만을 두고 하는 말은 아니다. 인생의 후배 모두에게 하는 말이다. 도전해보라. 깨달음과 배움이 상상 이상일 것이다. 왜 나라고 해서 두려움이 없겠는가? 두려움을 넘어서는 것 그게 바로 인생을 배워가는 첫걸음이다.

오늘은 어제의 실패를 반복하지 않기 위해 미리 먹을 것을 챙겼다. 샌드위치, 포도주 한 병, 사과 두 개, 귤 한 개, 물 한 통. 그렇게 챙기다 보니 배낭 무게가 확 늘어났다. 아마 최소 13kg은 되었을 것이다. 그렇게 8시간을 걷다 보니 4시경 갑자기 몸의 기운이 완전히 사라지면서 길바닥에 거의 쓰러질 지경이 되었다. 23km를 걷고 포기했다. 가이드에 나와 있는 오늘 걸어야 할 거리는 32km였다. 게다가 무릎 통증과 어깨와 허벅지, 발바닥, 발가락 사이에 물집이 잡히려고 했다. 작년과는 비교할 수 없을 정도로 체력이 많이 약해져 있음을 느꼈다. 물론 며칠 지나면 어느 정도 몸도 따라오겠지만 말이다.

숙소에 돌아오자마자 마트에서 사 온 닭튀김 몇 조각을 집어 먹고 그대로 쓰러지고 말았다. 지금 글을 쓰는 이 시간은 한숨 자고 일어난 25일 새벽녘이다. 오늘은 걷기를 중지하고 온전히 쉬면서 몸을 추려야 할 것 같다. 부근의 성당이나 교회에 가서 예배를 드리는 것 외에는 말이다.

점심으로 먹은 포도주와 샌드위치값이 오천오백 원이다. 그러면 포도주와 샌드위치 각각의 값은 어떨까? 비슷할까? 어느 한쪽이 비싸거나 쌀까? 놀라지 마시라. 포도주는 1.69유로(2천 원), 샌드위치는 3유로였다. 우리나라는 반대이겠지만. 마트에서 제일 싼 것을 골랐는데, 맛이 의외로 좋다. 포도주는 값에 상관이 없는 것 같다. 하긴 예수는 제일 맛 좋은 포도주를 공짜로 마구 주셨으니까.

찻길을 따라 공장지대를 지나가던 중 실례할 장소를 찾으니 폐허 공터가 보인다. 숲도 적당히 우거져 있고 안성맞춤이다. 입구에 Praviga라는 시멘트 팻말이 있길래, 영어로 Private 곧 사유지이니 들어오지 말라는 뜻으로 이해하고 잠시 들어가서 실례를 했다. 나와서 사전을 찾아보니 그 뜻은 "전염병"이었다. 병이 창궐하는 지역이니 들어가지 말라는 것이었다. 영어 Plaque였다.

어제는 온종일 목이 말라 고생을 했다. 그런데 오늘은 오전에 걷는 가운데 쉽게 따먹을 수 있는 오렌지 나무 세 그루가 길가에 있었다(하나는 집 정원에 있었다. 지나가면서 손이 닿았다). 매우 시었지만, 그런대로 먹을만했다. 살면서 경험하는 일이지만, 같은 날의 점심과 저녁을 뷔페식당에 초대받는 경우가 생긴다. 최소 하루의 시차를 두고 이런 일이 생겼으면 좋겠는데, 그게 마음대로 안 된다. 인샬라!

2017 1225 Camino Portugues 6일 차

쉼

걷기는 기도 수행

내가 순례길을 선택한 가장 큰 목적은 기도 수행을 하기 위함이다. 지금 목에는 다섯 개의 목걸이가 걸려있다. 세 개(1, 2, 4)는 작년과 같다.

① 비둘기 형상 십자가는 예수께서 세례를 받고 물에서 나오실 때, 하늘에서 내린 성령을 상징한다. 곧 하늘 혁명의 부름을 뜻한다.
② 일명 타우 십자가로 성프란시스가 그 모양을 직접 만들었다는 십자가이다. 작년 스페인 길 중간에 있는 성프란시스 성당에서

구입했다. 청빈의 혁명을 상징한다. "나를 평화의 도구로 써주소서"라는 기도를 음미하며 걷는다.

③ 빨간색으로 된 큰 십자가는 엊그제 파티마에서 구입한 성베네딕토 십자가이다. 고독과 명상을 통한 신앙의 근본 혁명을 상징한다.

④ 노란 리본은 세월호 희생자들을 비롯한 부당한 국가 권력으로 희생당한 한반도의 수많은 영령, 제주4·3항쟁, 민주통일 열사들, 광주항쟁과 한국전쟁 시 남과 북의 분단 이념으로 희생당한 수많은 영령. 이외 한반도 밖의 로힝야족, 시리아, 아프칸, 이란, 예멘, 칠레, 볼리비아 등 세계 정의의 혁명을 위해 기도한다.

⑤ 엊그제 리스본 시내에서 체 게바라 얼굴이 새겨진 쿠바의 동전을 톱으로 직접 자르고 있는 거리의 작가로부터 구입한 것이다. 제국과 자본의 세계화에 대한 제삼세계의 저항 혁명을 상징한다.

물론 이를 감싸는 가장 큰 기도 제목은 한반도의 남북화해와 평화통일이다. 이외 가족을 위한 개인 기도도 있으며 누군가로부터 부탁받은 기도도 있고 매일매일 세계뉴스와 카톡 텔방 페북 등등에서 얻은 여러 기도도 포함된다.

오늘은 성탄절이다. 여기 시간으로 새벽 두 시에 일어나 향린교회 예배를 동영상으로 참여하고 점심시간에는 이곳 성당 미사에 참석했다. 이 성당은 1755년 리스본을 강타했던 대지진 때 무너진 모습을 그대로 간직하고 있다. 넘어져서 깨진 기둥과 벽돌들을 그대로 붙여 세웠고, 지붕만 다시 해놓은 것이다. 바닥도 깨진 채 그대로이다. 복원 작업을 하고 있긴 한데 어느 세월에 완성될지는 알 수 없다. 왜냐하면, 철골을 이용한 현대식 건물을 짓겠다면 모르겠지만, 예전 건물을 복원하려면 천문학적인 돈이 들기 때문이다.

그래도 몇백 년 전에는 포르투갈이 해양을 지배했던 첫 번째 제국으로 아프리카와 아메리카와 인도에서 엄청난 재화를 착취하였고, 무엇보다도 노예 노동력이 풍부했었다. 그리고 무엇보다도 당시 힘깨나 쓰던 왕족들은 재산을 내놓아 성전 하나 짓는 것을 큰 영광으로 알았으나 지금은 재벌이라고 해도 돈을 그렇게 내놓지 않는다. 왜냐하면, 그렇게 한다고 해서 천국 가는 것이 보장되는 것이 아님을 알고 있기 때문이다. 물론 그중 몇 명이나 천국을 믿고 있는지도 모르겠지만 말이다.

난 차라리 그렇게 무너진 모습을 지금 이대로 간직하는 것이 더 좋겠다고 생각한다. 왜냐하면, 새로 복원한 아름다운 성당이 주위에

는 많이 있고, 이렇게 무너진 모습을 통해 보이는 성전이 언젠가는 사라질 것이라고 하는 것을 가르쳐주고 있기 때문이다. 보이는 성전을 우상화하면 예수가 나타나 채찍을 휘두르시기 때문이다.

2017	Camino Portugues 7일 차
1226	Reguengo – Santarem 28km

오늘 있었던 일을 어떻게 풀어내야 하나? 우선 어제 도착지에서 오늘 출발지까지의 18km는 기차로 건너뛰었다. 어제도 그러했지만,

가이드북이 제시하는 33km가 넘는 길이는 무리가 되기 때문이다. 물론 작년에는 40km를 넘게 걸은 적도 있지만, 지금은 무리다.

생각보다 많이 걸었다. 아침 8시 반에 시작해서 저녁 5시 반이 넘어 끝났다. 중간에 조금 쉰 시간을 빼면 근 8시간 반을 넘게 걸은 것이다. 8시간 반 동안 28km를 걸었다면 상당히 천천히 걸은 셈이 되는데, 사실은 중간에 착오가 있었기 때문이다.

마을을 지나면서 각기 다른 곳에 사는 두 주민과 얘기를 나누게 되었다. 실은 내가 나이가 들어 보이니까 나이 든 주민들이 말을 쉽게 건다. 첫 번째 사나이는 식당에서 나오다가 말을 하게 되었고, 두 번째 사나이는 내가 식당 안에 들어가 음료를 한잔하다가 말을 하게 되었다. 그들은 영어를 하지 못한다. 그러면 어떻게 대화를 하는가? 구글 번역기를 통해서 했다. 말을 하면 즉시 영어 통역이 나온다. 대강 맞다. 자기들도 재밌는지 자꾸 말을 했다. 두 달 전 몇 사람이 지나간 이후 내가 처음이란다.

오전 두 시간만 제외하면 완전히 강을 따라 걷는 거대한 채소 들판이다. 리스본의 채소 작물은 대부분 이곳에서 조달된다고 한다. 겨울이지만, 각종 채소가 재배되고 있다. 오후에는 상당히 넓은 포도밭을 지나갔다. 한 시간 이상을 계속 걸어도 계속 포도밭이다. 그런데 작년 스페인에서는 따다 남은 포도가 군데군데 있었는데 이곳에는 남은 게 하나도 없다. 그런데 끝나는 지점에 다다르니 길가의 한 나무에 약간의 포도송이가 달려 있었다. 이는 분명 길손을 위한 것이었다. 돈 주고 사 먹으라면 안 먹을 포도이지만, 공짜이니 몇 송이를 따서 맛있게 먹었다.

잠시 쉬면서 페북을 보다가 친구 목사의 아들이 수술받게 된 이야기를 읽고 기도하겠다는 답글을 남기고 다시 배낭을 들쳐 매었는데, 나도 모르게 오던 길 쪽으로 방향을 틀어버렸다. 그곳에는 방향으로 삼을만한 어떤 표지도 없었다. 다만 강둑을 오른쪽에 놓고 올라가면 되는 길이었다. 그런데 다른 생각을 하다 오던 길로 되돌아간 것이다. 그렇게 아마 30분을 갔던 것 같다.

그런데 하루 내내 구름 속에 숨어있던 해가 갑자기 구름 틈으로 고개를 내민 것이다. 순간 내가 반대 방향으로 가고 있다는 걸 깨달았다. 왜냐하면, 지금 시간에는 해가 내 뒤에 있어야 하기 때문이다. 이렇게 해서 한 시간을 까먹고 말았다. 늙었다는 증거이다.

오후 4시가 지나자 비바람이 살살 몰아치기 시작했는데, 아직 한 시간 반은 더 가야 했다. 그런데 갑자기 오른발 느낌이 이상했다. 내려다보니 신발 밑창이 너덜너덜 앞쪽만 겨우 붙어 있고 떨어져 나가기 일보 직전이었다. 아뿔사!

이번에 신고 온 트레킹화는 20년 된 신발이다. 자주 신지는 않고 주로 겨울에 신다가, 골이 넓기에 편하여 이번에 신고 온 것이다. 작년에는 방수 등산화를 하나 샀었는데, 골이 좁아 엄청 고생을 했

었기에 일단 오랫동안 신어 왔던 신발을 신고 왔다. 그런데, 이게 3일 만에 밑창이 거덜 난 것이다.

예전 등산할 때, 다른 사람들이 이런 경우를 당하는 것을 두세 번 본 적은 있지만, 내가 직접 이런 경우를 외국에서 그것도 들판 한가운데서 당하니 난감하기 짝이 없었다. 지난 6월 지리산 갔을 때, 그때도 누군가 이런 일을 당했다. 그러자 양말로 신발을 감싸 무사히 산을 내려왔던 기억이 났다. 양말을 아끼기 위해 일단 끈으로 묶어보았다. 몇 발자국 가지 않아 소용없는 일이 되고 말았다. 양말을 꺼내 신발을 감쌌다.

그렇게 한 시간을 걸어 숙소에 와서 짐을 풀고 신발 고치는 장소를 찾아 나섰다. 다행히 쇼핑몰 안에 수선소가 있었다. 그러나 하룻저녁은 맡겨놓아야 해서 할 수 없이 옆 신발가게에 가서 예정에도 없던 운동화를 샀다. 그러지 않아도 음식물로 인해 짐이 늘어나고 있는데, 이제는 신발까지 하나 더 늘었다. 오늘 방향을 잘못 잡아 한 시간을 더 걸은 데다 설상가상 신발 밑창까지 나갔다. 어찌하랴. 인샬라!

비는 세차게 내리는데 교회가 운영하는 알베르게에 히터가 없으니 몸이 자꾸만 움츠러든다. 숙박비 5유로인데 어찌 불평하랴.

알베르게 숙소에 주방과 식탁은 있지만 조리할 수 있는 시설은 없었다. 이럴 때 이것저것 음식도 만들어 먹고 나같이 밀가루 음식이 맞지 않는 사람은 가끔 밥을 해 먹어야 하는데…. 대체로 이렇다. 왜냐하면, 마을 경제 활성화를 위해서다. 식당 주인들의 항의가 많다고 한다.

참 의미에서 순례하기가 점점 힘들어진다. 오늘은 이곳의 유일한 시설인 마이크로오븐을 이용해서 고구마를 구워 먹는다. 난 평소에도 아침은 가스 불로 군고구마를 먹었지만, 오늘은 어쩔 수가 없다. 인샬라.

2017	Camino Portugues 8일 차
1227	Santarem – Vale de Figueira(Golega) 14km

우연일까? 필연일까?

사람이 한평생을 살면서 머리로 이해하지 못할 신비한 경험을 몇 번씩은 한다. 특히 이렇게 순례길을 걷다 보면 더욱 그렇다. 내가 얘기를 해본 사람마다 신비한 경험들이 있다. 그렇다고 해서 파티마의 사건처럼 천사의 모습을 보았다거나 신의 음성을 들었다는 말은 아니다.

우연으로 처리할 수도 있지만, 우연치고는 너무 이상하여 신의 간섭이라는 어떤 거창한 의미를 부여하고자 하는 것이다. 내 직업이 또 목사이지 않은가?

가이드북에 따르면 오늘 34.4km를 걸어야 한다. 사실 이건 젊은이들 그리고 해가 긴 여름날에 걷는 것을 전제한 것이다. 해가 짧은 겨울에 나 같은 나이에는 맞지 않는다. 그래서 본래는 숙소가 있는 Azinhaga까지 28km를 생각했었다. 그러나 어제 신발창이 나가서 수선소에 맡겨놓았는데 10시 반에 문을 연다고 하니 11시에나 출발할 수 있다. 그러니 28km도 불가능하다. 작년에는 아무리 늦어도 7시경에는 출발을 했었다. 그런데 28km 안쪽으로는 숙소가 없어 그리 계획을 했던 것이다.

30분 정도 도시를 빠져나와 오후 3시 반까지 4시간 동안 대규모 포도 농장과 옥수수밭 사이를 계속 걸었다. 4시간 동안 한 사람도 보지 못했다. 비 온 뒤에 길도 좋지 않아 진창 길을 계속 걸어야 했다. 지나간 지 얼마 되지 않은 듯한 내 손바닥만 한 동물 발자국도 보았다. 날씨는 계속 흐리고 바람이 불고 가랑비도 내리는 상당히 을씨년스러운 하루였다. 우비를 꺼낼 정도의 비가 오지 않는 게 다행이었다. 중간의 작은 마을에 도착했다. 오늘 걸어야 할 길의 반도 오지 않았는데, 더 이상 걷기가 힘들었다. 알아보니 작은 마을이라 머물 숙소가 없었다. 그래서 나머지 20km는 기차로 이동하여 Golega까지 왔다.

여기 숙소는 사설 알베르게인데 값은 10유로이지만, 어제와 비교하면 천국 같다. 우선 히터가 있고 분위기도 아늑했으며 주인장이 젊은 친구인데 태도도 좋고 영어도 시원시원했다. 게다가 아침 커피와 토스트도 준다고 한다. 따지고 보면 이게 더 값이 싸다. 방에 6개의 벙커 베드가 있는데, 나 혼자 잔다. 사실 이런 시설에 10유로 받아 전기, 물값 따지면 밑지는 장사다. 그래서 왜 이걸 하느냐고 물었더니 자기도 순례자란다. 몇 개의 까미노를 이미 걸어본 친구다.

사실 스페인 까미노 길에는 이런 사람들이 제법 있다. 영리와 상관없이 숙소를 운영하는 까미노 친구들이 종종 있는데, 이 친구도 거기에 속한다. 힘들게 걸었지만, 이런 숙소에 오면 피곤이 쉽게 가신다. 본래 이 집을 오려고 한 게 아니라 홈스테이 광고를 보고 전화를 했더니 이 집을 소개해 준 것이다. 이게 우연일까? 필연일까?

① 진창길을 걸으면서 이런 생각이 들었다. 만약 신발창이 한두 시간만 더 버텨서, 오늘 아침 진창길을 걸을 때 그런 일이 생겼다면 어떻게 되었을까? 돌아갈 수도 없고 계속 갈 수도 없는 매우 난감한 처지에 빠졌을 것이다. 찻길도 아니니 누군가의 도움도 받을 수가 없다. 이는 우연일까, 필연일까? 또 어제저녁 늦게 그것도 신발 수선까지 할 수 있는 도시 가까이에서 일이 생겨났던 것은 우연일까? 필연일까?

② 어제 잠시 생각에 몰두하다 오던 길로 다시 되돌아갔던 적이 있었다. 30분쯤 지나서 종일 구름 속에 머물던 해가 순간 나와 내가 반대 방향으로 가고 있다는 것을 깨달았다. 우연일까? 필연일까? 물론 해가 더 빨리 나타났더라면 좋았겠지만, 만약 해가 계속 구름 속에 머물렀다면…. 아침에 만났던 마을 친구들을 만난다면 난 뭐라 얘기했을까 생각만 해도 끔찍하다.

③ 오늘 아침 도시를 빠져나가는데, 표지판이 없어 사거리 길에서 잠시 고민에 빠졌었다. 지나가는 사람도 한 명 없어 난감해하고 있는데, 한 친구가 저쪽에서 걸어온다. 내가 길을 묻자 자기도 순례자란다. 그러면서 "우리 어제 만나지 않았느냐?"고 묻는다. 어제 길을 거꾸로 갈 때, 해가 나오기 전 한 친구를 만났었다. 난 그때 저 친구는 파티마나 산티아고에서 내려오는 것으로 알았다. 실제는 내가 잘못 가고 있었지만…. 그때 한마디 인사라도 나누었으면 아마 더 빨리 되돌아갔을 수 있었을 텐데. 바로

> 그 친구였던 것이다. 이 독일 친구는 일주일만 걷는데, 그것도 내가 하룻밤 자고 가는 이 도시에서 하루를 더 머물며 역사유적지를 돌아보려고 한단다. 바람직한 순례가 아닐까? 내가 길을 찾지 못하는 그 자리에서 이 친구를 만나 제대로 길을 가게 된 것, 우연일까? 필연일까?

작년에도 세 번 이와 비슷한 경험이 있었다. 신을 믿는 사람은 우연도 자주 일어난다고 한다. 그렇다면 이건 신의 간섭 곧 필연이 아닐까? 이번 여정에서 또 무슨 필연이 일어날까 기대를 해본다.

『걷기 인문학』 - 솔닛의 짧은 단상들(김정아 옮김)

인간의 의도적 행위 중에 육체의 무의지적 리듬(숨을 쉬는 것, 심장이 뛰는 것)에 가장 가까운 것이 보행이다. 보행은 일하는 것과 일하지 않는 것, 그저 존재하는 것과 뭔가를 해내는 것 사이의 미묘한 균형이다. 생각과 경험과 도착 이외에는 아무것도 생산하지 않는 육체노동이라고 할까.

보행의 리듬은 생각의 리듬을 낳는다. 풍경 속을 지나가는 길은 생각 속을 지나가는 일의 메아리이면서 자극제이다. 보행이라는 주제는 어느새 슬며시 종교, 철학, 풍경 도시 정책, 해부학, 알레고리, 그리고 애통함 속으로 걸어 들어간다.

보행의 역사는 글로 쓰이지 않은 은밀한 역사다. 걷기의 역사는 허락 없이 남의 땅(해부학, 인류학, 건축, 조경, 지리, 정치사와 문화사, 문학, 섹슈얼리티, 종교 연구)에 걸어 들어가지만 그중 어느 땅에도 머물지 않고 계속 먼 길을 걸어간다.

진창 길 한가운데 소파 하나가 뎅그러니 놓여 있다. 얼마나 감사한지.

El camino que recorremos dura toda una vida y solo, al final de la misma, en ese preciso instante, encontramos la respuesta que estamos buscando.

The path we are walking will last a lifetime and only at the end, at that very moment, will we find the answer were looking for.

우리가 지금 걷고 있는 길은 평생 지속될 것이다.
그리고 마지막, 바로 그 순간, 물음에 대한 답을 찾을 것이다.

2017	Camino Portugues 9일 차
1228	Golega – Tomar 24km(32km)

해뜨기 전 아침 7시 반에 출발하면서 32km를 한번 완주해보리라 생각했다. 8시간을 꾸준히 걸어 오후 3시 반이 되자 기력이 다해 나머지 8km는 기차로 이동을 했다. Tomar 까지는 순례길이 철길과 함께 가기에 그간 힘이 들면 기차를 이용했지만, 앞으로는 기차 노선이 없는 지역으로 가기에 이런 호사는 누리기가 힘들게 되었다.

오늘 코스는 지금까지 중 제일 힘들었다. 오전에는 어제에 이어 포도 농장 사이 그리고 마을을 통과하는 평탄한 길이었는데 오후에는 새롭게 조성이 된 산길을 걷다 보니 오르락내리락 경사가 여러 번 있었다.

지금은 우기라 온종일 구름이 잔뜩 낀 데다가 가랑비까지 내렸다. 이런 상황에서 내가 갖는 즐거움은 클래식을 듣는 것이다. 14년 전 애플 초기 핸드폰을 지금도 갖고 있는데 이 안에 천곡이 들어가 있는 앱이 있다. 웬만한 곡이 다 들어가 있다. 당시 1불 99전 주고 샀는데 안드로이드폰에서는 구입할 수 없다. 그래서 여행을 다닐 때는 이를 꼭 들고 다닌다. 오늘은 베르디의 레퀴엠과 비발디의 사계를 들었다.

처음 이 앱에서 Orff의 Carmina Burana라는 음악을 듣고 깜짝 놀랐던 기억이 있다. 고등학생 시절 베토벤이나 차이코프스키, 슈베르트 류의 음악을 듣다가 처음 스트라빈스키의 불새를 듣고 깜짝 놀랐듯이….

농촌 마을을 지나더라도 개만 짖어대고 인기척이 없는 경우가 많았다. 우리나라 농촌과 마찬가지로 대부분이 연로한 사람들만 사는데, 겨울철에는 농사일도 할 게 없으니 집 안에만 머무는 것이다. 포르투갈 땅덩어리는 남한만 한데, 인구는 천만이 조금 넘는다. 인구가 그래도 몇천만 명은 되어야 내수경제를 통해 국가경제력을 키울 수가 있는데, 인구가 너무 적은 게 고민이다. 그래서 아프리카와 중동의 난민들을 받아들이는 데 매우 적극적이었다. 그런데 난민들 입장에서 포르투갈은 그리 구미가 당기는 나라가 아니다. 지금까지 겨우 2~3천 명 정도 정착을 했는데, 1~2년 안에 반수가 다른 나라로 옮겨 가버렸다고 한다. 한때 세계 해양을 주름잡던 나라인데 지금은 남한보다도 못하다. 앞으로도 많은 고민이 될 것 같다.

아침 일찍 들판 길로 들어서면 닭 우는 소리, 개 짖는 소리가 계속 들렸다. 서울에서 살다 보면 닭 우는 소리를 전연 들을 수가 없고, 개 또한 작은 애완견을 빼고 큰 개들도 짖는 경우가 거의 없다. 왜냐하면, 이웃들의 불평 때문에 아예 짖지 못하도록 목청 수술을 하기 때문이다. 인간 야만성의 발로이다.

달팽이 하나가 차도를 가로질러 가고 있었다. 몇 발자국 걷다 생각하니 저 속도로 가다가는 차바퀴에 깔려 횡사할 게 틀림없을 것 같았다. 다시 돌아가서 공중부양을 시켜 도로를 가로질러 주었다. 그만 놀라서 몸을 움츠리고 만다. 놀라게 해서 미안하지만, 나로서는 최선을 다한 것이다. 조금 더 가다 보니 그렇게 압사한 달팽이들이 여럿 보였다.

점심은 산속에서 먹었다. 아침에 숙소에서 준 빵과 어제저녁 레스토랑에서 먹다 남은 소고기를 함께 먹었는데 고기가 많이 질겼다. 그 이유는 방목을 하기 때문이다. 운동을 많이 해서 질긴 것이다. 사실 우리는 부드러운 고기를 더 양질로 생각하지만, 부드러운 고기는 우리에 가두어서 기른 소이다. 항생제와 스트레스가 잔뜩 쌓인 고기이다.

Tomar는 큰 도시이면서 역사적인 유물이 많은 도시이다. 그래서 이곳에서 이틀을 머물 예정이다. 다행히 호스텔을 잡았는데, 하루 15 유로이다. 침대가 8개 있는 방이다. 그런데 사람이 없으니 독방이나 마찬가지. 그런데 한 친구가 늦게 들어왔다. 코 골지 않기를….

순례자 전용 숙소인 알베르게에 비하면 조금 비싸긴 한데, 부엌 시설이 있으니 나에게는 더 싼 편이다. 왜냐하면, 밥을 해 먹을 수 있기 때문이다. 마켓에서 채소를 사다가 낮에 다 먹지 못한 소고기와 버무려 먹었다. 밥에는 김치나 최소한 고추장이라도 있어야 하는데, 그게 없으니 뭔가 허전했다. 그래도 따뜻한 밥을 먹으니까 좀 살 것 같다.

12세기 템플라 기사단에 의해 세워진 고성이 다 무너져 내리는데 보수할 비용이 없어 방치되어 있었다. 국가기념물로 지정된 Ataalia의 16세기 교회 문은 닫혀 있었다. 그보다 더 오래된 듯한 다음 마을 Asseiceir 중앙에 있는 교회는 지붕이 무너진 채 흉물스럽게 서 있었다.

2017 1229	Camino Portugues 10일 차 Tomar

Tomar 1: Sao Joao Baptista Church, Convent of Christ Castle

몸도 쉬고 이곳 옛 유적지도 살펴볼 겸 하루를 더 머물렀다. 광장 중앙에 12세기에 세워진 교회가 있고, 산 위에 유명한 옛 도성이 있다. 이 또한 12세기 템플라 기사단에 의해 그리고 후에 그리스도 수도원(Convent of Christ)으로 바뀐 후 15세기에 스페인과 모슬렘의 공격을 막는 포르투갈의 중심 역할을 담당했던 성이다.

성은 그리 크지 않은데, 본래 수도원 성격으로 시작했던 성인지라 모든 건물 구석구석이 기독교 예술화되어 있다. 유럽의 여러 성들을 다녀보았지만, 그 안에 그림이나 성화를 통해 종교적인 장식을 한 경우는 많지만, 아예 건물 자체 바닥부터 천장까지 외부나 계단 하나하나까지 종교적으로 예술화하여 만든 성곽은 처음이다. 이렇게 둥그렇게 만들어진 형식을 Manueline style이라고 한단다.

결론인즉 무거운 배낭을 짊어지고 지난 며칠 동안 우여곡절을 겪으면서 진탕 길과 산길을 걸어온 게 전혀 아깝지 않았다.

마을 중앙에 있는 교회 옆에 중세 때부터 있어 온 작은 문의 동굴 식당이 있는데, 식당 안의 장식도 오래된 것들이고 점심시간임에도 햇볕이 들어오는 곳이 없이 전등 대신 식탁마다 초를 켜놓았다. 중세 분위기를 흠뻑 내려고 한 것이다. 종업원들도 당시 복장이다. 저녁을 먹으려면 예약을 해야 한다고 한다. 저녁 8시로 예약을 하긴 했는데, 그때까지 배고픈 걸 참고 기다려야 할지 아니면 혼자 호스텔에서 밥을 해 먹고 예약을 취소해야 할지 고민 중이다.

Tomar 2

성으로부터 강너머 2km 떨어진 지점에 마리아교회가 있다. 그런데 보통 마리아교회라고 해도 아기 예수를 안고 있는 성모 마리아상이 성전 중앙에 놓여 있는 경우는 거의 없다. 있다고 해도 그 위에 예

수 십자가상 그리고 그 위에 성부 하느님 상이 보통 있게 마련이다.

그런데 이 교회는 예수상은 오른쪽에 비켜 있고, 온전히 중앙에 성모 마리아상만 딱 놓여 있다. 그리고 옆에 있는 작은 기도처도 80%가 성모 마리아상뿐이다.

성모 마리아에 대한 신학적 견해는 가톨릭과 개신교는 완전히 다른데, 사실 난 개방적인 사람이라 성모 마리아에 대한 신앙 전통에 대해서는 그렇게 비판적이지는 않다. 특별히 여성 신도들에게는 훨씬 더 가깝게 다가서는 면이 있고, 성부 하느님은 성에 있어서는 초월적이지만, 전통적으로 남성으로 취급해왔고, 예수 또한 남성이니 여성성을 보완하기 위해 성모 마리아 신앙은 어떤 의미에서 필요하다고 본다.

그러나 지나친 성모 마리아 숭배 신앙은 로마와 헤롯 그리고 예루살렘 종교 권력에 대해 비판하며 저항했던 자유와 해방의 역사적 예수를 약화시키는 단점이 있을 뿐만 아니라 그로 인해 신자들을 국가

나 교회의 권위에 더 복종하는 형으로 만들어가는 것이다.

Tomar에는 오랜 전통의 모습이 곳곳에 스며있다. 16세기부터 내려오는 성령 축제가 4년마다 7월에 행해지는데 특이한 것은 400명의 여성이 머리에 비둘기 형상이 올려진 빵으로 만들어진 화관을 쓰고 행진하는데 이 관의 높이가 1m가 넘고 무게는 15kg에 달한다고 한다. 그래서 행진할 때 젊은 남자가 한 명씩 보조한다고 한다. 지난 축제에는 60만 명의 관광객이 운집했다고 한다.

Tomar 3 - 레스토랑

배가 고파 냉장고에 넣어둔 식은 밥에 달걀을 넣고 대충 볶아 먹었다. 식당 예약을 어떻게 할까 고민 중이었는데 6시 반이 넘어 한 친구가 방에 들어오는데 까미노 길에서 두 번이나 우연히 만났던 독일 친구 랄프인 것이다. 식당을 가겠냐고 물었더니 가겠다고 해서 예약한 중세풍의 식당을 같이 갔다.

난 수프에 피쉬 메뉴, 랄프는 베지테리안 메뉴를 시키고 식당 주인이 만든 포도주 한 병을 시켜서 먹고 있는데 매우 흥겨운 포르투갈 민속음악이 나왔다. 손님들이 함께 손뼉 치며 환호하는 모습이 매우 독특하고 즐거웠다.

가지 않았더라면 정말 후회할 뻔했다. 음식값도 너무 싸다. 두 사람분 모두 합쳐 34유로. 서울이었다면 포도주만 해도 최소 30유로가 넘었을 것이다.

독일 친구는 포르셰 자동차 엔진 부품 구입 책임자라고 하는데, 포르투갈어를 아주 능숙하게 한다. 아버지는 전기 엔지니어로 50년대 초반에 브라질에 파견을 받았는데 그 이후로 브라질에서 살았고 그래서 브라질에서 자랐다고 한다. 3주 후 아버지 90세 생신을 축하하기 위해 브라질에 간다고 한다. 영어도 나보다 잘한다. 그 외 프랑스어도 하고 이태리어도 조금 한단다. 하긴 내가 뉴욕에서 공부할 때 프랑스 친구 한 명이 박사과정으로 왔는데 영어가 너무 형편없어 의아했는데 불과 1년 만에 발음은 엉성하지만 자기 생각을 다 표현하는 걸 보면서 유럽 애들은 같은 라틴어 어근을 갖고 있어 노력만 한다면 그리 어렵지 않게 다른 나라 언어를 하는 것을 보았다.

그렇다고 유럽인들이 다 그런 것은 아니다. 말이 안 통하는 경우가 태반이다. 그래도 스페인 사람들에 비하면 포르투갈 사람들이 영어를 더 잘한다. 길을 물으면 의외로 영어를 할 줄 아는 사람이 많다. 네덜란드 사람들이 생존을 위해 최소 3개 국어는 한다고 하는데 포르투갈도 그런 게 아닌가 생각한다.

생맥주가 나오는 수도꼭지 손잡이에 흐른 촛농이 쌓이고 쌓여 마치 수백 년 된 고목과 같다. 포도주잔과 물잔 그리고 포도주병의 로고가 같다. 식당 이름이다. 이런 게 전통인 것 같다. 값싸고 민중적인 것. 우리나라는 전통을 찾으면 가난한 사람들과 멀어지는데….

2017 Camino Portugues 11일 차
1230 Tomar – Alvaiazere 33km

여행길은 언제나 위험이 따른다. 대체로 소매치기나 강도 같은 사람이다. 그런데 간혹 동물과도 부딪힌다. 보통은 사나운 개다. 모두 묶여 있고 지나가면 사납게 짓는다. 오늘 하루에도 그렇게 짖어대는 개를 스무 마리쯤 만난 것 같다. 작년에는 이태리 친구랑 밤늦게 마을을 통과하는데, 목줄이 풀린 맹견이 가까이 와서 맹렬하게 짖어댔다. 그러자 이탈리아 친구가 갖고 다니는 지팡이로 땅을 쾅쾅 치면서 조심스럽게 뒤로 물러나자 개도 물러섰다. 집 밖으로 나다니는 개들도 있는데, 그런 개들은 매우 온순하다. 그런데 오늘은 개가 아니었다.

아침 8시, 독일 친구랑 작별 인사를 하고 호스텔을 나와 강변을 따라 Tomar 시가지를 벗어나는 데는 5분도 채 안 걸렸다.

안개 자욱한 강변의 오솔길을 따라 10분쯤 걸어가자 길이 갈리는데, 표시가 없었다. 이런 경우 더 가서 서로 만나는 경우가 많다. 그러나 한 번 더 점검하기 위해서 길을 멈추고 가이드북을 꺼내 읽었다. 자욱한 안개 속에서 안경 없이 작은 글씨를 읽으려니 집중이 필요했다. 아마 1분~2분 정도 지났을 것이다. 앞에 뭔가 다가온 듯하여 고개를 들어보니, 바로 코앞에 덩치 큰 멧돼지 3마리가 한 줄로 서 있는 것이었다! 아빠 멧돼지, 엄마 멧돼지, 새끼 멧돼지! 셋이 아침 산책을 나온 모양인데, 나를 나무로 착각하였던 것 같다. 1m 전방에서 비로소 뭔가 이상하다고 생각하여 자기들도 멈춘 것이다. 그 순간 나도 모르게 아악!! 짧은 외마디 비명이 나왔다. 그러자 이 친구들이 획 돌아서더니 냅다 달렸다. 돌아섰기에 망정이지 만약 앞으로 돌진했다면 난 어떻게 되었을까? 생각만 해도 끔찍하다. 60여 평생 야생동물과 1m 사이로 마주 보기는 처음이었다. 놀란 가슴 진정하기까지 아마 한 시간은 걸린 것 같다.

그다음부터는 숲속을 지나갈 때는 가끔 배에 힘을 넣어 기합 소리를 내뱉는다. 동물들에게 내가 가고 있음을 알리는 것이다. 사실 내가 혼자 길을 떠난다고 하자 후배 목사 한 사람이 '위험하지 않으냐?'고 물었는데, 사실 위험하다.

그런데 서울이라고 위험이 없는가? 길을 건너다 차에 치이기도 하고 버스를 타고 가다가 크레인이 덮쳐 부상을 물론 죽기도 한다. 신앙인이라고 그 확률이 달라진다고 보지 않는다. 얼마 전 제천 화재 사건에서는 한 권사님이 교회 봉사를 하고 몸을 씻기 위해 사우나에 들렀다가 죽음을 맞이했고, 나의 할머니는 평생 목사 사모로 사셨는데, 70이 넘으셨을 때 새벽기도 다녀오시다 차에 치여 돌아가셨다.

살고 죽는 것은 내 손에 달려 있지 않다. 그래서 매번 그러했지만, 이번 여행길을 떠나 올 때 유언장을 다시 한번 손질해서 내 책상 가운데, 눈에 잘 띄는 곳에 놓고 나왔다.

오늘은 33km를 가야 하는데, 산길로 23km를 걷다 보니 시간으로도 안 되고 기운도 달려서 그만 멈춰야 했다. 또 가이드북에 의하면 32km 지점에 있는 알베르게 주인에게 전화하면 차로 픽업해준다고 했다. 그런데 하필이면 주인이 볼일 때문에 리스본에 있으니 택시를 타고 오란다. 할 수 없이 주유소에 가서 택시회사 번호를 구해 전화하니 금방 왔다. 12유로 나왔는데, 팁까지 해서 15유로를 주니 감격하여 악수까지 청한다.

알베르게는 개인이 운영하는데, 아래층은 가게, 2층은 숙소로 사용한다. 11.5유로에 독방이다. 아침은 2.5유로이다. 마을은 구시가지라 그런지 가게도 별로 없었다. 고전풍의 교회만 기념으로 찍을만했다.

우리 옛날 농촌에서 집마다 감나무 한그루를 키웠듯이 이곳에서도 감귤나무 한두 그루는 다 있다. 땅에 떨어져서 썩어가는 걸 보면 굳이 먹으려고 기르는 것도 아닌 것 같다. 나도 굳이 따먹으려고 하지 않아도 가다 보면 가끔 길에 떨어진 게 있는데, 다행히도 아침에 하나, 점심때 하나를 주워 먹었다. 그런대로 맛이 괜찮았다.

버스정류장 벽에 마을 주민 마리아 할머니가 "어제 86세로 돌아가시어 오늘 오후 4시 장례식을 치른다"라는 부고장이 붙어 있다. 남의 일로만 보이지 않는다.

2017 1231 Camino Portugues 12일 차
Alvaiazere – Ansiao 13km

산길을 빗속에서 걷다 보니 13km를 걷는데도 5시간 반이 걸렸다. 다행히 두 시간을 줄기차게 내리던 비가 도시 가까이 오자 멈추었다. 신발이 방수화가 아닌지라 발바닥은 이미 홍수가 되었다.

오는 도중 생각해 보니 며칠 전에 신발 밑창이 나간 게 다행이었다. 이 상황에서 같은 일이 벌어졌다면 어찌 되었을까? 더구나 그 바람에 신발 여분이 생겼는지라 비가 그치자 양말과 신발을 갈아신게 되었으니 이보다 더 좋은 일이 어디에 있으랴!

한 해의 마지막 날, 일찍 쉬자. 물론 날이 이미 저물기 시작했으니 더 갈 수도 없었다.

가이드북에는 알베르게나 호스텔은 없었고 4개의 펜션이 나와 있었다. 첫 번째 집에 전화했는데 열려있다고 해서 값도 묻지 않고 바로 왔다. 12월 31일이라서 좌고우면할 여유가 없었다. 1층은 식당, 2층은 숙소로 3개의 방이 있다. 내부를 보니 거의 3성 호텔급이다. 값은 30유로다. 보통은 가이드북에 값이 나와 있는데, 이 도시 4곳은 한 군데도 값을 기재하지 않았다. 20유로를 생각했는데…. 어쨌든 히터가 나오니까 됐다. 신발도 말릴 수 있고, 밀렸던 빨래도 할 수 있게 되었으니 말이다. 알베르게나 호스텔에서도 빨래는 할 수 있다. 그러나 빨랫감이라고 하는 게 몇 개 안 되고 또 그 값이 만만치 않다(드라이까지 돌리면 7유로 정도가 된다). 여름에는 배낭에 달고 다니면 금방 마른다. 그러나 겨울은 우기인데다 햇볕도 약해 말릴 수가 없다.

주인이 오늘은 한 해의 마지막 날이라 백여 명의 동네 사람들이

이 식당에 모여 파티를 하기에 새벽 2, 3시까지는 시끄러울 것이라고 한다. 괜찮냐고 해서 오히려 더 좋다고 답했다. 오늘은 포르투갈 친구들이 한 해의 마지막 날을 어떻게 지내는지를 보게 될 것 같다. 물론 지금 서울은 새벽 한 시를 훨씬 넘었으니 시끄러울 시간은 지났을 거다. 이 글을 읽는 모두에게 축복된 한해를 기원한다.

정부에서 산티아고 가는 길을 표시하기 위해 조개껍데기 그림과 화살표 표지판을 세워놓았는데 이 타운에 오는 도중 산길에 있는 20여 개는 누군가 훔쳐 갔다. 분명 순례객들은 아닐 것이다. 왜냐하면, 순례하는 자들은 이게 얼마나 소중한 것임을 잘 알고 있기 때문이다. 아마도 거리에서 기념품을 판매하는 나쁜 친구들이 하지 않았을까 추측해 본다.

마을 입구에는 마리아 성소가 군데군데 있다. 우리나라 성황당 같은 곳이다.

산길을 걷는데 꺾어진 큰 나뭇가지가 길을 막았다. 우연으로 보기에는 너무 인위적이었다. 가지 말라는 표시인 것 같았다. 그래서 되돌아 다른 길로 가보기도 하고 인터넷 지도를 보면서 2, 30분 동안 헤매다가 결국은 떨어진 나뭇가지 사이를 뚫고 걸었다.

유종의 미를 거두어야 하는데 왼쪽 무릎이 너무 시렸다. 바람도 많이 불었다. 한적한 시골 산길 한 시간도 안 되었는데 오늘따라 풀어놓은 개들이 왜 이리 많은지 세 차례나 깜짝깜짝 놀랐다.

순례자들에게는 이런 썰만한 장소 하나 얻는 것만으로도 큰 축복이다. 연유는 잘 모르겠는데 오늘은 새를 잡는 날이란다. 공기총 소리가 끊이질 않는다.

오늘은 주인장이 새벽에 일 나가는지라 아침이 없다. 마트도 없고 카페는 문을 안 열어서 그제부터 갖고 다닌 비상식량을 먹었다.

2018	Camino Portugues 13일 차
0101	Ansiao – Rabacal 19km

안시아오에서 새해를 열었다. 18,000명 규모의 도시이다. 숙소 근처 공회당에서는 주로 나이 든 분들이 저녁을 먹고 댄스파티를 하며 새해를 맞고 공원에서는 주로 젊은이들이 음악과 폭죽 불꽃으로 새해를 맞는다.

포르투갈 안시아오에서 맞이하는 새해 첫 시간을 어떻게 기념할까 하다가 방에서 혼자 2유로짜리 포도주로 축배를 들기로 했다.

그런데 맛이 아주 다르다. 과일을 섞은 모양인데, 거품에다가 씁쓸하기까지 하다. 이런 포도주는 처음이다. 그러나 어찌하랴. 이 밤중에 다시 가서 사 올 수도 없으니. 할 수 없다. 내 혀를 포도주 맛에 맞출 수밖에. 인생도 그러하지 않은가? 어찌 항상 내 입맛에 맞겠나? 내 입을 그 맛에 맞춰야지. 거기서 발전이 있고 성숙이 일어나겠지.

길은 떠나야 하는데 남은 포도주가 아깝다. 새해 벽두부터 취해 걸을 수도 없고.

가이드북에 따르면 어제 걸었던 14km와 오늘 걸었던 19km는 하루에 걸어야 했던 길이다. 그런데 새해 첫날인 데다 나로서는 무리였기에 중간에 쉬었다가 8시간을 걸어 알베르게에 도착했다. 어제 걸은 시간까지 합치면 14시간이다. 중간에 자주 쉬긴 했지만, 그래도 열심히 걸은 게 이 정도이다. 가이드북은 한 시간에 3.5km를 계산하는데 나는 2.5km 정도인 것 같다. 작년에 비해 너무 처진다. 짐이 무거운 건지 내 체력이 그런 건지…. 아마 둘 다인 것 같다. 오늘도 후반부는 걷는 길은 8.6km, 차도는 6.8km였는데, 차도를 선택했음에도 이런 결과가 나왔다. 앞으로 남은 일정을 어떻게 소화해야 할지 약간 고민이 된다. 2, 3일의 여유분이 있기는 하나 최선을 다해 보기로 다짐한다.

어린양 한 마리가 젖을빨고 있었다. 가까이 가니 엄마 양이 극도로 경계한다. 가만히 보니 방금 태어난 듯했다. 자기 몸도 제대로 못 가누고 엄마 몸에는 빨간 탯줄이 그대로 달려 있었다. 엄마는 이상한 동물이 접근하니 빨리 가자고 재촉해도 어린 양은 그게 무슨 뜻인지 모르고 자꾸만 서서 젖을 달라고 한다.

Disfruta recorriendo el camino como si fueras el primero que la hace.

Enjoy waling the Camino as if you were the first one to do it.

순례길을 즐기세요. 마치 당신이 그 길을 걷는 처음 사람인 것처럼.

Credential, 증명서

까미노 길을 걷는 사람은 자기가 걸었던 길을 증명하는 수첩을 갖는다. 이를 크레덴샬이라고 부른다. 숙박 장소, 까페 등지에서 상점 특유의 스탬프를 찍어준다. 이게 쏠쏠한 재미이기도 하다. 독일 친구는 나보다 걸은 날 수는 적은데, 스탬프 수는 거의 두 배에 달한다. 심지어는 까페마다 들려 물 한잔 사 먹고는 찍어달라고 하고 마트에

서도 도장을 받았다고 한다.

산티아고 목적지에 도착해서 이걸 보이면 (최소 100km) 증명서를 만들어 준다. 이틀 전 Alvaiazere의 사설 알베르게에서 카를로스라는 친구는 자기만의 독특한 스탬프를 찍어줬다. 납을 녹여 도장을 찍어줬는데, 각기 다른 네 개였다. 매해 자기가 개발한 것이라면서 2018년도 것은 여분으로 주면서 일정을 다 끝마치고 나서 붙이란다. 이래저래 이 친구의 알베르게가 소문이 나서 많은 순례객이 여기에 머무는데, 작년에는 천명이 머물렀단다. 전체 숫자가 1,270명 정도였으니 80%가 여기에 머문 것이다. 물론 이 마을에는 또 다른 숙박 장소도 별로 없다. 오래된 2층집 방 세 개에 침대 5개(6인용)가 있다. 결국, 여름 한 철에는 만석인 것이다. 12월에는 나까지 포함해서 3명이다. 내가 잔 방이 독방으로 1호실인데 문에 Brierley라는 명패가 붙어 있었다. 가이드북의 저자이다. 같이 찍은 사진도 걸려 있고 사람들이 감동을 받아 방명록 서명에도 정성이 보인다. 나도 정성스레 방명록을 작성했다.

카페 두 군데를 들려 오전에는 커피를 오후에는 맥주 한 잔을 먹고 도장을 받았다. 커피나 맥주는 한잔에 75전 우리 돈으로 천원꼴이다. 우리 물가에 비하면 3분지 1인 셈이다. 이곳 카페는 마을회관이나 다름없다. 언제나 사람들이 붐빈다. 뭐 달리 시켜 먹지 않아도 다들 와서 담소를 나눈다. 커피와 맥주, 아이들 사탕, 일상용품까지 고루고루 팔고 있다.

점심은 빵에 참치 통조림. 올리브유에 재어놓아 고소하면서도 잔잔한 맛의 운치가 있었다.

어제 안시아오 숙박하면서는 도장을 받지 못했다. 본래 아래층 카페에서 저녁을 먹기로 했었는데, 깜박 잠이 드는 바람에 그 기회를 놓쳤다. 다음 날 아침에 문을 열면 받으리라 기대를 했는데, 아침에 일어났더니 문에 메모가 있었다. 오늘은 가게 문을 열지 않으니 돈은 책상에 놔두고 가라고. 그래서 도장을 받지 못했다.

알베르게는 지나가는 길가에 큰 현수막을 걸어놓아 쉽게 발견할 수 있어서 좋았다. 10유로인데, 시설이 매우 깨끗하다. 수건이나 시트 제공이 알베르게마다 다른데, 지금까지는 5유로를 받는 곳에서도 수건과 시트를 주었다. 여기는 수건과 시트 제공이 없다. 그동안 슬리핑백을 쓸 일이 없었는데, 여기에는 이불이 없으니 써야 한다.

오늘 알베르게는 라바칼의 보니또라는 곳이다. 저녁을 몇 시에 먹겠느냐고 해서 6시에 먹겠다고 했다. 못 알아듣는 포르투갈어로 얘기하더니, 6시가 되자 저녁을 가져다줬다. 시키지 않은 맥주에 물까지. 뭔가 이상했지만, 돈을 지불하려고 지갑을 꺼냈더니 또 뭐라고 한다. 구글 번역기로 통역하니 오늘은 새해 기념으로 공짜란다. 그래서 하느님의 축복이 넘치기를 바란다는 덕담을 해줬다.

CAMINO GUIDES
A PILGRIM'S GUIDE TO THE
Camino Portugués
Lisbon – Porto – Santiago
• Camino Central
• Variante Espiritual
• Camino da Costa
& • Senda Litoral

CERTIFICACIÓN DE PASO
ALBERGARIA
PINHEIROS
HOSTEL
MEALHADA
TATTVA
CAFÉ ARANTES
CAFÉ TRESVAL
CASA VEIGA
IMPORTANTE ANTES DE COMENZAR EL CAMINO DE SANTIAGO

2018	Camino Portugues 14일 차
0102	Rabacal – Coimbra 33km

이야기 하나

포르투칼 까미노에 대한 전설에 따르면 성 야고보 사도(산티아고)는 이베리아반도 남쪽에 도착하여 전도하였다. 44년 예루살렘으로 돌아갔다가 그곳에서 로마군에 의해 참수를 당하였고, 그의 제자들에 의해 시신이 다시 이곳 산티아고 콤페스텔라 성당 지하에 안장되었다고 한다. 그래서 다른 까미노보다 훨씬 더 야고보 사도의 발자국과 밀접하게 연계되어 있다. 스페인(프렌치웨이) 길은 후에 천년 경 순례자들에 의해 만들어진 순례길이다.

오전 4시간 동안 숲길과 시냇가 그리고 산길 13km를 걷고 나머지 20km는 버스로 이동하였다. 코임브라는 12세기 중반부터 한 세기 동안 포르투칼의 수도였다. 1290년에 세워진 대학이 유명하고, 몇 개의 성당이 매우 독특한 양식으로 세워져 있는 세계문화유산 도시 가운데 하나이다. 여기 보이는 교회는 12세기에 세워지고 18세기에 보수된 성 바톨로매어 성당인데 성전 한가운데에는 마리아상만 놓여 있는 게 독특하다.

이야기 둘 - Coimbra 산타크루즈 수도원

1131년 성 어거스틴을 기념하여 세워진 수도원 성당이다. 독특한 점은 성당 성전에 상이 없고 (천국) 계단만 있다. 후에 보이는 부분은 수도원 내부 그리고 수도원 내부의 작은 성소이다.

이야기 셋 - Coimbra

세 번째 소개하는 성당은 마치 계시록에 등장하는 새 예루살렘을 연상케 한다. 주교 신부가 있기에 The Cathedral이라 불리고 그 안에 Cloister가 있다. Cloister는 Monastery(수도원)와 비슷한데, 수도원이 개방적이라면 클로이스터는 폐쇄적이어서 묵상 수도사들이 머무는 곳이다. 앞서 본 수도원과 정원의 크기는 비슷하고 회랑의 기둥이 모두 20개인데 그 중앙에 있는 로마네스크 형식의 문양이 다 다른 것이 특징이며 따로 2층에 지성소가 있다. 그 장식은 더 현란하고 장엄하다. 사실 이런 것들은 현대인들에게는 특별한 감흥을 주지 못하고 해방적 관점에서 보았을 때는 민중의 고혈로 만들어진 것들이다. 다만 이것들이 천년 전 사람들의 사고를 대변한다는 것이다.

멕시코 남부 메리다 지방의 옛 마야 유적지에 가면 사람 얼굴 형상을 띤 돌 수십 개가 쌓여 있다. 이들은 신에게 자신을 희생한 영웅들인데, 여기에 피택 되려면 경기에서 승리해야 했다. 현대인으로서는 이해가 안 되지만, 그들은 죽기 위해, 그것도 목이 잘려 신께 드려지기 위해 최선을 다해 경기에 임했던 것이다.

우리가 오늘날 남들과의 경쟁에서 이긴 승리의 대가가 결국 무엇인가? 따지고 보면 피장파장이다.

2018	Camino Portugues 15일 차
0103	Coimbra – Mealhada 25km

우기라 날씨는 계속 우중충하지만 대체로 비는 밤에 내리고 새벽에 그치는데 오늘처럼 부슬비가 계속 내리면 발 떼기가 쉽지 않다.

우비를 둘러쓰고 길을 나섰다. 도시를 빠져나가는 길은 여러 갈래가 있을 수 있는지라 표지에 크게 신경 쓰지 않고 방향을 정하고 길을 걸었다. 그런데 30분이 지나도록 까미노 표지판이 보이지 않았다. 해는 짙은 구름 속에 숨어있어서 가늠하기 힘들고 핸드폰도 신호가 잡히지 않는다.

코임브라는 강을 끼고 있어 방향을 잡기 쉬울 듯한데 이상하게 자신이 없고 비가 오니 사람들에게 묻기도 어려웠다. 할 수 없이 왔던 길로 되돌아가서 다시 방향을 잡았다.

강에 도착했다. 지도에 강을 따라 길이 표시되어 있기에 강둑을 따라 그냥 무심코 한 시간을 걸었다. 표지가 안 보여도 강둑을 따라가니 틀림이 없다고 생각했다. 그런데 느낌이 이상하여 인터넷을 켰더니 엉뚱한 방향으로 가고 있는 것이 아닌가! 다시 가이드북을 들여다보니 작은 강줄기를 따라 걸어야 했는데 큰 강줄기를 따라 걸었던 것이다. 다른 길은 없다. 되돌아가는 수밖에….

오늘은 지금까지의 하루길 중 가장 짧은 25km라 내심 완주를 시도해 보리라 마음을 먹었는데 두 번이나 길을 헤매고 말았다. 맥은 빠지고, 비는 계속 내리던 차에 멀리 기차역이 보였다. 에잇, 오늘은 기차로 이동! 간이역이라 다시 코임브라로 돌아와서 목적지로 가는 기차로 바꿔 타야 했다. 결국, 4시간 전에 출발한 장소로 다시 돌아왔다. 이런 경우도 있나? 아무리 생각해도 어처구니가 없다.

걷는 길이니 다시 돌아올 수 있지만, 인생길은 되돌아올 수 없지 않은가? 돌다리도 두들기며 걸으라는 조상들의 지혜를 다시 한번 마음에 되새긴다.

알베르게는 지금까지 중 가장 형편이 없다. 그냥 창고처럼 크게 짓고 2층 침대를 스무 개나 다닥다닥 붙여놓았다. 혼자니까 독방이긴 한데 욕심이 엿보인다. 게다가 히터도 없고 따뜻한 물도 안 나온다. 레스토랑을 겸한 알베르게인데 이익에 눈이 먼 주인이다. 와이파이도 안되고 TV나 따뜻한 물 한잔 끓여 먹을 전기포트도 없다. 식당에 와서 사 먹으라는 뜻이다. 3유로 받아도 시원찮은데 10유로나 받는다. 그래도 어쩌겠나, 세상에는 별의별 사람이 있게 마련이니까.

오늘 하루는 이래저래 안 풀리는 날인가 보다. 따뜻한 곳에서 책도 읽어가며 편히 쉴까 했는데 완전히 실망이다. 찬 공기에 몸이 자꾸 움츠러든다. 차라리 옮겨갈까 하는 마음에 싱숭생숭하다. 그냥 쉬자. 내 인생에 주어진 하루이니까. 인샬라!

오늘의 안 풀리는 신수를 먹는 것으로 메꾸기로 했다. 동네는 인

No sigas el camino que llevan atrás si no sientes que es al tuga.

Don't follow the path of others if you don't feel that it is yours.

자신의 길이 아니라는 생각이 들거든,
다른 사람이 이끄는 길을 따라가지 마십시오.

구 5천 명의 작은 도시이지만 로마 시대부터 교통의 요충지였다. 이름도 meeting에서 유래한다. 이 도시는 다른 건 볼 게 하나도 없고 포도주와 새끼돼지 고기 요리가 유명하다. 한 달 된 새끼돼지를 통째로 바베큐 한다. 통째 한 마리 값은 100유로이다.

그래서 그런지 숙소 근처에 비슷한 식당이 열 군데쯤 된다. 숙소에 붙여놓은 안내판을 보니 내가 묵는 숙소 레스토랑이 원조인 것 같았다. 식당은 멋있게 생겼다. 그런데 그 옆에 있는 식당에는 사람이 꽉 찼는데 이 집은 파리만 날리고 있었다. 나도 눈치가 있는지라 내 숙소 식당을 지나쳐서 붐비는 식당에서 이 지방의 명물 포도주에 돼지고기를 먹었다. 껍질이 바삭바삭하니 맛이 매우 좋았다. 포도주병에는 아예 돼지 그림이 들어가 있었다.

엊그제 본 뉴스의 내용이 생각난다. 사회주의 국가를 지향하는 베네수엘라는 새해 기념으로 돼지 다리를 먹는 풍습이 있다. 그동안 모든 가정에 돼지 다리를 나눠주었는데 올해는 양이 모자라 받지 못한 서민들로 인해 폭동이 일어날뻔하자 대통령이 직접 나서서 포르투갈 정부에서 수출을 금지했기 때문이라고 공개적으로 비난을 했다. 그러자 포르투갈 정부는 모르는 일이라고 발뺌을 했다는 것이다. 사연인즉 2년 전 대금을 받지 못한 회사가 그랬다고 하는데 정부도 어느 정도 개입이 되어 있을 것이고 북조선처럼 베네수엘라도 미국으로부터 경제봉쇄를 당하고 있으니 배후도 의심하지 않을 수 없다. 급한 나머지 이웃 나라에서 공수를 해왔다고 하는데 포르투갈이 돼지 축산업이 발달한 나라이긴 한 모양이다.

2018 0104	Camino Portugues 16일 차 Mealhada – Agueda 26km

참 지긋지긋하게 비가 내린다. 소낙비도 아니고 부슬부슬 쉬지 않고 내린다. 가랑비에 속옷 젖는다고 무시하면 큰코다친다. 비를 피할 겸 점심 겸 식당에 들러 채소 수프를 주문했는데 맛은 물론 양 또한 푸짐하다. 시골 인심 참 좋다.

1시가 되자 사람들이 몰려왔다. 보통 이곳 사람들은 식사에 포도주를 겸해 서너 시까지 담소를 나눈다. 우리보다 소득은 낮지만 사는 모습이나 엥겔지수는 엄청 좋다. 우리가 버는 3만 불에 가까운 돈은 다 어디로 사라지는 걸까?

비가 계속 내리니 일어설 맘이 안 생겼지만, 밖으로 나갔다.

길 한가운데 꿩 한 마리가 있었는데 머리만 하얀 게 멋지게 생겼다. 다가가자 푸드덕 힘차게 날아갔다.

오늘 주어진 길은 비교적 짧은 거리에 속하는 거리이지만, 이번 까미노 걷기 중 11일 만에 처음으로 완주를 하였다. 그것도 비가 계속 내리는 중에 말이다. 아침 8시에 출발해서 오후 5시 반에 알베르게에 도착했다. 물론 점심에 한 시간 가까이 쉬긴 했지만. 오늘은 거의 마을과 마을 외곽을 연결하는 아스팔트 길이었고, 평탄하였다. 공장지대를 서너 번 걸어야 했기에 볼거리는 없었다. 물론 볼거리가 있다 하더라도 비가 계속 왔으니 보기도 힘들었겠지만. 다행히 오후 3시 이후로는 비가 멈추었다.

이곳 알베르게는 급이 낮은 호텔(여기서는 레지덴샬이라 불린다)을 함께 운영하고 있었다. 그런데 주인이 알베르게는 추우니까 같은 값에 호텔 방을 주겠다고 했다. 난 알베르게 비용으로 12유로만 지불했는데 말이다. 덕분에 오늘은 호텔에서 잠을 자게 되었고 지금 히터가 빵빵하게 나와서 너무 덥다.

어제는 너무 후진 알베르게에서 묵게 되어 찬물에 샤워했다. 잘 때는 바닥에 담요 두 개를 깔고 담요 세 개를 겹쳐서 덮어도 추워서 점퍼까지 세 겹이나 껴입었지만, 추워서 잠을 제대로 잘 수가 없었다.

반면 여기는 2유로 더 주었는데, 그에 비하면 천국이다. 포르투갈 욕을 하려다가도 오늘의 경우를 당하면 칭찬할 수밖에 없다. 아무리 방이 비었다고 해도 이렇게 하는 것은 쉽지 않은 일이다.

더구나 부엌까지 사용할 수 있었다. 그래서 오랜만에 마트에서 쌀과 한두 가지 반찬을 사서 밥을 해 먹었다. 반찬이라고 해보았자 연어 통조림과 오이 절임이 전부다. 거기에 포도주. 그런데 이 값이 우리 돈으로 7천 원이 안 된다. 쌀은 5분의 1밖에 안 먹었다. 한국은 포도주 한 병만 해도 7천 원짜리가 없다.

쌀은 1kg에 69전, 천원이 안된다. 우리나라 20kg으로 따지면 2만 원 정도이다. 우리나라는 작은 땅덩어리에 인구가 많다 보니 식료품 값이 무척 비싸다. 엥겔지수가 높다. 돈 벌어서 먹는데 많이 들어간다. 여기는 우리나라 물가에 비하면 3분의 1 정도이다. 우리는 기본 생활비, 식품비, 교육비, 주거비를 내느라 헉헉대고 있는 말이다.

왜 이 나라는 우리나라보다 국민소득이 낮은데도 풍족하게 살까? 그건 우리나라는 돈 벌어서 딴 데 쓰기 때문이다. 첫째는 국방비 그중에서도 미국산 무기 구입비로 나가고 둘째는 외국회사 주식 투자가들이 번 돈을 상당 부분 가져가기 때문이다. 삼성을 비롯한 수많은 재벌 회사들이 이름은 국내회사이지만, 실제 주식 투자가들은 외국 특히 미국인들이다.

숫자로는 우리나라 1인당 국민소득이 2만 8천 불이다. 문 대통령은 3만 불 운운한다. 이는 4인 가족으로 따지면 평균 일억이 훨씬 넘는다. 만약 부모님이 살아 계신다면 수입이 평균적으로 1억 5천만 원이 되어야 한다. 그러나 실제는 그렇지 못하다.

하루속히 남북통일이 되어야 한다. 남은 말할 것도 없고 북은 미국의 경제봉쇄 속에서도 그간 모든 역량을 핵무기 개발에 쏟아부어야 했다. 그러니 얼마나 힘들었겠는가? 지금 남북이 쓸모도 없이 쏟아붓는 국방비는 엄청나다. 이건 죄악이다. 정치인들의 이념 놀이에 속아 넘어가서는 안 된다. 이제는 국민이 깨어나야 한다.

2018	Camino Portugues 17일 차
0105	Agueda – Alergaria a Nova 24km

출발 시각은 넘었는데 억수같이 쏟아지는 비는 멈출 줄은 모르는구나. 어제 무리를 했는지 다리는 천근만근 무겁다. 고행이 '고'독한 '행'복이 되어야 하는데….

가이드북에 따르면 알레르가리아 아 벨라라는 도시에서 묵게 되어 있다. 그런데 도착해서 보니 알베르게가 겨울 3개월간은 닫혀 있다는 안내문이 붙어 있다. 조금 황당하다. 왜냐하면, 지금까지 알베르게가 닫힌 경우는 없었고, 이곳 알베르게는 이름도 그러하듯이 시에서 운영하는 특별한 알베르게이기 때문이다. 작년 경험이 있었기에 성탄절 연말연시에는 미리 알베르게가 열려 있는 것을 확인했었다. 그러나 모두 열려 있었다. 그래서 이곳 알베르게도 당연히 열려 있을 줄 알았다. 그런데 닫혀 있는 것이었다.

오늘은 이번 까미노 여정 중 가장 짧은 17km이고 내일은 30km이기에 그 중간에 해당하는 알베가이라 아 노바에 있는 알베르게에서 머무는 계획을 했었다. 그러나 오늘 아침 비가 억수같이 쏟아지기에 할 수 없이 비가 좀 그친 다음 10시경 출발했다. 그러다 보니 시간적으로 이곳 알베르게에 머물러야 했던 것이다. 그런데 와서 보니 닫혀 있는 것이다. 4시 반, 해는 이미 기울기 시작했다.

여기서 다음 알베르게까지는 7km를 더 가야 하고 평소 걸음으로 두 시간이 걸린다. 가는 중간에 해는 완전히 지고 만다. 그래서 혹 걷는 중간에 숙소가 있으면 거기서 묵으리라 생각하면서 걸었는데, 숙소가 나타나지 않아 결국 이곳까지 오게 된 것이다. 작년 스페인 까미노를 걸었을 때도 비슷한 경우가 생겨 밤 8시 너머까지 걸은 적도 있었기에 크게 염려하지는 않았다.

가이드북의 지도를 보고 숲길 대신에 시간을 아끼기 위해 도로를 따라 걸었다. 중간에 표지가 나오면서 숲길을 걷게 되어 있었지만, 나는 도로 길을 따라 계속 걸어가면 숙소에 도달하리라 생각을 하고 그냥 지나쳤다. 그런데 두 번째 표식에서는 숲속 길로 가야 했다.

날이 어두워진지라 처음으로 헤드랜턴를 켜서 앞길을 밝힐 뿐 아니라 다가오는 차들이 나를 피해가도록 했다. 도로가 좁아 차가 서로 비껴갈 때는 여유가 거의 없었던 것이다. 그런데 한 시간 반을 걸어 사거리에 도착했는데, 길가 표지판에 내가 원하는 마을 이름이 없었다. 구글맵을 열었는데도 왔다 갔다 한다. 20분쯤 떨어진 것은 확실한데, 아무래도 확인이 필요했다. 그래서 확인차 다시 숙소에 전화를 했더니 주인인 젊은 친구가 차를 갖고 오겠단다. 그래서 마지막 2km는 차로 왔다. 숙소에 와서 가이드북을 다시 확인하니 지도를 잘못 본 것이다. 다 나이 탓이라 여긴다. 이해하시라. 아무리 부인해도 나이는 못 속인다는 말은 만고의 진리임을…. 여러 번 경험하고 있다.

걷는 도중 한 나이 든 친구가 말을 건다. 자기도 젊었을 때 까미노 길을 15번쯤 걸었단다. 미국 뉴저지주에서 아들과 함께 살면서 일을 하다가 지금은 은퇴해서 이곳 고향에 와서 산다고 한다. 여지없이 남쪽에서 왔냐 북쪽에서 왔냐고 묻는다. 그런데 북쪽은 무조건 나쁘다는 인식을 갖고 있다. 이걸 설명하기가 쉽지 않아 그냥 쉽게 트럼프는 crazy guy니까 믿지 말라고 했다. 사진 찍자고 했더니 기꺼이 응했다.

2018 0106	Camino Portugues 18일 차 Albergaria a Nova – Sao Joao 24km

오르락내리락하며 작은 마을을 여럿 통과했다. 특이한 사항은 일어나지 않았지만, 굳이 말하자면 첫째, 한 주일 내내 흐리고 비가 오던 날씨가 오늘은 하루 내내 화창했다. 둘째, 오늘로써 시일과 걷는 거리 모두 절반을 넘어섰다. 셋째, 오늘은 병원에서 운영하는 알베르

Cualquier momento del dia es el mejor para una palabra bonita,
un buen gesto, una caricia, una buena acción;
en de definitiva, para mostrarnos como realmente somos.

Any moment of the day is
the best one for a kind word, a nice gesture, a caress, a good act,
In short, to demonstrate how we really are.

하루 중 어느 때라도 친절한 말과 멋진 몸짓 그리고 사랑의 표현과
선한 행위를 위한 가장 좋은 순간이다.
간단히 말해서 우리가 진짜 어떤 사람인지 보여주는.

게에서 머무는데, 기부금으로 자기가 내고 싶은 만큼 낸다. 보통 5유로 낸다. 대신 시설은 아무것도 없다. 노인요양원 지하에 방 하나에 매트리스만 달랑 있다. 샤워실도 없다. 대신 병원 건물이라 히터는 매우 잘 나온다. 넷째는 일주일 전에 신발 밑창이 떨어져서 수리했는데, 다시 벌어지는 것이다. 이틀은 더 버텨줘야 PORTO에서 하루를 쉬면서 수리를 할 텐데. 당장 아쉬운 대로 접착제를 발라본다.

다섯째는 양쪽 무릎에서 쉬라고 계속 신호를 보내고 있다. 특히 그동안 별로 말이 없던 오른쪽 무릎이 더 강하게 얘기하고 있다. 내 무릎의 병명은 '퇴행성 관절염'이다. 이 무릎 아픈 것은 8년 전 아들과 함께 네팔 트레킹을 할 때, 내가 짐을 조금 졌는데, 이때 통증이 심하게 왔다. 병원에서는 수술을 권고했지만, 지금까지 버텨오고 있다.

2018	Camino Portugues 19일 차
0107	Sao Jao – Grijo 15km

가이드북은 오늘 38킬로(고저를 계산하면 44킬로가 넘는다)를 걸어 PORTO까지 가는 것으로 되어있지만, 나로서는 무리가 되기에 중간 지점에서 묵었다. 도시 입구에는 굉장히 넓은 수도원과 공동묘지가 자리 잡고 있다. 중세기 이태리 그리조 8세가 로마에서 산티아고까지 다녀오면서 묵었던 장소를 수도원으로 만들었고, 이 수도원을 중심으로 그리조라는 도시가 세워졌다. 교회당은 1235년에 헌당식을 했다.

오늘 묵는 알베르게는 바로 이 수도원에서 운영하는데 길 건너 있는 작은 집을 알베르게로 만들었다. 지하까지 방이 전부 4개, 침대는 14개가 있다. 물론 지금까지 대부분이 그랬듯이 나 혼자 전세를 냈다. 7유로를 받는다. 뜨거운 샤워 물은 나오는데, 히터는 없다. 지금은 내가 남쪽에서 북쪽으로 올라오기에 점점 추워지고 있다. 아직 영하까지 도달하지는 않았지만, 새벽에는 거의 영상 2, 3도이다. 따라서 히터가 없이는 사실 잠자기가 쉽지 않다.

그런데 성당에서 일하는 이가 문을 열어주면서 하는 말이 4시에 수도원 성당에서 음악회가 있다고 한다. 가보았더니 주현절 특별음악회가 열리는 것이었다. 많은 마을 사람이 참석했다. 주현절은 아기 예수가 세상에 그 모습을 드러낸 날, 곧 동방박사와 목자가 찾아간 날이다.

사실 마태복음서와 누가복음서의 증언이 다른데, 마태복음서에서는 마리아가 아기 예수를 어느 집에서 해산하였고, 동방에서 온 박사가 아기 예수를 경배하였다. 그런데 그 날짜가 태어난 그 날인지는 확실하지 않다. 또 흔히들 세 명의 박사들이라고 하지만, 선물이 세 개였지 사람이 세 명이라는 구절은 없다. 반면 누가복음은 예수가 태어난 바로 그 밤에 천사의 소식을 듣고 목자들이 마구간을 찾아간 것으로 되어있다.

그런데 상식적으로 생각하여 보아도 마리아가 몸을 푼 당일 저녁에 찾아갔다는 것은 사리에 맞지 않는다. 그래서 특히 동방정교회에서는 성탄절보다는 박사들이 아기 예수를 영접한 날을 주현절이라고 하여 이날을 축제일로 지킨다. 그런데 그 날짜도 1월 5일에서 10일 정도까지 나라마다 달리 지키고 있다. 사실 따지고 보면 성탄절이라고 하는 12월 25일도 로마가 기독교를 국교화하면서 그 이전부터 축제일로 지켜오던 이교도의 태양절에 접목이 된 것이지, 예수가 어느 날 태어났는지는 모른다. 또 태어난 해도 우리는 서기 0년에 태어난 것으로 알고 있지만, 마태복음서에 따라 헤롯 대왕이 살아 있던 시기로하면 기원전 4년이 되고, 누가복음을 따라 시리아 총독이 있던 시기로 따지면 기원후 6년이 된다. 이런 얘기를 하면 혹 시험받을 사람들이 있을지 모르겠지만, 성서 기록을 역사적으로 고찰하면 그렇다.

하여간 오늘 1월 7일 일요일이 교회 절기로는 주현절이고, 내가 머문 이 도시의 수도원 성당에서 특별음악회가 있어서 매우 좋은 음악회에 참석했는데, 서울은 이미 1월 8일이 시작되었다. 어떤 목사님은 페북으로 생일 축하 인사를 보내오기도 했다. 그래서 내 생일을 축하하기 위해 오늘 음악회를 개최했다고 믿기로 했다. 왜냐하면 가이드북에 따르면 난 오늘 여기서 머물러서는 안 되고 안내하던 친구가 내게 그런 말을 안 해주었더라면 난 전연 모를 일이기 때문이다. 깜짝 선물이었다.

오늘 저녁은 매우 간단히 해결하였다. 사실 여기는 부엌 시설이 잘되어 있어서 마트가 가까이 있었더라면 몇 가지를 사서 밥을 해 먹을 수도 있었다. 그런데 마트까지 가려면 30분을 걸어가야 하는데, 발이 아파서 오고 갈 수가 없어 포기를 하고, 부엌을 뒤져보니 스파게티 국수 1인분이 있는지라 이를 물에 끓여 그냥 간장 같은 소스에 비벼 먹었다. 보통 숙소 부엌에는 사람들이 먹다 남겨놓은 양념이나 국수 종류들이 남아 있게 마련인데(나도 이틀 전 알베르게에 쌀과 절인 오이 반찬을 그대로 두고 왔다), 여기는 너무 외진 곳이라(방명록을 보니 한 달 반 전에 딱 한 명 이곳에서 묵고 갔다) 달리 남아 있는 음식이 없다. 생일 축하는 내일 PORTO에 가서 맛있는 것을 먹을 것을 상상하고 눈을 붙인다.

2018	Camino Portugues 20일 차
0108	Grijo – Porto 15km

하루 일정으로 보면 오늘이 제일 짧은 날이다. 하루에 걸어야 할 길을 어제와 오늘로 둘로 나누었기 때문이다. 거기다가 오늘 후반부 절반은 찻길을 걸어야 하기에 세 시간을 걷고 나머지는 버스로 이동했다.

포르토는 수도인 리스본 다음으로 큰 도시이고 역사도 매우 오래된 도시라 볼 것이 많았기에 본래 이틀을 머물고자 했다. 빨리 도착해서 도시 구경을 하고 내일 떠나려고 했다. 그런데 1시에 왔지만, 호스텔이 2시 이후에 체크인하기에 1시간을 기다려야 했고, 점심을 먹기 위해 마트를 다녀왔다.

이 기회에 숙박에 관련하여 약간의 얘기를 하는 게 좋겠다. 내 얘기를 계속 따라온 사람들은 대강 눈치채긴 했을 텐데, 기본적으로 숙박시설에는 네 종류가 있다. 낮은 순서로부터 알베르게, 호스텔, 펜션 혹은 레지덴샬 그리고 호텔이다.

알베르게는 산티아고 순례자용 숙소를 말한다. 알기로는 스페인과 포르투갈에서만 사용하는 단어이다. 값은 5~10유로이다. 어떤 알베르게는 교회나 병원에서 운영하면서(개인도 있다) 기부금만 받는다. 자의로 내기에 원치 않으면 아예 내지 않을 수도 있다. 그러니까 0유로에서 10유로까지이다.

반면 호스텔은 13~16유로 정도이다. 전반에는 16유로, 오늘은 13유로이다. 그런데 시설은 오늘이 더 좋다. 아침도 준다. 그래서 따지고 보면 호스텔이 훨씬 낫다. 알베르게와 호스텔이 같은 점은 한 방에 2층으로 된 벙커베드가 여러 개 있어 다른 사람들과 함께 잠을 자야 한다는 것이다. 그런데 시설은 호스텔이 훨씬 좋다. 알베르게는 순례자들을 위한 여름용 숙소이기에 경우에 따라 따뜻한 물이나 히터가 없는 경우가 많다. 침낭도 필수이다. 그래서 가능하면 호스텔에 머무는 것이 좋은데, 문제는 호스텔은 큰 도시가 아니면 아예 없고, 여름철 같은 경우에는 예약하지 않으면 자리가 없는 경우가 많다.

지난 20일 동안 레지덴샬에서 이틀을 잤는데, 하루는 알베르게나 호스텔이 없어서 그랬고 한번은 레지덴샬 측의 호의로 알베르게 비용으로 잤다.

첫 3일간은 리스본에서 호스텔을 이용했다. 왜냐하면, 알베르게는 인터넷 예약이 안 되기에(전화는 가능하다) 그런 것이고, 이후 큰 도시가 있는 곳에서는 오늘까지 세 번 잤다. 그 이유는 스페인은 그렇지 않은데, 포르투갈의 알베르게는 대부분 주방 시설이 없기에 밥을 해 먹으려고 일부러 호스텔을 이용한 것이다. 결국, 값으로 보면 알베르게가 숙박비는 조금 싸지만, 밥값까지 계산하면 호스텔이 더 싸게 먹히는 것이다. 레지덴샬은 30유로 정도 호텔은 40유로 이상이다.

호스텔은 인터넷에 연계되어 있어 부킹닷컴으로 예약할 수 있다. 세계 젊은이들의 모이는 장소이고 때때로 남녀 구별이 없이 자야 할 경우가 있다. 함께 자더라도 침대마다 커튼이 쳐져 있고, 자체 전등이 있고, 오늘은 포르토의 호스텔에서 자는데 침대마다 머리맡에 작은 선풍기가 달려있다. 식당과 바도 있다.

식당 겸 바에서 일하는 르우벤이라는 젊은 친구가 영어에 매우 능숙하다. 미국에서 살아본 경험이 있느냐고 했더니 전혀 없단다. 한번은 미국인이 그럴 리가 없다고 끝까지 우긴 경우도 있었다고 한다. 영어 만화영화를 보면서 영어를 읽혔단다. 하긴 한신대의 한 교수가 국제 컨퍼런스 사회를 보는데 영어 발음이 너무 부드럽길래 미국에서 공부했냐고 물었더니 미국에 가본 적이 없다고 했었다. 남한에서 영화를 통해 영어 공부를 했다고 하였다. 놀라웠다. 이 친구도 지금 이곳에서 의학 공부를 하는 학생인데, 알바를 하고 있다. 영어 공부만을 위해서라면 굳이 미국으로 연수 갈 필요는 없다고 본다.

숙소 얘기를 더 하면, 어제 잠을 잔 수도원에서 운영하는 알베르게는 히터가 없었다. 그러나 부엌이 있었기에 페트병에 따뜻한 물을 부어 침낭 속에 품고 자는 것으로 추위를 면했다. 네팔 트레킹을 하는 경우 자주 사용하는 방식이다. 그런데 아침에 나오면서 방명록을 읽어보니 부정적인 의견을 단 친구들이 몇 명 있다. 이런 경우는 매우 드문데, 읽어보니 여름철에 온 친구들이 모기나 벼룩 때문에 고생이 많았던 것 같다. 여름에 순례한다면 아마도 개인 모기장을 준비해야 할 것 같다. 하여간 호스텔이 있다면 호스텔을 이용하는 것을 권한다.

오늘은 내 생일이기도 하여 특별식을 준비해서 자축했다. 레시피는 일단 돼지고기를 올리브유에 볶은 다음 마늘과 양파 그리고 작은 고추와 올리브 몇 개를 넣었다. 오랜만에 먹는 특별식이 참으로 좋았는데, 의외로 고추가 맵다. 물론 포도주는 필수이다. 프랑스의 중산층 기준에는 자기만의 특별한 음식을 만들 줄 아는 항목이 포함된다고 하는데, 나도 좀 더 연습해서 자랑거리가 되었으면 한다.

2018	Camino Portugues 21일 차
0109	Porto – Laburge 25km

BBC에서 남북대화 결과를 발표했다. 올림픽 기간에 이산가족 만남도 진행한다는데, 제발 남북이 외세의 간섭을 뚫고 진정성 있는 만남을 계속하기를…. 그래서 죽기 전에 조선 반도 삼천리길을 배낭 메고 한번 걸어볼 수 있기를….

남북대화 잘 되었다고 하늘이 비를 내려 축하하는데 길 떠나는 나는 기분이 왜 이럴까?

아침에 나오면서 4유로 주고 산 우산이 30분도 견디지 못하고 바닷가 비바람 강풍 한 방에 완전히 망가져 버렸다.

12시경 해변 MATOSINROS 타운을 지났는데 숯불에 생선을 구워주는 식당 두 개를 그냥 지나쳤다. 배낭 속에 샌드위치가 있었기 때문이었다. 하지만, 세 번째 식당에서 멈췄다. 살아생전 여길 또 올까 싶은 마음에서다. 냄새도 끝내줬다. 남북회담과 어제 내 생일을 축하했다. 게다가 강풍에 지치기도 했었고….

포트토에서 산티아고까지 가는 길은 공식적으로 세 개의 길이 있다. 내가 리스본에서 걸어온 센트랄길, 해안가길 그리고 이 두 길 사이로 새로운 길이 만들어져 있다. 60%가 센트랄길을 이용하고 30%가 해안가길, 10%가 새로운 길을 이용하고 있다. 난 기본적으로 센트랄길을 걸었다. 그런데 오늘 비가 오기에 처음에는 해안길로 가다가 센트랄길로 접어들기로 했다. 그런데 가이드북에는 그 연결길이 나와 있지 않기에 찾아내면서 걸어야 했다.

작년 통계에 따르면 내가 지금까지 걸어온 리스본에서 포르토를 걸은 순례자가 1,700명 정도였는데, 포르토에서 산티아고까지 걸은 순례자는 그 열 배가 넘는다. 그만큼 유명한 길이다. 겨울철이긴 하지만 여러 사람을 만나게 되리라고 본다.

처음에는 비가 오지만 해안길로 오기 잘했다고 생각했다. 그런데 비 오는데다 바람까지 세게 부니 처음 한두 시간은 그런대로 괜찮았는데, 해안길이 계속 비슷비슷하고 점점 힘이 들어 괜히 이 길로 들어왔다고 생각을 했다. 그러다가 오후 3시 넘어 비가 멈추자 이 길로 오기를 잘했다고 생각했다. 참으로 인간의 마음이 왔다 갔다 한다.

이야기 하나

해안가길로 산티아고까지 계속 걷는 길도 10일 이상이 걸린다. 물론 제주 둘레길도 있지만, 제주도 길과 이곳 해안길은 차원이 다르다. 왜냐하면, 제주 둘레길은 해안가를 따라 걷지만, 실제 바다를 바라보며 걷는 시간은 그리 많지 않기 때문이다. 그런데 오늘은 바다 바로 옆에서 계속 파도를 바라보면서 걸었고, 너덧 시간은 모래사장 위에 설치된 방갈로 길로만 계속 걸었다. 지금까지 이렇게 긴 방갈로 길을 걸어본 기억이 없다. 남한에서는 한 10분, 20분 걸으면 그게 전부이다. 그것도 바닷가 근처에는 별로 설치되어 있지 않고, 순천만처럼 특별 관광지역에만 있다.

난 이명박 씨가 한반도 대운하의 헛된 꿈에 사로잡혀 시작한 4대강 사업 대신에 차라리 해안선을 따라 이런 방갈로 설치 작업이나 했으면 좋았을 것으로 생각한다. 4대강 사업은 돈은 돈대로 들어가고 댐 설치로 인해 강이 썩어들어가는 부작용으로 인해 언젠가는 다 허물어야 할 판이다. 참으로 어리석은 짓을 저질렀다. 이면에는 정치자금 모금과 깊은 관련이 있을 것이다. 국고 탕진에 가까운 해외개발 투자사업과 더불어 그 실상이 낱낱이 밝혀져야 할 것이다.

이야기 둘

해안길을 걷다 보니 60년대 서울에서 보던 전차가 다닌다. 난 초등학교 4학년 때 광주에서 서울로 이사를 왔다. 그때 전차를 보고 신기해했다. 그뿐 아니라 화신백화점에 처음 에스컬레이터가 설치되었을 때, 신기해서 여러 번 타보았고, 31빌딩이 제일 높았을 때, 엘리베이터를 타고 오르내리면서 신기해했다. 갑자기 전차를 보자 50년 전 생각이 났다. 한 정거장을 타보았다. 좌석 배치만 달랐을 뿐 달리는 건 똑같았다.

이야기 셋

포르투갈에서 버스나 기차를 타면서 의외로 운전사나 표 점검원들이 유창하지는 않아도 영어 소통이 잘 되는 것을 보고 좀 놀랐다.

길 가던 사람들에게 물으면 열에 아홉은 영어가 통하지 않기 때문이다. 그래서 깨닫는 것이 여기서는 운전사가 되려면 기본 영어를 해야 한다는 것이다. 그러다 보니 운전사 중 젊은 여자들이 많다. 우리나라도 작은 나라이니 관광산업을 개발하는 것이 중요한데, 그러려면 운전사 수준이 조금 높아져야 한다.

그간 공항버스를 수십 번 이용했다. 대부분 승객이 외국인인데, 운전사가 영어 한마디 하지 못하는 것을 자주 보았다. "Fasten your belt please, Thank you" 정도의 기본 영어는 해야 한다고 본다. 별로 좋아 보이지도 않는 90도 각도의 절 대신 말이다. 전에 용산역에서 버스를 탔는데, 한 정류장에서 동양 외국인 부부가 유모차와 함께 탔다. 차도 텅텅 비었는데, 운전사가 짜증을 내면서 큰소리로 뭐라고 했다. 그러자 이 젊은 남편이 이를 눈치채고 뭐라고 항의를 하려다가 자기 한국말이 짧은지라 참는 걸 보았다. 나도 운전사에게 한마디 하려다가 참았다. 외국 운전사들의 친절을 배워야 한다.

이야기 넷

확인 도장을 받기 위해 여행안내소에 들렀다가 소장을 만났다. 1979년 성탄절 앞뒤로 조선호텔에서 3일간을 머물렀는데, 그때 통행금지가 있었다고 한다. 그럴 리가 없다고 말을 하고 잠시 생각해 보니 바로 그때가 전두환 일당이 12.12쿠데타를 일으켰던 때라 그럴 수도 있다고 생각을 했다.

이야기 다섯

바닷가에 여성들이 해안가를 향해 울부짖는 동상이 있었다. 고기잡이를 나간 남편과 아들들이 깊은 파도로 인해 돌아오지 못하자 울부짖는 장면이다. 동상의 몸짓이 마치 살아있는 듯 느껴졌다. 사실, 그런 불행을 겪은 여인들의 남은 인생은 고난과 형극의 길이다.

이야기 여섯

교회에서 운영하던 유치원을 순례자 숙소로 전환한 알베르게에서 머물렀다(커다란 개인 집 형태로 되어 있다). 해안가 길로 순례자들을 불러들이기 위해 지방 도시가 시작한 것이다. 비용은 내고 싶은 만큼 내는 기부제이다. 시설은 그런대로 갖추었는데, 히터가 없다. 나보다 열 살 젊은 스페인 친구랑 머물게 되었는데, 이 친구는 까미노길이 7번째란다. 하긴 사는 집이 빰플로나인데, 이는 스페인 까미노길에서 매우 유명한 도시이다. 그러다 보니 까미노길에 매우 익숙하다. 은행을 다니다 조기은퇴를 하고 까미노길을 자주 다닌다고 한다. 내가 가고자 하는 길은 이미 가보았기에 이번에는 해안가 길로 쭉 간다고 했다. 어쩌면 산티아고에서 다시 만날지도 모르겠다.

우리는 여행한다고 하면 꼭 명승지를 생각하고 유명 호텔에서 자는 것을 생각하는데, 생각의 전환이 필요하다고 본다. 우리나라도 이런 전국 배낭여행 길을 (종교적인 목적과는 상관없이) 만들었으면 좋겠다. 중앙부처에서 관할하고 지방 자치단체가 협조하면 걷는 길은 그리 어렵지 않게 만들 수 있을 것이고, 잠자는 곳은 마을회관, 교회와 성당 그리고 불교와 원불교, 그 외 YMCA와 같은 단체의 협조를 구하면 이 또한 어렵지 않을 것이라고 본다. 젊은이들이 배낭을 짊어지고 전국의 산과 들을 거닐면서 인생의 꿈을 키우는 그런 날이 속히 오기를 기도해본다.

이야기 일곱

접수처 여인이 말하기를 2년 전 북조선 여성 둘이 이곳에 와서 잔 적이 있단다. 어떻게 해서 여기에 와서 잠을 자게 되었는지 그 사연이 궁금하다. 까미노 길을 걷다가 온 것인지? 하여간 오늘 남북이 만나 고위급 회담을 갖고 평창 올림픽 참가와 선수단 파견, 이산가족 만남 등을 논의했는데, 죽기 전 조선 반도 삼천리 길을 배낭 메고 순례차 다녀보았으면 한다.

2018 0110	Portugal Camino 22일 차 Labruge – Sao Pedro de Rates 27km

8시간을 거의 쉬지 않고 걸었다. 아침에는 계속 비가 왔고, 오후에는 간간이 비가 내리긴 했지만, 대체로 맑았다. 어제 하루만 해안길을 걷고 오늘부터는 중앙길로 바꿔야 했는데, 중간에 이정표가 없어 구글맵의 도움을 받았다. 작년에 크게 도움을 받았던 MapsMe라는 웹도 내려받아 왔는데, 구글맵이 훨씬 더 작동을 잘했다.

오늘 자는 알베르게는 기부제인데, 그나마 방안에 히터가 하나 있다. 침대 9개가 있는 방에서 4명이 함께 잔다. 두 명은 30대 초반의 프랑스 남녀이고 다른 한 명은 40대 중반의 스페인 친구이다. 프랑스 친구들은 파리에서 출발해서 현재 100일이 조금 넘었는데, 파티마까지 간다고 한다. 그들의 생각이 매우 건강하고 간소하다. 자연에 가까운 삶을 살아가는 것이 후손들에게 소중한 자산임을 깨달았다고 말한다. 스페인 친구는 까미노 길은 처음인데, 이제 이틀째이다. 은행일을 하다 지금은 예술 분야에서 일을 찾는다고 한다. 프랑스 남자애가 음식 조리를 잘하는데, 자기네 둘은 하루 3유로 이상은 쓰지 않기로 하여 빵집에 가서 날짜가 지난 빵을 얻어먹기도 하고 텐트를 치고 자기도 한단다. 만약 비가 오면 그냥 문을 두드린다고 한다. 그러면 들어와서 자라는 사람도 있고 피하는 사람도 있다고 한다.

이들은 히피족이 아니다. 둘 다 직업이 있는데 어느 날 일을 하다 자신도 모르게 화가 났고, 그래서 자기를 알기 위해 이렇게 걷는 중이란다. 걷기를 통해 자신을 찾아가고, 몸의 리듬을 찾아가며 그렇게 살아갈 이유가 있는지 확인 중이라고 한다.

내가 이렇게 다니는 이점 중의 하나는 외국의 젊은 세대들과 만남이다. 남자 친구는 자신이 가지고 있던 모든 옷이나 물건들을 다 팔아 버렸다고 한다. 세계로부터 자유로워지기를 원하는 것 같다.

잠에서 깨어 우연히 페북을 보다가 문재인 대통령의 신년 기자회견을 들었다. 사실 기자회견이라고 하는 것이 계속 주고받는 대담이 아닌 다음에야 아무리 질문이 좋아도 답변은 하고 싶은 사람의 태도에 달려 있다. 답하기 까다로운 질문은 살짝 비껴가는 것도 정치인의 기술이다.

미국 CNN 여성 기자가 미국과 북조선은 남한에게 둘 다 중요한 파트너인데, 만약 미국과 북조선이 전쟁을 한다면 남한이 어느 편을 들 것인지를 물었다. 속으로 버릇없는 질문이라고 생각했는데 그게 미국 사람들이 궁금해하는 질문이라고 한다. 나 같으면, "당신은 아버지와 어머니가 싸우면 어느 편을 드느냐"고 되묻고 싶었다. 문재인 대통령이 솔직하긴 한데, 말솜씨가 조금 약하다. 어떤 질문에 대해서는 되묻기 방식이나 혹은 비유 방식으로 답을 하는 것도 중요한데, 변호사 출신이라 약간 고지식하다.

또 하나, 아마 BBC 여기자가 물었던 것 같다. 이번 남북대화에 북조선이 나오게 된 게 트럼프는 자기 공이라고 주장하는데, 거기에 대해 얼마 정도 점수를 주겠느냐는 질문에 문재인 대통령의 답변은 너무 실망스러웠다. "트럼프 대통령으로서야 그렇게 얘기하는 게 당연하겠지만, 국제 정치라는 게 어떻게 하나의 변수로만 이루어질 수 있겠느냐?"라고 한 번쯤 되치기하면 좋겠는데, 전적으로 그렇다는 답변을 할 때는 나의 민족 자존심이 크게 상처를 받았고, 북은 더 큰 상처를 받았을 것이다.

그렇게 해서야 문재인 정부에 대해 어떻게 신뢰가 생기겠나? 미국의 압력이 아무리 거세다고 하더라도 이럴 때는 대통령이 좀 당차게 나갔으면 좋겠다. 참모진 가운데 이렇게 조언하는 사람이 한 명도 없나? 참으로 아쉽다. 일본군 성노예 할머니 문제도 인권과 정의 문제를 넘어서서 역사바로세우기의 관점에서 좀 더 근본적인 얘기를 해서 일본인들의 양심을 부끄럽게 해야 했다. 박근혜 전 정권이 한 한일협약을 일방적으로 파기하기 힘들다고 했는데, 그렇다면 을사늑약이나 강제합방도 따지고 보면 양 정부 간에 합법적으로 이루어진 것인데, 이것도 그렇게 생각하는지 의심스럽다. 절대 그렇지는 않겠지만, 논리가 부족하다.

예전과 같이 미리 발언자와 발언 내용을 짜지 않고 직접 발언자를 지정하고 즉석 질문을 받는다고 했지만, 회견 발표 내용보다 진전된 답변은 하나도 없었다. 형식은 바뀌었지만, 내용은 달라진 게 없는 것이다. 그래도 이번 문재인 대통령의 신년 기자회견은 80점을 주고 싶다. 그리고 어느 여기자가 지적했던 것처럼 자신의 선거공약대로 기자회견을 자주 하기 바란다. 국민의 알 권리를 위해서 뿐만 아니라, 그런 기회를 통해 국민을 설득하는 자리로 만들어 여소야대의 약점을 넘어서기를 바라는 마음이다.

2018 0111	Camino Portugues 23일 차 Tamel S Pedro fins – Ponte de Lima 26km

8시간을 꼬박 걸었다. 잔뜩 흐렸으나 다행히 비는 내리지 않았다.

어제 잘 때 무릎 통증이 있었고, 아침 내내 그리고 끝날 때쯤 해서 통증이 계속되었다. 포기할 때까지는 계속 가보기로 했다.

오늘은 식사할 곳을 마땅히 찾지 못하여 아침, 점심을 거르는 대신 길가에 떨어진 오렌지 3개와 말린 과일 간식으로 때웠다. 저녁은 어제 함께 잔 친구 둘과 함께 순례자 식당을 찾아 먹었는데 음식이 대단히 좋았다. 수프, 닭고기, 밥, 샐러드, 빵, 포도주 거기에 디저트 차까지 해서 9유로였다. 그간 먹어 온 순례자 메뉴치고는 최고에 가까웠다.

강가에 옛 성을 중심으로 한 도시 또한 조용하면서도 옛 멋이 흠뻑 담겨 있다. 알베르게 또한 5유로로 싸면서도 현대식 시설을 갖추고 있다. 다만 담요가 없고 히터가 없는 게 불만이었지만, 어찌하랴. 페트병에 뜨거운 물을 부어 침낭을 따뜻하게 만들었다. 잠들 시간까지는 추위를 면하게 되었다. 오늘은 지금까지 중 가장 많은 9명이 한 방에서 자게 되었다. 나이순으로 보자면 이태리 남성, 콜럼비아 여성, 영국 남성, 스페인 남성, 캐나다 부부, 체코 여성, 그리고 요즘 독립국가 뉴스를 타고 있는 카탈루냐 남성이다. 9명이 8개 국적이다.

이태리 부부와 카탈루냐 남성은 부엌에서 요리하느라 제대로 인사도 하지 못했다. 이태리인들의 음식 열정은 대단하다. 그들은 자기네 식대로 음식을 만들어 먹는 것을 대단히 즐긴다.

오후에 한 작은 마을을 지나가던 중 커다란 검은 개가 가까이 오더니 먹을 것을 달라는데 줄 게 없어 그냥 걸었다. 마을 개이겠거니, 마을을 벗어나면 돌아가겠지 했는데 왔다 갔다 하며 계속 따라왔다. 30분이 지나자 은근히 걱정되었다. 왜냐하면, 이 개가 훈련이 잘되어 있어서 차 소리만 들리면 내 뒤에 바짝 붙어 오는데, 마치 내가 개의 주인인 것처럼 보였다. 개를 끈으로 묶지 않았다고 욕을 먹은 것이다.

처음에는 몇 번 쫓아보았는데, 가지 않는다. 나와 전생의 무슨 인연이 있는 것인가? 아니면 내 몸에서 전 주인의 냄새라도 나는 것인가? 어쩔 수 없이 한 시간 넘게 함께 걸었다.

작년 프렌치 길을 첫날 걸을 때, 반대편에서 오던 친구가 떠오른다. 프랑스 친구였는데, 집에서 출발해서 6개월을 걷다 다시 집으로 돌아가는 중이라고 했었다. 그런데 개 한 마리와 같이 걷고 있었다. 한 달 전에 자기를 쫓아와서 먹을 것도 주고 잠도 같이 자다 보니 아예 자기와 동행자가 되었다고 했다. 처음 만난 날이 금요일이어서 이름을 프라이데이로 불렀었다. 그러고 보니 오늘이 금요일, 프라이데이다. 나도 그렇게 엮일 운명인가? 여러 가지 생각이 들었다. 그러던 중 세 명의 마을 사람들이 집 앞에 서 있는 것을 보고 내가 이 개 때문에 곤혹스럽다는 표정을 지었다. 그러자 그들이 뭐라고 부르자 그들 곁으로 갔다. 잘되었다고 생각하고 한 50m를 갔는데, 다시 나한테 왔다. 그러자 그들이 또 부르자 그들한테 갔다. 무릎이 아팠지만, 이때다 생각하고 걸음을 재촉했다. 흥미로운 경험이었다.

나이 많은 호주 부부를 도시에서 만났다. 작은 마차에 짐을 가득 싣고 다닌다. 2년째 걷는 중이고 지금은 파티마를 가는 중이란다. 순례 여행도 마약과 같아 한번 맛 들이면 끊기가 힘든 것 같다.

2018	Camino Portugues 24일 차
0112	Ponte de Lima – Rubiaes 22.4km

다행히 떠날 때쯤 비가 그쳤지만 한 시간 지나니 소낙비가 내렸

다. 비도 피할 겸, 아침도 할 겸 동네 카페에 들렀다. 카페는 동네 사랑방이다. 아침부터 마을 사람들이 모여 잡담을 하고 있었다. 커피 맥주 혹은 포도주를 먹으면서….

물론 나도 견물생심이라고 덩달아 아침부터 샌드위치와 더불어 포도주 한잔을 했다. 무릎 통증도 잊을 겸. 통증약을 먹긴 먹었는데….

어제 나와 한 시간을 함께한 검은 개의 아들인 걸까, 작은 검은 개가 내 옆으로 왔다. 빵조각을 주었더니 더 달라고 얌전하게 앉아 있다. 이 친구는 아무리 잘해 주어도 쫓아올 것 같지는 않다.

오렌지 주스는 바로 나무에서 따다가 갈아준다. 가다 먹으라고 서비스로 귤 세개와 키위 하나를 따다 준다. 신나는 하루가 될 것 같다. 신난다는 말은 신이 날아다닌다는 말인가 아니면 내 안에 숨어있던 신이 밖으로 나온다는 말인가?

가이드북에 따르면 가장 짧은 구간이지만, 400m 높이의 산을 가파르게 오르는 구간이 있어서 그리 쉽지는 않았다. 오늘은 거의 숲속 길로만 걸었다. 아침을 카페에서 토스트라도 하나 먹었기에 망정이지 마을을 통과하지 않는 코스라 먹을 데가 없었다. 중간에 귤을 두 개 주워 먹으면서 걸었다. 무릎 아픈 것은 통증약을 먹었더니 아픔이 덜했다.

7시간 조금 넘게 걸은 후 알베르게에 도착했다. 작은 도시인데, 폐교된 학교를 알베르게로 바꾸어 운영하고 있었다. 5유로이다. 따뜻한 물은 잘 나오는데, 히터는 없다. 오늘도 페트병에 뜨거운 물을 넣어 배낭 속에 품고 자야겠다.

우리나라도 폐교된 농촌의 학교 시설을 이와 같은 방식으로 재활용하는 것을 적극적으로 연구하여 시도해야 할 것 같다. 그중 일부를 전국 순례길을 만들어 이용하는 것이다.

영국 친구는 이틀 길을 오늘 하루에 하겠다고 해서 먼저 갔고, 결국 어제 함께 머문 일행 중에서 이태리 부부는 너무 늦게 오기에(나보다는 열 살 어리지만, 배낭 무게가 만만치 않고 부인이 천천히 걷는다) 함께 도착한 스페인 친구, 카탈루냐 친구, 체코 여성 이렇게 넷이서 함께 장을 봐서 밥과 반찬을 했다. 매우 맛있게 먹었다. 이런 순례길이 아니면 도저히 이루어질 수 없는 좋은 만남이다. 서로 영어가 짧긴 해도 그럭저럭 의사소통은 다 된다.

2018 0113	Camino Portugues 25일 차 Rubiaes – Tui 21km

오늘은 거리도 짧고 높낮이가 심하지 않아 비교적 용이하였다. 다만 한 3일 동안 주로 숲속 길만 걷고 작은 마을에 머물다가 갑자기 차가 자주 다니는 도시로 나오니까 기분이 이상했다. 도시라고 해보았자 인구 2만 미만의 작은 도시에 불과하지만.

오다가 장이 서서 구경을 갔는데 어렸을 때 시골장 생각이 났다. 닭만이 아닌 오리 칠면조 토끼 등등이 이채로웠다.

오늘은 포르투갈에서 스페인으로 건너왔다. 국경선을 넘었고 언어가 다른 나라로 넘어가는데 아무런 검문소나 경찰도 없다. 그저 다리 하나만 건넜고 간판만 달랐다.

그런가 하면 우리는 말도 같고 심지어 부모님이 같은데도 오가지 못할뿐더러 주적 원수가 되어야 한다. 이렇게 어리석고 모순에 찬 일이 있는가? 그런데도 다수는 이를 당연히 여긴다. 비정상을 정상으로 받아들인다는 건 정신 이상이 생겼다는 말이다. 거대한 정신병동 그게 우리가 살고 있는 남한땅이다.

2018 0114	Camino Portugues 26일 차 Tui – Redondela 39km

최고로 많이 걸은 날이다. 가이드북에 따르면 본래 중간 도시인 PORRINO에서 머물다 가야 하는데, 좀 묘한 사정이 생겼다.

어제 TUI에서 머물 때, 7유로를 더 주고 호스텔에 머물렀다. 그 이유는 두 가지다. 하나는 우선 히터가 있어야 밤에 따뜻하게 잘 수 있고 간단한 속옷을 빨아서 말릴 수가 있기 때문이다. 또 다른 한 가지 이유는 50대 중반의 콜럼비아 출신의 이태리 여성이 이틀을 나와 마주 보고 있는 침대에서 잠을 잤는데, 코골이가 좀 심했다. 그래서 호스텔을 이용했다.

이외 또 다른 이유로는 이 길이 본래는 하룻길이었는데, 까미노길을 일주일 예정으로 TUI에서 출발하는 사람들을 위해(그분들에게는 이틀째 되는 날 30km 이상을 걷는 것은 무리가 되기에) 이를 둘로 나눈 것이다. 그러나 나와 같이 이미 걷기에 익숙한 사람에게는 그 거리가 너무 짧다.

내가 여기까지 오게 된 또 다른 이유가 있는데, 그건 어제 호스텔에서 잠을 잘 때, 40대 중반의 이태리 친구랑 같이 자게 되었는데, 이 친구는 리스본에서 파티마를 거쳐 이곳까지 왔다. 그런데 평균 하루 40km 이상을 걷는 친구라, 오늘 하루 동안에 가이드북에서 제시한

3일간의 길, 55km를 걷겠다는 것이다. 그래서 나도 할 수 없이 속도를 내게 되었다. 그런데 점심때까지는 겨우 맞추어서 걸었는데, 점심 이후에는 도저히 힘들어서 먼저 가라고 했다. 그 친구가 본래의 목적지까지 다 갔을지는 모르겠지만, 아마 다 가지는 못했을 것이다.

왜냐하면, 포르투갈과 스페인이 한 시간 시차가 있는데, 우리가 점심 먹고 헤어질 때 이미 두 시 반이었기 때문이다. 아무리 빨리 걷는다고 해도 평지가 아닌 길이기에 밤 7시 이전에는 도착하기 힘들 것이다. 이 친구는 4년 동안 여름에 20일간씩 4번에 걸쳐 이태리에서 프라하, 프라하에서 생피터스버그, 생피터스버그에서 몽고, 몽고에서 북경까지 자전거로 대륙횡단 여행을 한 특이한 친구이다. 키는 나보다 작은데, 허벅지 크기가 얼마나 크고 단단한지 놀랐다. 물론 나도 20년만 더 젊었어도 이 친구 못지 않았으리라. 이번에도 산티아고를 거쳐 파리 그리고 이태리 자기 집까지 걸을 예정이란다.

생전 처음 신용카드 도용을 당했다. 나도 조심하느라 모든 걸 현금으로 지불해 오다가 그제 호스텔을 예약하느라 할 수 없이 이용했는데, 해킹을 당한 것이다.

Booking.com에서는 계약에 따라 전화번호를 인터넷상에 따로 남기지 못하게 되어 있다. 그래서 인터넷이 아니면 예약할 수가 없고, 어제 같은 경우도 인터넷으로 예약을 했기에 이메일로 숙소에 들어가는 비밀번호를 받아 열쇠를 찾아서 혼자 방에 들어갔다. 휴일 혹은 밤늦게 도착하면 이메일로 모든 연락을 주고받게 되는 경우가 많다. 그래서 포르투갈에 도착했을 때 칩을 따로 사서 내 핸드폰에 넣은 것이 화근이었다. 한국의 칩은 해킹 방지 웹이 깔려 있고, 작년 순례 때에도 그런 일이 없었기에 아무 생각 없이 한 번 사용을 한 것이 해킹

된 것이다. 미국에 사는 어떤 사람이 인터넷으로 2, 3백 달러를 5번에 걸쳐 사용했다.

아침에 메일을 열어보니 은행에서 수상해서 잠정 중지를 시켰다고 하면서 내역을 보내왔는데, 모두가 도용을 당한 것이었다. 그래서 은행에 전화해서 이를 알리고 해외 사용을 중지를 시켰다. 일단 연락을 취해 해결하겠다고 했는데, 어찌 되었는지는 잘 모르겠지만, 인터넷 주문이라 아마 중지가 가능할 것으로 보인다. 앞으로도 조심해야 할 것 같다. 국내 칩을 계속 사용하는 경우에는 바로바로 구매 내역이 메시지로 오기에 바로 조치를 취할 수 있지만, 칩을 바꿔 낄 때는 메시지를 받을 수가 없어 이런 일이 생길 수가 있다.

그간 신발이 계속 말썽을 일으켰다. 밑창이 자꾸 떨어지는 것은 물론 엊그제부터는 안창 또한 자꾸 벌어진다. 본드를 계속 발라오긴 했는데…. 3일만 버티면 되니 새 등산화는 살 필요를 느끼지 못했다. 이곳에서 산 운동화가 여분으로 있었으니까. 문제는 방수가 안 된다는 것이다.

어제저녁 도시의 밤길을 걷다가 잡화점에서 접착제와 20유로짜리 신발을 샀다. 모르고 산 건 아니지만 스페인 친구가 하는 말이 작업화란다. 앞은 망치로 두들겨도 들어가지 않고 전선을 밟아도 전기도 통하지 않는…. 신발이 무겁긴 해도 방수에는 완전하다. 안이 무척 딱딱하다. 3일 동안 발이 신발에 잘 적응하기를…. 아니면 신발이 발에 잘 적응하기를….

신발 이야기

오늘 아침 밑창은 물론 이제는 안창까지 벌어져 도저히 접착제로는 해결이 되지 않아 신던 등산화를 버리고 어젯밤에 산 안전 작업화를 신고 나섰다.

한 시간쯤 걸었는데 발바닥 엄지발가락 뼈마디 쪽이 점점 아파져 오기 시작했다. 이 상태로 가다가는 분명히 탈이 날 것 같았다. 할 수 없이 한 시간밖에 안 신은 새 신발이지만 눈물을 머금고 버스정류장 의자 위에 올려놓았다. 필요한 사람이 가져가기를 바라면서….

졸지에 오늘 아침 신발 두 개를 버렸다. 이번 까미노 27일을 함께 한 20년 된 옛 신발과 어제 산 새 신발.

2018	Camino Portugues 27일 차
0115	Redondela – Pontevedra 22km

나로서는 하루하루가 쉽지 않은 날이지만, 오늘은 다른 날에 비해 길이는 짧은 날이었음에도 유난히 힘든 하루였다.

이곳 날씨는 참으로 독특하다. 온종일 짙은 안개와 더불어 보슬비가 끊임없이 내린다. 우산을 쓴 사람과 그냥 걷는 사람이 반반일 정도로 애매한 날씨다. 그러나 매우 우중충한 날씨다. 영하 35도에서 지내다 온 캐나다 친구 하는 말이 캐나다 추위도 추위지만, 이곳 날씨도 춥단다. 그러나 이곳 날씨는 온도계로 보면 영상이다. 그래도 으스스하고 춥다.

알베르게에 도착한 후 지난 3일 동안 같이한 스페인 친구(40대 초반)와 조금 친해져서 시내에 나가 포도주 한잔을 하며 이곳 갈리시아 지방의 유명한 문어 요리를 먹었다. 이곳 해안가에는 바위가 많아 문어가 많이 서식한다고 한다. 그런데 요리를 하기 전에 문어를 몽둥이로 팬다고 한다. 일종의 기절. 그렇게 하지 않으면 근육이 수축해서 질겨지기 때문이라고 한다. 보통 문어를 삶아 소금과 고춧가루를 뿌려 먹는다. 이것도 맛을 들이면 끊기기 쉽지 않다. 1년 만에 먹어보는 문어 요리가 맛이 좋다.

2018 0116	Camino Portugues 28일 차 Pontevedra – Caldas de Reis 23km

지난 3일 동안 종일 보슬비(갈리시아지방의 특성이다)가 내리더니 오랜만에 비가 그치고 해가 잠시 떴다. 기분이 절로 좋았다. 점심에 뽈뽀라고 하는 문어 식사를 두 번째 먹었다. 우리는 문어를 주로 말린 것만 먹기에 딱딱하다는 인상을 갖고 있는데, 상당히 부드럽다.

저녁은 스페인 친구가 이곳 알베르게에서 일하고 있는 나이 많은 친구를 접대하고 싶다고 해서 같이 먹었는데, 이 사람은 이곳 까미노는 물론 칠레 아르헨티나 일본의 까미노도 걸었다고 한다. 무려 11만 2천km를 걸은 경력의 소유자이다. 그는 한때 어부였는데, 15명이 탄 배가 뒤집혀서 10명이 죽고 5명이 살았단다. 그때 하루 반나절을 바다에 떠 있다가 구조를 받았다고 한다. 그때 이후로 까미노를 걸었다고 한다. 특이한 경력의 소유자였다.

2018 0117 Camino Portugues 29일 차
Caldas de Reis – Padron 18.6km

목적지에 가까워질수록 마음이 들떠서 그런지 몸이 점점 가벼워짐을 느꼈다. 중간에 의자와 테이블이 놓인 간이 휴게소가 있었는데, 이는 2층에 사는 주인이 순례자들을 위해 아래층을 내어준 것이다. 약간의 음료와 커피, 과자 등을 파는 자동판매기가 있고, 화장실 심지어는 샤워실까지 만들어놓았다. 마음 씀씀이가 너무 고마웠다.

2018 0118 Camino Portugues 30일 차
Padron – Santiago Compostella 24.3km

마침내 리스본에서 걷기 시작한 지 27일(하루를 쉬었으니 걷기는 26일) 만에 산티아고에 도착했다. 전체 길이가 650km이니 매일 평균 25km를 걸은 셈이다. 10kg 이상의 배낭을 메고 걷는 일이 절대 만만하지 않았다.

물론 첫 5일간은 주어진 길이를 다 걷지 못했다. 3분의 2 혹은 4분의 3까지만 걷고 기차나 버스를 이용하긴 했다. 증명서를 떼러 가서 보니 오늘 까미노를 마친 사람 중에서는 내가 나이가 제일 많았다. 한 해 평균 포르투갈 길을 걷는 사람이 약 1,200명 정도인데 겨울에 걷는 사람은 아마도 열 명밖에 되지 않을 것이다.

오늘이 마지막이라 하늘이 축복을 베푸시는지 비가 한 방울도 내리지 않았다. 매우 흔치 않은 날씨이다. 구름이 끼긴 했어도 따스한

해가 서너 시간 동안 비쳤다.

뉴스를 보니 모스크바는 지난달 12월 전체에 해가 비친 시간이 6분이란다. 지구온난화로 인해 온도가 평년보다 높아 눈도 거의 내리지 않고, 계속 두꺼운 구름이 하늘을 덮고 있다고 한다. 투르게네프의 작품에 러시아의 이런 특이한 겨울 정경과 그로 인한 우울성 질은 주인공들이 등장하는데 우리 같은 사람들은 겨울내내 해를 볼 수 없다는 것을 상상하기 힘들다.

산티아고 광장에 도착하니 남극 펭귄을 보호하는 캠페인을 벌이고 있는 젊은이들이 있었다. 또한, 오늘 걷다가 특이한 사람을 만났는데, 프랑스 자기 집에서 출발해서 산티아고를 거쳐 파티마를 가는 중이었다. 당나귀와 개 한 마리와 함께 4개월째 걷고 있었다. 당나귀가 매우 영리하다고 자랑한다. 물론 이 친구는 야영을 한다(이 친구를 만난 이후 나의 버킷리스트에 하나가 추가되었다. 최근에 지도로 복원된 옛길-체코 프라하에서 산티아고까지-을 약 6개월에 걸쳐 나귀, 개와 함께 걸어보는 것이다).

광장에 도착하면 많은 사람이 함께 축하를 나누는데, 열 명 정도의 50대 이탈리아인들이 함께 기뻐하고 있었다. 절반은 여성이다. 나는 리스본부터 걸어온 것을 자랑하려고 얼마나 걸었느냐고 물었더니, 로마에서부터 3개월을 걸어왔다고 한다. 할 말을 잃었다. 바에서 다시 만나 사진을 찍으면서 입술에 손가락을 대는 포즈를 함께 취했다. 특별한 의미가 있다기보다는 벽에 무엇을 상징하는지 모르겠지만, 그런 포스터가 하나 붙어 있어 내가 그런 포즈를 요청했다.

숙소에 오니 독일 뮌헨에서부터 걸어온 20대 초반의 젊은 친구는 유럽을 이리저리 횡단하면서 지금까지 7개월을 걸어서 여기까지 왔는데, 앞으로 7개월을 더 걸어 집으로 돌아갈 예정이라고 한다.

손가락 포즈 사진에 어쩌면 "너 겨우 한 달하고 떠들지 마라"는 숨은 뜻이 있었을 것이다.

물론 유럽인들이라고 다 이런 까미노의 경험을 하는 건 아니지만, 우리 한국인들로서는 거의 상상하기 힘든 인생의 여정을 살아가는 사람들이다. 우리는 분단국가로 그 좁은 땅덩어리 안에서 남북이 티격태격하고 그것도 모자라 남쪽은 동서로 갈라져 전라도와 경상도가 다투면서 살아오고 있지만, 저들은 인종과 국경을 넘어 세계인으로 살아가고 있다.

까미노를 걷는다는 건 단순히 어디에서 어디까지 혹은 얼마나 오랫동안 걸었다는 것이 중요한 것이 아니라, 2천 년 전 야고보 사도가 걸었다는 그 길, 그 길을 찾아 천 년 전 하나의 신앙회복 운동으로 시작한 그 길, 때로는 로마 시대의 마차길의 흔적이 남아 있는 그 길에서 수많은 사람을 만나게 되는데, 사실 그 경험이라는 것을 말로 일일이 설명하는 게 쉽지 않다.

작년에 이어 두 번째 걸었다. 한 달간의 여정을 마치고 내 몸은 숙소에 와 있지만, 내 혼은 아직도 계속 길 위에 있다. 아마 혼이 내 몸으로 돌아오려면 2, 3일이 더 걸릴 것 같다.

이제 내일 하루는 이곳 산티아고에 있다가 모레 리스본으로 이동하고 월요일 아침 일찍 모스크바를 거쳐 서울로 돌아간다. 반쯤은 은퇴한 상태이니 기회가 되는대로 또다시 걷고 싶다.

2018 0119	Camino Portugues 31일 차 Santiago Compostella

산티아고에서의 마지막 날 저녁은 며칠 전 호스텔 같은 방에서 잠을 잤던 이태리 친구(자전거로 유럽대륙과 시베리아, 몽고를 거쳐 북경까지 여행한 44세)를 성당 근처에서 우연히 만나 함께 했다.

6시에 만났는데 자기가 지금까지 먹어 본 최고의 햄버거집을 발견했다고 해서 그리 갔다. 그런데 닫혀 있었다. 그래서 7시에 열겠지 생각하고 한 시간 동안 밤거리를 걸었다. 7시에 와보니 여전히 닫혀 있었다. 인터넷으로 알아보니 일요일에는 8시 반에 여는 것이었다.

우리 상식으로는 오후에 식당이 문을 닫는다는 것도 이해가 안 되지만, 저녁 식사를 8시 반부터 한다는 것도 이해가 안 된다. 보통 하룻길을 걸어 작은 도시에 도착하면 대체로 4시 정도가 된다. 그러면 모든 가게가 닫혀 있다. 다니는 사람들도 거의 없다. 마치 유령 도시처럼 보인다. 닫힌 가게를 보면 우리 생각에는 퇴근했거나 혹은 겨울이라 손님이 없어 문을 닫았는가 생각하게 되는데, 6시쯤 되면 문을 연다. 거리에도 6시쯤 되어야 사람들이 나타나기 시작한다. 이들은 낮잠('시에스타'라고 한다)을 자는 습관이 있기 때문이다. 우리로서는 이해하기 힘든 일이지만, 이게 하나의 전통이다. 그러다 보니 저녁 식사 시간이 8시가 넘고 보통은 9시에 먹는다. 우리가 8시 반에 갔을 때는 아무도 없었는데, 9시가 넘자 자리가 차고 대부분이 햄버거를 좋아하는 어린 청소년들과 가족들이었다. 전문점이라 우선 고기와 빵이 다르고 중간에 넣은 재료도 매우 다양했다. 나도 햄버거 장사를 2년 정도 해보아서 맛을 아는데, 매우 독특했다.

이탈리아 친구는 영어가 매우 짧아 대부분의 소통은 구글 번역기를 이용했는데, 며칠 지내면서 여기저기 친구들을 사귀어 놓았다. 참으로 활달한 친구이다.

서울에도 놀러 오라고 했다. 이 친구 자기 이름이 Senzatetto인데 집이 없다는 뜻이란다. 이게 운명인지 처음 도착해서는 이곳 산티아고 공원에서 비 오

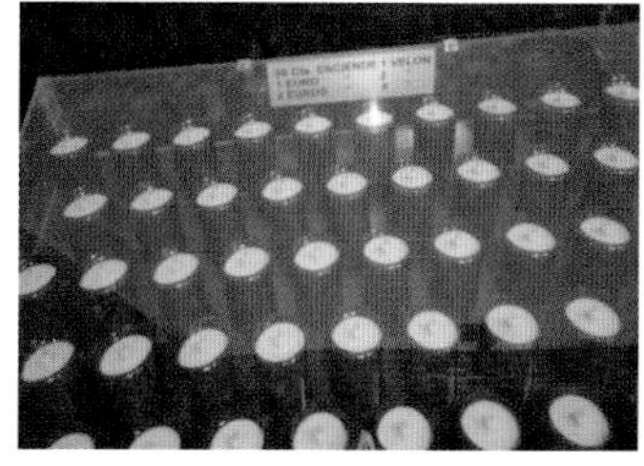

는 날 밤을 보냈다고 한다.

저녁 먹기 전 2시간을 여기저기 걸어 다녔는데, 식당이 만약 6시에 열었다면 전연 보지 못할 여러 곳을 다녔다.

요즘 유럽 대부분 성당이 환경보호 차원인지는 몰라도 전기 초를 설치해 놓았다. 그런데 돈에 따라 불이 켜있는 시간이 달라진다.

까미노 증명서 발행하는 곳에도 작은 예배 처소가 있고 기도문 용지가 있다. 그 옆에 헌금통이 놓여 있다. 기도가 돈과 교환가치를 갖게 되었다.

리스본에서 까미노 마지막 날 밤. 조식 포함 13유로 선셋데스티네이션 호스텔에서 묵는다. 그런데 난 새벽 5시 출발해야 한다. 그러자 고맙게도 우유와 스낵을 준비해주겠단다.

NTIAGO DE
OMPOSTELA
Leon
Bilbao
Porto
lamanca
LISBON
Seville

3장

북쪽 길
Camino del Norte

(2018. 9~2018. 10)

혼자는 외롭고 때로는 두렵다

끊임없이 자기와 대화를 나누게 된다

그러므로 내 안의 신과 대화가 가능해진다

2018 0911	Camino del North 1일 차 Barcelona

2년 전의 프렌치 길과 작년 리스본에서 출발하는 포루투갈 길에 이어 올해 세 번째로 북쪽 길에 나섰다.

요즘 남한사람들이 산티아고 순례길에 많이 가고 있는데 이들이 다 순례자가 맞냐고 질문할 수 있다. 사실 같은 길을 걷지만, 사람에 따라 여행길이 되기도 하고 순례길이 되기도 한다. 난 두 가지 관점에서 나의 길을 순례길이라고 말한다. 첫째는 혼자 걷기 때문이다. 혼자는 외롭고 때로는 두렵다. 끊임없이 자기와 대화를 나누게 된다. 그러므로 내 안의 신과 대화가 가능해진다. 또한, 이 길에서 홀로 걷는 또 다른 순례자들을 만나게 된다. 대부분이 외국인이다. 그들과 짧은 만남에서 우리는 모두 하느님의 자녀로서 하나의 지구공동체의 일원임을 인식하게 된다. 둘째는 목사로서 천년 기독교 역사의 흐름을 살펴본다는 데 그 의미가 있다.

일단 가보지 못한 바르셀로나를 첫 정착지로 정했다. 사흘간 이 도시를 살펴보고 북쪽 작은 도시 Irun으로 가서 이번 주 일요일부터 37일간의 순례길을 시작하고자 계획하고 있다. 사실 북쪽 해안길도 여러 길이 있다. 내가 구입한 아주 얇은 영어 안내 책자가 비교적 잘 되어 있는데, 저자가 전체 900km를 37일로 정리해 놓았다. 이는 순례자 숙소인 알베르게를 이용하는 것이 정도인데, 이 책이 바로 그런 정도를 따라 정리해 놓았기 때문이다. 북쪽 길은 프렌치 길보다 먼저 생겼지만, 길의 험난함 때문에 걷는 사람이 더 적다. 그리고 겨울에는 날씨로 인해 걷는 일 자체가 힘들고 대부분 알베르게가 문을 닫는다.

나는 사람을 피해 작년 재작년은 모두 12월과 1월 한겨울에 걸었지만, 북쪽길은 겨울에 가능하지 않기에 일찍 시작했다.

동료 목사가 내가 부럽다고 하길래, 삶의 우선순위 정하기 나름 아니겠냐고 답했다. 긴급한 일과 중요한 일이 있는데, 중요한 일을 우선시하는 것이 신앙이고 결단이라고 자주자주 설교해 왔던 사람으로 모범을 보이는 것뿐이다. 사실 경비는 크게 문제가 되지 않는다. 여행은 먹는 것과 자는 것에 대부분 경비가 들어가는데, 산티아고 순례길 숙소는 만 원 미만의 값싼 알베르게를 이용하고 식사 또한 마켓에서 빵 혹은 쌀을 사다가 직접 만들어 먹는 경우가 태반이기에 사실 서울에서 사는 것보다 돈은 덜 들어간다. 비행기 티켓 값을 포함하면 비슷해진다.

사실 이번 여행길을 재촉하게 된 것은 나이 때문이다. 아무리 몸을 준비한다고 해도 65세의 나이로 약 17kg의 배낭을 짊어지고 하루 열 시간 가까이 그것도 산길을 걷는 것은 무리이기 때문이다. 배낭 무게는 처음부터 줄이려고 애를 쓰고 썼지만, 비행장에서 무게를 재니 이렇게 나왔다. 물론 그중 먹는 게 있고 무릎 통증약 등 소비되는 게 있으니 끝날 때는 분명 몇kg 줄겠지만 그래도 내 나이에 10kg을 넘는 것은 무리가 된다. 호스텔 숙소에 몇 가지 물건을 남겨 둔 채 맛보기 삼아 배낭을 짊어지고 산길을 한두 시간 걸었는데 몸이 천근만근이다. 저녁도 거른 채 침대에 쓰러지고 말았다. 3일 후 실제 하루를 걸었을 때 어떤 일이 벌어질지 나도 모른다. 중간에 쓰러질 수도 있을 것이다. 그러나 그건 그때 가서 생각할 일이다.

2018 0912

Camino del North 2일 차
Monteserrat Hermitage Monastary

바르셀로나 북쪽으로 약 한 시간 기차를 타고 가면 1,000m 이상 되는 아주 묘한 돌산이 나온다. 이곳에 천년이 넘은 은둔 수도원이 있다. 동네에 있는 수도원이 아닌 돌산 꼭대기에 있는 은둔자 수도원이라고 해서 그저 소박한 수도원이거니 생각을 했다.

그런데 가서 보니 유명관광지였다. 그것도 돈 많은 부자 노인네들이 오는 곳으로. 산꼭대기에 있지만, 성당의 크기도 웬만한 유럽 대도시의 성당에 밀리지 않았고 화려함 또한 엇비슷했다. 까미노 순례 여정을 시작하기에 앞서 마음 준비차 갔었는데, 그런 영적 수련을 쌓을 시간은 없었고, 사람에 치이다가 내려왔다.

이 성당이 유명해진 것은 흑인 마리아상 때문이다. 그것은 수도원이 세워지기 전 이미 880년경부터 있었다. 수도원은 그보다 약 100년 후에 건립이 되었다. 그래서 일명 Santa Maria de Monteserrat Abbey 혹은 Black Madonna라고도 불린다. 19세기 초 나폴레옹 군대의 침략으로 두 번 불에 탔었는데 천년 주기 기념으로 1880년에 새로 건립이 되었다. 이후에도 추가 건축이 있었고, 지금도 호텔을 건축 중이었다. 이 검은 마리아상은 성전 중앙에 놓여 있는데, 사람들이 그녀의 손을 한번 만지기 위해 긴 줄에 서 있었다. 아마도 30분 이상은 기다려야 할 것 같아서 난 포기했다.

하여간 흑인 예수상 혹은 흑인 마리아상은 남미나 아프리카에 가면 그리 놀랄 일도 아니다. 그런데 유럽의 일부인 스페인성당에 흑인 마리아라고 하니 특이하다. 물론 역사적인 고증에 따르면 예수는 흑인에 가까운 사람이다. 곱슬머리에 납작코, 우락부락한 얼굴 모습 말이다. 어머니가 흑인이니 당연히 이 성당 안의 모든 예수상 또한 흑인에 가까운 모습으로 재현되어 있다.

왜 그러한지는 역사적 고증이 필요할 것 같다. 다만 스페인은 아프리카와 가까울뿐더러 오랜 교류가 있었으니 예수의 모습이 자신들의 모습보다는 흑인 모습에 가깝다고 생각했을 것이다. 그러나 스페인성당이 다 그런 건 아니니 이를 어찌 설명해야 할까?

백인들이 지배하는 사회에서 흑인들은 당연히 하류층을 이룬다. 흑인 예수와 흑인 마리아상은 하류층 민중과 함께 하는 신앙이다. 곧 백인지배 세력에 대한 저항을 대변하는 상징성을 갖고 있다.

바르셀로나를 중심 한 지역 이름은 카탈로니아이다. 카탈로니아가 스페인에서 독립하려고 하는 것은 오래된 역사에 기인한다. 언어도 조금 다르고 문화도 다르다. 바르셀로나는 한때 지중해 문화권의 중심 도시였다. 이런저런 이유로 지금도 카탈로니아의 독립 의지는 곳곳에 스며 있는데, 이 수도원도 프랑코 독재정권 아래에서 항쟁의 중심 역할을 했었다. 언어도 금지를 당했다. 지금 이 지역은 공식 언어가 둘이다. 다른 지역도 둘인 지역이 있다.

2년 전 카탈로니아 지방의회와 정부가 독립 정부의 의지를 갖고 투표를 실시했는데, 중앙정부가 이를 중앙의 법으로 제재했고 당시 정치인들은 현재 감옥에 있다. 그래서 이들의 석방을 요구하는 표시로 몇몇 사람들은 노란 리본을 달고 다니거나 아파트 창문에 붙인다. 세월호 참사 기억 리본과 똑같다. 그러고 보니 내 작은 가방에 달린 세월호 리본이 여기서는 카탈로니아 독립 정부 지지자로 착각을 일으키고 있다. 9월 11일이 이들의 독립기념일이다. 뉴욕 쌍둥이 빌딩

9월 11일과 무슨 연관이라도 있기라도 하는 것일까? 아니면 그냥 우연의 일치였을까?

또 신발 이야기다. 작년 까미노 길을 시작한 지 한 10일쯤 되었을 때, 길을 걷다가 등산화 바닥이 떨어져 나간 일이 있었다. 동네도 사람도 보이지 않는 외딴 산길 한가운데서 경험했던 그때의 당혹함이란 이루 말로 설명하기가 힘들다.

그래서 이번 까미노 길을 떠날 때 신발에 신경을 많이 썼다. 믿음교회 교인들이 사준 트레킹화를 신고 갈까? 아니면 8년 전 독일 여행 중에 산 등산화를 신고 갈까? 이번에는 산길을 많이 걸어야 하고 비 오는 일도 많으니 방수가 되는 독일등산화로 결정을 했다. 그간 아끼느라 서너 번밖에 신어본 적이 없다. 이번 순례길을 위해 지금까지 보관하고 있었던 것이라 생각을 했다.

몬테세라 수도원을 방문하면서 일부러 배낭도 메고 옛 수도자들

이 머물렀던 돌산 꼭대기에도 올라갔다. 한 시간 정도로 짧지만 중간중간 가파른 언덕도 나오는 길이다. 그런데 거의 꼭대기에 다다랐을 때, 느낌이 뭔가 이상해서 보니 신발 바닥이 벌어지고 있었다. 너무 당혹스러웠다. 이제 너덧 번 신어본 등산화, 독일제, 연도는 비록 8년이 지났지만, 멀쩡한 새 신발의 밑창이 떨어지다니… 도대체 이해할 수가 없었다. 그러나 현실로 일어났다. 갖고 다니던 끈으로 앞뒤를 묶었다. 그리고는 산에서 내려오니 양쪽 다 바닥이 떨어져 나가고 말았다. 누군가 지나가면서 이를 보더니 cheap shoes(싸구려 신발이구만!)라고 말한다. 속으로 소리쳤다. "아닙니다. 독일 유명 백화점에서 당시에는 두 번째로 비싼 신발이었습니다." 그냥 바닥 밑창이 없는 채로 기차를 탔다. 아무도 눈치채지 못했다. 산길을 가기는 힘들지만 도로길은 한 시간 정도는 버틸 것 같았다. 시내로 돌아와 새 신발을 샀다. 이번에는 한국 제품으로….

왜 이렇게 되었을까? 나름대로 추측해 보았다. 밑창과 바닥 사이가 일종의 스폰지형 고무로 되어 있다. 예전 신발에는 밑창과 바닥 사이에는 아무것도 없었다. 아마도 발바닥 체형에 맞도록 하기 위한 일종의 고무 쿠션 형태이다. 그러니까 신고 다니면서 발에 맞게 굳어지고 단단해지는 것이었는데, 지난 8년 동안 거의 신지 않은 상태로 있다 보니 고무가 굳어지기도 전에 삭아버린 것이다.

하여간 생각지도 않은 거금이 날아가긴 했지만, 순례길 도중 그것도 산속에서 일어나지 않은 것을 다행으로 여기며 감사했다.

2018	Camino del North 3일 차
0913	Cathedral Famila

건축계의 이단아 안토니 가우디

얼마 전 사드 충돌로 중국 여행객이 왕창 줄어 소상인들이 엄청 힘들었던 적이 있다. 우리나라는 나라도 작고 자원이 부족한 관계로 수출에 의존하고 또한 관광객이 많이 오기를 희망한다. 그런데 사실 엄격한 의미에서 우리나라가 보여줄 수 있는 관광자원은 별로 없다. 역사가 길다고 하지만, 대부분 목재로 지어져서 전쟁이나 화재로 인해 백 년 이상 된 건물조차 드물다. 이곳에서는 천년 넘은 석조건물이나 교회를 보는 것이 그리 어렵지 않다. 그러나 보이지 않는 관광자원 곧 문화자원을 통하면 가능성이 있다고 본다. 예를 들면 멜로 드라마라든가 방탄소년단과 같은 아이돌들을 지역과 잘 연계하여 개발하는 것이다.

하여간 우리는 관광객이 많이 오기를 바라지만, 세계의 어떤 도시들은 관광객이 오지 않기를 바라는 시민 데모가 일어나는 곳도 있다. 가장 유명한 도시가 베니스와 바르셀로나이다. 작년 한 해 동안 베니스는 2,500만 명이 다녀갔고 바르셀로나는 3,200만 명이 다녀갔다. 그런데 베니스의 인구는 26만 명이고 바르셀로나는 160만 명이다. 이들이 일주일을 머문다고 가정하면 실상 도시 전체가 여행객들로 가득 차는 것이다. 길거리는 물론 버스나 지하철도 마찬가지다. 당신이 출퇴근할 때마다 이들로 인해 매일같이 콩나물시루 같은 교통혼잡의 고통을 겪는다고 생각해 보라. 관광 수입은 둘째고 관광객을 환영하지 않게 될 것이다. 게다가 돈 많은 이들은 관광만 오는 것이 아니라 아예 은퇴 후 이곳에 머문다. 그러다 보면 가난한 주민들이 도시 외곽으로 밀려나는 젠트리피케이션이 일어난다. 이것이 실제이다. 바르셀로나도 빈민촌이 있는데, 이곳이 점점 개발되어 값싸게 살던 주민들은 공항 근처의 새 개발지로 옮겨가게 되었다. 렌트비 인상은 물론 시내로 출퇴근하는 일이 또 하나의 중노동이 되고 말았다.

바르셀로나 관광 가장 첫 번째 이유는 가우디의 건축물들을 보기 위한 것이고 그중 첫 번째가 사드리아 파밀리아('성가족') 성당이었다. 사실 가우디에 관해서는 모든 사람이 너무나도 잘 알고 있으니 특별한 설명이 필요 없을 것 같다.

하여간 나도 오랫동안 꿈에 그리던 파밀리아 성당을 가보았다. 외부의 모습도 입이 쩍 벌어지는데, 그 안을 들어가면 더 벌어지고, 그 속에 담긴 하나하나의 세세한 작품들을 보면 벌어질 입이 없어 그만 다물고 말았다.

도대체 이는 인간의 머리에서 나온 작품이 아니다. 그래서 천재라고 부르는데… 그 천재성은 단순한 이성의 천재성은 아니다. 감성과 윤리성이 포함된 전 인간성의 탁월함이 아닐까 생각한다. 헨델이 메시아 곡을 15일 만에 완성하였듯이 백 년도 넘게 걸리는 이 성당을 구상하는 건축도면은 하늘의 은총과 도움 없이는 불가능했을 것이다. 가우디 사후 백 년이 되는 2026년이 완공 목표이다.

성당 곳곳에 담겨 있는 곡선의 건축미는 상상을 초월했다.

인간은 직선을 그리지만, 신은 곡선을 그린다.

건축의 탁월함은 모두 빛에서 나온다.

성당 삼면(요셉-예수의 탄생, 마리아-수난, 부활예수-자비)에서 들어오는 빛의 아름다움은 설명할 수 없다.

> 건축가는 비범한 재능과 더불어 정상을 정복할 수 있는 가능성을 가져야 한다. 이것은 희생이 뒤따르는 길이다. 건축가는 종합적인 인간이다. 고통스러운 연구와 인내의 반복 후에 이루어지는 희생의 길이다. 고통과 가난을 동반하는 균형을 잡는 추가 되어야 한다.
> 고통과 가난을 동반하는 가운데 균형을 잡는 추가 되어야 한다.

이게 과연 건축가의 입에서 나올 수 있는 말인가? 목사의 말이 되어야 하지 않을까? 요즘 남한교회는 세계 최대 장로교회인 명성교회의 세습 문제로 통합교단뿐만이 아니라 교회 전체가 몸살을 앓고 있다. 단지 세습이 문제일 뿐만 아니라 이를 금지하는 총회법을 어겼기 때문이고 삼척동자도 다 동의하는 위반행위를 총회 재판국이 8대7로 통과를 시켰다는 사실이다. 총회에서 비록 다시 재판하라는 결의를 하였지만, 그것도 60%에 불과하였다는 투표 결과가 오늘의 교회가 당하고 있는 금권과 교권의 힘을 말해주고 있다. 아버지 목사는 강단에서 반대파를 사탄이라고 불렀다니 내 귀를 의심했다. 갈 데까지 다 갔다. 그러나 앞으로의 결과를 쉽게 예단할 수 없다. 그만큼 남한교회는 타락했기 때문이다.

또 하나 생각할 것은 섬돌향린교회의 임보라 목사를 동성애 옹호 목회를 한다면서 통합교단이 "이단성 있는 교회"로 규정했다는 사실이다. 이단이라고 하기에는 자신들의 이성이 허락하지 않으니 모호하게 표현했는데, 그야말로 눈 가리고 아웅이다. 차라리 백석예장총

회처럼 이단이라고 말하는 것보다 더 음흉스럽다. 예수는 '예' 할 것은 '예', '아니오' 할 것은 '아니오'라고 분명히 말하라고 가르쳤는데, 예도 아니고 아니오도 아니다. 회색이다.

통합교단은 이번 기회에 동성애 안수를 허락하고 있는 미국장로교단과의 관계에 대해서도 분명히 해주기를 바란다. 나아가서 동성애를 허락하고 있는 해외 모든 교단 그리고 WCC와의 관계에 대해서도 입장을 발표해주기를 바란다.

예수는 당시 "이단아"였다. 예루살렘 성전으로부터 신성모독과 군중 소요죄로 로마의 십자가 처형을 당하셨다. 종교적 이단아였을 뿐만 아니라 정치적 이단아였다. 죄인들과 어울리고 먹고 술을 마신다고 해서 비난과 정죄를 받으셨다.

임보라 목사는 오늘의 교회 이단아가 되었다. 난 80년대 미국에서 공부하고 목회하면서 미국장로교단 한국인 목사 중 손에 꼽는 한두 명의 동성애자 안수 찬성론자였다. 이 때문에 섬기는 교회에서도 엄청난 곤욕을 치렀다. 워싱턴 교민사회에서는 빨갱이 목사라고 손가락질받았다. 그런데 이게 몇 년 후 워싱톤 수도노회에서 동양인 목사 최초의 노회장으로 선출되는 계기가 될 것이라고는 꿈에도 생각하지 못했다. 어쩌면 향린교회까지 이어주는 하늘의 끈이 되었을 것이다.

임보라 목사님에게도 오늘의 아픔을 덮어줄 하늘의 큰(면류관) 상이 내리기를…. 무엇보다도 함께 아파하고 있는 동성애자들에게 하늘 은총 가득하기를 기도한다.

작년 베를린 역사박물관에서 *THE LUTHER EFFECT*라는 세계개신교 500년 역사를 정리하는 책을 발간했다. 대륙별, 시대별로 네 개

의 나라 스웨덴, 미국, 탄자니아, 남한교회를 대표로 길게 설명했다. 오늘의 남한교회를 설명하면서 향린교회를 하느님 나라 정의·평화·생명 목회를 실천하는 대표교회로 뽑았다. 물론 그 공로는 안병무 교수님, 홍창의 장로님 그리고 홍근수 목사님에게 있다. 하여간 향린교회 출신인 임보라 목사와 자매 섬돌향린교회를 향해 이단 운운하는 행위는 참으로 어처구니가 없다. 언제까지 남한교회가 이런 유아적 독선 신앙에 머물 것인지 한심하기 짝이 없다.

지금 알베르게 안에는 관리인이 틀어놓은 그레고리안 성가가 울려 퍼지고 있다. 함께 잠을 잔 60명의 순례자가 이곳에서 공짜로 마련해준 아침 빵을 먹고 부엔까미노를 외치며 길을 떠나고 있다. 물론 기부제이기에 안 내도 누가 뭐라고 하지는 않지만, 대부분이 10유로 정도를 낸다. 그리고 기부금 통을 들이대니 안 낼 수도 없다.

이제 곧 나도 Irun에서 San Sebastian까지 26km를 걸어갈 것이다. 550m의 가파른 산을 올라야 한다. 프렌치 길 첫날 피레네산맥을 넘는 것처럼 힘들 것이다. 다행히 오늘 머물 도시에 배낭 택배(5유로)가 가능하여 무게는 반 이하로 줄어들었다. 그러나 물 두 병을 넣고 보니 10kg에 가깝다.

일요일 아침 기도와 경건한 마음으로 37일의 순례길을 시작한다.

Si vas muy rápida por la vida, no tendrás la aportunidad de observar las casas sencillas.

If you walk through life too fast you will not have the chance to observe the simplest things.

인생을 너무 빨리 걸으면 당신은 가장 간단한 것도 바라볼 기회를 놓치게 된다.

2018 0914	Camino del Norte 4일 차 Irun – San Sebastian 26.1km

어제 바르셀로나에서 이룬으로 기차를 타고 가면서 상세바스티안에서 열차를 갈아타기 위해 한 시간가량 머문 적이 있다. 어차피 오늘 여기서 잘 것인데, 굳이 이룬까지 갔다가 다시 올 필요가 있을까? 잠시 그런 생각을 했다. 그러나 만약 그랬다면 오늘 내가 본 절경을 볼 수는 없었을 것이다. 경치로 말하면 그간에 내가 본 절경 중에 최고라고 말할 수도 있겠다.

한 시간쯤 지나서 45도 정도의 높이를 100m쯤 힘차게 올라갔다. 그러자 갑자기 북쪽 넓은 바다가 한눈에 들어왔다. 그리고 그 정상 길을 계속 약 3시간을 걸었다. 왼편으로는 숲과 마을 그리고 오른편에는 넓은 바다가 계속 왔다 갔다 했다. 약 5시간이 걸려 산을 내려올 때 멀리 보이던 작은 항구는 완전히 한 폭의 그림이었다.

내려가는 한 시간은 사람 딱 한 명이 지나갈 만한 바윗길이었는데 날씨가 좋지 않은 날에는 사고 나기에 십상이다. 그래서 날씨가 좋지 않으면 옆의 낮은 길로 가라고 경고문이 붙어 있다.

마지막 3, 4km를 남겨두고 무릎이 아프고 발바닥 또한 불이 난 것 같았다. 오늘이 마지막이면 계속 갔겠지만, 첫날이니 무리는 금물이다. 그래서 버스를 이용했다.

산사바스티안이라는 항구 도시에 대해서는 별로 들어본 기억이 없다. 그런데 스페인의 유명한 항구관광 도시였다. 도시 건물 또한 중세를 연상케 하고 해변에는 일요일을 맞아 수많은 시민과 관광객들로 가득 차 있었다. 올해를 보내는 마지막 해변 놀이인가 보다.

500년이 된 교회당이 특이했다. 내부를 보지 못해 아쉬웠다. 예배처소로는 사용하지 않고 문화재로 보호하는 듯했다.

험한 돌산길을 내려오면서 만약 여기서 신발 밑창이 떨어지는 경우를 가정하니 등골이 오싹했다. 이틀 전 워밍업 차원에서 가볍게 행한 산행이 없었더라면 오늘 일어났을 것이다. 오늘이 일요일이고 그간 목사로 애썼다고 하느님이 선물을 주신 것은 아닐까? 착각은 자유라니까….

2018 0915	Camino del Norte 5일 차 San Sebastian – Zarautz 25km

어제보다는 수월했다. 5시간 동안은 거의 숲속을 걸었다. 그러다가 오후 2시 넘어 따가운 태양 빛에 아스팔트 길을 걸으려니 힘이 들었다. 급기야 문제가 생겼다. 어제 발바닥이 이상하다 싶더니 양쪽 발바닥에 물집이 생겼다. 무게가 있는 배낭을 짊어지고 걸으면 백 명 중 95명에게 일어나는 일이다. 난 평소 테니스를 치기에 지난 두 번 까미노 길에서는 생기지 않았었다. 당연히 이번에도 생기지 않으리라 생각했는데…. 신발 때문인지 아니면 다른 이유인지 잘 모르겠다.

하여간 숙소에서 물집을 따고 보니 맨몸으로도 걷기가 힘들다. 그간 다른 사람들의 아픔에 "곧 괜찮아질 겁니다. 힘내세요!"라고 했는데 이제는 나 자신에게 한다. 또다시 겸손을 배운다.

2018	Camino del Norte 6일 차
0916	Zarautz – Deba 25km

북쪽 코스가 대체로 그러하듯이 힘든 코스 중 하나이다. 발바닥에 물집 세 개가 생겨서 걸을 때마다 통증이 왔다. 처음 5km, 한 시간은 쉬운 해변길 그리고 이어 4시간 동안 산길 12km를 걷고 나니 발바닥 통증이 더 심해 오고 무릎에도 이상 신호가 왔다. 아직도 34일이 남았으니 이쯤에서 마치고 버스로 이동하였다.

오래된 성당인데 크기나 내부 장식을 보니 한때 상당하였음을 능히 짐작할 수 있었다. 수요 미사에 참석하였는데 신부님의 성가 음색이 매우 뛰어났다.

알베르게는 지금도 사용 중인 오래된 기차 역사 건물을 내부만 60개의 이층 베드로 개조했는데 제법 깨끗하다. 5유로이니 거저나 마찬가지이다.

2018	Camino del Norte 7일 차
0917	Deba – Markina Xemein 24.3km

해안가를 떠나 바스크라고 불리는 북쪽 지역의 산림을 보여주기 위해 길을 해변으로부터 멀리 틀어놓았다. 물론 이는 피카소의 그림으로 유명한 게르니카로 연결하는 의미도 있다.

발바닥과 무릎이 아파도 다른 길은 없었다. 9시간 반 동안 산길을 걸으니 기진맥진이었다. 6시 반에 출발했으니 처음엔 선두에 있었으

Camina, mira y piensa, Más adelante,
está la verdad, la mistad y el perdán.

I walk, look and think Further ahead is truth,
friendship and forgiveness.

걷고 바라보고 생각하기에 앞서 진실과 우정과 용서가 먼저 있다.

나 거의 꼴찌로 도착했다.

틱낫한 스님의 걷기 명상처럼 한발 한발 내딛는 일에 집중할 수밖에 없었다. 그것이 조금이라도 고통을 더는 길이었다.

십자가가 하나 있었다. 그런데 조금 가니 똑같은 게 또 있었다. 꾸불꾸불하여 앞이 보이지는 않았다. 뭔가 느낌이 달라 십자가 사이의 발걸음을 세어보았다. 50 걸음이 될 때도 있고 안될 때도 있길래 49 걸음으로 스스로 결정했다. 그런데 십자가가 모두 14개였다. 비아 돌로레사! 골고다 길이었다. 그러나 이 길은 언덕이 아닌 평지였다. 아무런 안내도 표지도 없었다. 49에 대한 내 해석이다. 형제가 네게 죄를 짓거든 일흔 번씩 일곱 번이라도 용서하여라. 490번.

2018 0918	Camino del Norte 8일 차 Markina Xemein – Monastery Zenarruza 7.5km

몸 상태를 생각해서 수도원에서 하룻밤을 머물기로 했다. 그런데 오후 3시부터 손님을 받는단다. 기부 숙박이고 저녁도 준다. 이곳에 머무는 사람들은 반나절 명상하는 사람들이다.

2018 0919	Camino del Norte 9일 차 Monastery Zenarruza

담당 수사에게 하루를 더 머물겠다고 하니 허락을 한다. 여름 같

으면 통하지 않겠지만, 내가 개신교 목사라고 해서 그런지 쉽게 허락을 받았다.

아침에 일어나니 한 발자국도 떼기가 힘들다. 이틀 동안 물집 터진 걸 붙잡아 매고 계속 걸었더니 화농기가 생기려는 모양이다. 발바닥을 무시하면 안 되지. 바닥을 무시하면 안 되지. 바닥 소리를 무시하면 안 되지.

그래서 일단 하루를 수도원에서 더 머물기로 했다. 며칠 더 머물면 좋겠지만, 저녁은 해결이 되는데, 그 외에는 해결이 안 된다. 세 시간 거리를 가야 마을이 나온다. 금식기도를 하면 되겠지만… 그러면 또 까미노 순례는 포기해야 한다.

하루에 7번의 기도와 미사가 있다. 벌써 세 번 참석했다. 수사들은 3, 4명 밖에 없는데, 모두 나이가 들었다. 과정 중에 있는 젊은 수사 두세 명이 보이는데, 수도원의 미래가 염려된다. 986년경에 세워졌다고 하니 천년이 훨씬 넘었다. 그래도 관리가 잘되어 있다.

오후 1시 반 기도회에 참석해서 기도 찬양책을 들고 이리저리 페이지를 찾고 있는데 상점 담당 수사가 오더니 자기 책하고 내 책하고 바꿔주었다. 덕분에 뜻 모르는 스페인어로 함께 화답 찬양을 조금 했다. 참여하니 기분이 훨씬 좋았다.

저녁에는 까미노 친구들과 이곳에서 마련해 준 파스타를 먹었다.

2018 0920	Camino del Norte 10일 차 Monastery Zenarruza

수도원 상점에는 성물 기념품이 있고 먹을 수 있는 것은 이곳에서 생산하는 효소 맥주와 포도주 그리고 초콜릿뿐이었다. 이게 오늘 나의 양식이다. 날 욕하지도 말고 부러워하지도 마시라.

그런데 상점에서 일하시는 나이 많으신 수사님, 정말 계산에 어둡다. 어제 십자가 목걸이 두 개와 포도주, 맥주를 샀는데 계산기를 들고도 쩔쩔매더니 오늘도 그랬다. 세 개를 합쳐 12.55유로가 나왔다. 계산기에 그렇게 찍혔다. 그래서 20유로를 냈더니 나에게 12.55유로를 거슬러 준다. 돈 5천 원으로 사람을 유혹하나? 내가 종이에 7.45라고 써주었다. 별로 무안해하지도 않으신다. 다반사로 일어나니 자신에게는 당연한 일로 여기는 것 같다.

2018 0921 Camino del Norte 11일 차
Monastery Zenarruza

아침 일찍 버스로 게르니카로 갔다. 실제 거리는 짧은데, 마을버스(차량 자체는 관광 버스 같다)라 여기저기 마을을 다 도니 시간은 많이 걸렸다. 또 갈아타야 하고 하루에 네댓 번밖에 운영하지 않아 세 시간이 넘게 걸려 게르니카에 도착하여 두 시간을 머물다가 다시 거슬러서 수도원으로 돌아왔다.

그런데 마을에서 내려 수도원까지 오는 길이 만만치 않았다. 책에는 4km인데 걷는 표지판에는 6km로 나왔다. 그런데 실제 찻길을 따라 두 시간을 넘게 오는데도 수도원은 능선 하나 너머에 있었다. 찻길

이 반대편으로 휘어져 있어 가려면 시간이 너무 걸릴 것 같아서 길이 아닌 숲속 지름길로 접어들었는데 길이라고도 말하기 힘들고 길이 아니라고 말하기도 힘들다.

웅덩이 두 개와 두 개의 철조망 틈새를 억지로 통과하여 수도원에 도착하였다. 오는 도중 내가 가는 길이 맞는지 맞지 않는지 자신이 없었다. 그러나 동물적인 감각을 따라 움직였다. 아마 동료가 있었다면 당연히 이게 맞는 길이냐? 하는 소리를 스무 번도 넘게 들었을 것이다.

어제는 모두 4명이 함께 잠을 잤다. 젊은 친구는 독일인으로 오르간 전문 목수라고 하는데 8년 전 프랑스 길을 걸었다고 한다. 다른 2명은 오스트리아 여성들로 간호사들이다. 내 발바닥을 치료하더니 심하다고 며칠 더 쉬라고 해서 오늘 하루 더 머물기로 했다.

저녁에 파이프오르간 연주가 있다고 하니 더 잘되었다. 두 명의 연주자가 함께 연주한다고 한다. 성당 앞에 있는 오르간은 19세기 중엽에, 뒤 2층에 있는 오르간은 18세기 중엽으로 100년의 차이가 나

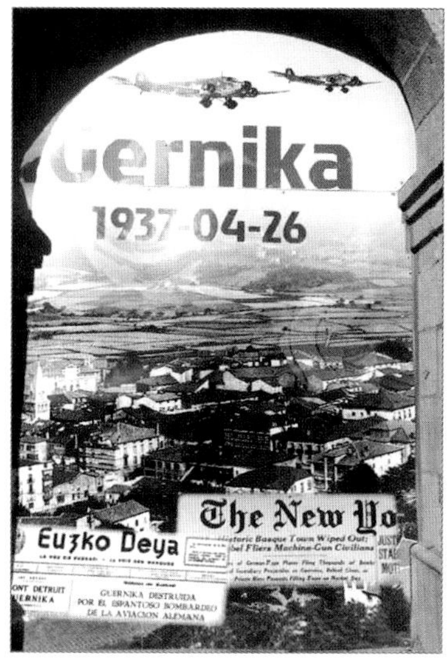

지만 만든 회사가 같은지 파이프 모양과 숫자가 같았다. 잠깐 리허설하는 걸 보았는데 무척 기대된다.

예고했다시피 두 대의 파이프오르간 연주회가 있었다. 미국에 있을 때 오르간 연주회를 몇 번 듣긴 했지만, 이번처럼 특별한 연주는 처음이었다. 파이프오르간이 들려줄 수 있는 매우 다양한 음색을 들었다. 200년이 넘은 오르간 소리는 조금 둔탁하긴 했으나 훨씬 자연에 가까운 소리였다. 더구나 연주자는 이곳에서 매우 유명한 사람인 모양이다. 자작곡도 들려주었는데 너무 좋았다. 그런데 그의 나이가 우리 나이로 83세였다. 믿기지 않았다. 한 시간 넘게 열정적으로 연주를 할 수 있다니….

2018	Camino del Norte 12일 차
0922	Monastery Zenarruca(Gernica)

어제는 모두 7명이 함께 잠을 잤다. 남성 5명, 여성 두 명. 공교롭게도 모두 홀로 걸으며 나라가 다 다르다. 프랑스, 영국, 독일, 벨기에, 폴란드, 라투아니아 그리고 the Middle Korea.

사람들이 어디에서 왔냐고 물으면 난 the Middle Korea 혹은 One Korea라고 말한다. 그러면 사람들은 내 말의 뜻을 단번에 알아채고 "North? South?"라는 질문을 멈춘다. 개벽 세상이라는 건 이걸 두고 하는 모양이다. 이렇게 간단한 걸 왜 그리 오래 걸렸을까?

까미노 위에서는 모두가 한 가족이다. 성을 쌓기 시작하면 분리가 일어나고 적이 생긴다.

마음이 가난한 자 복이 있나니 하늘나라가 그대의 것이라!

오늘 저녁에도 이곳 천년 수도원 성당에서 작은 음악회가 열린단다. 하루를 더 묵기로 했다. 더구나 오늘은 샤바트. 평화를 위해 기도하는 날이다. 발바닥 물집 아픈 것도 축복이다. 그렇지 않았다면 이렇게 4일을 머물 이유도 없고 수도원이 아니었다면 계속 머물기도 어려웠을 것이다. 영혼의 고향에 돌아온 느낌이다.

가시의 은혜

바울이 왜 자신의 심각한 병(간질인지 안질인지 확실하지 않다)이 자신의 몸을 찌르는 고통이지만 그 병을 은혜의 가시라고 불렀던 이유를 어렴풋이 알 것 같다. 발바닥 물집으로 인해 3일을 걷고 나서 그 이후 4일을 수도원에 머물고 있다. 예정대로라면 하루도 쉬어서는 안 된다. 지난 두 번의 까미노에서는 하루도 쉰 적이 없다. 그러나 이번에는 고통이 심해 쉬었다.

쉬는 장소가 천년 된 수도원이다. 그런데 내가 머문 기간 동안 일 년에 4번 진행하는 특별한 음악회를 두 번이나 보는 기회를 가졌다.

이제 보니 이곳 성당이 16세기 바로크양식으로 지어진 곳이라 바로크음악만을 연주한 것이다. 어제 들은 파이프오르간 연주회도 그러했지만, 오늘 또한 15명의 실내 바로크 오케스트라 연주단에 의해 바로크음악만을 듣는 특별한 경험을 가졌다.

천년이 넘은 수도원, 500년 전 지어진 바로크 성당에서 300년 전 바로크음악을 그 당시의 악기로 듣는다는 건 나 같은 동양인에게는 하늘이 내려준 특혜이다. 하긴 같이 본 유럽인들조차 흥분을 감추지 못하였으니….

2018 0923	Camino del Norte 13일 차 Muntibar – Gernika – Bilbao (by bus)

4박 5일 머물렀던 수도원을 떠났다. 어제저녁부터 비가 내렸는데 다행히 아침에 개기 시작했다. 한 시간을 걸어 Muntibar 마을에서 게르니카를 거쳐 빌바오까지 가는 버스를 타다. 3일간의 여정을 버스로 따라잡았다. 여전히 발바닥 물집은 낫지 않아 후끈거렸다.

4일 전 다녀간 스페인 내전 당시 폭격으로 단 하루에 16,000명이 죽은 게르니카의 학살을 그린 피카소 그림과 기념 시민회관, 화해기념관에 실린 사진들이 떠올랐다.

우리나라도 용산 전쟁기념관을 허물고 평화기념관 혹은 화해기념관을 세우면 좋으련만….

2018 0924	Camino del Norte 14일 차 Bilbao – Castro (by bus)

빌바오에서 바로 이곳까지 오는 직행버스를 타고 이동했다. 해변도시 건물들이 아름답고 특히 성당의 전면 그림이 매우 특이했다. 장식이나 성물이 없이 전체가 한 폭의 민중화 그림이었다. 건물 자체는 오래되었는데 성전에 장식물이 하나도 없었다. 추측건대 내전이 있었을 때, 장식물을 모두 도난당했거나 화재로 소실되었을 가능성이 크다. 그 사건을 기억하려고 일부러 회복하지 않은 듯하다.

2018 0925	Camino del Norte 15일 차 Castro – Laredo 32km

본래는 25km 지점인 Liendo에서 머물려고 했는데 산길 대신 찻길을 택했더니 1시 반에 도착했다. 그런데 마을이 너무 작아 별로 볼 것도 없어 7km를 더 걸었다. 막판 산비탈을 내려올 때 너무 힘들었다. 배낭 무게를 아무리 줄이려고 해도 물과 점심을 넣으면 15kg에 육박한다.

며칠 더 걸으면 몸이 적응하긴 할 텐데 나이에 따라 조금 늦게 반응하는 것 같고 아직 발바닥이 온전하지 않아 어려움이 있었다.

여기는 콩피드라고 하는 특별한 고무밴드가 있는데 발바닥에 붙이면 마치 또 다른 살과 같이 엉겨 붙는다.

지난번 독일 간호사들이 붙여준 밴드는 작은 것이라 오히려 균형이 안 맞아 불편했는데 내가 산 것은 발바닥 앞부분을 완전히 덮으니 훨씬 낫다.

Laredo의 숙소는 16세기에 세워진 성프란시스 기념 성당에서 운영하는데 10유로를 받지만, 저녁과 아침을 주니 아깝지 않다. 저녁 후식은 순례자들이 함께 나눈다고 해서 난 레드 와인 두 병과 백포도주 두 병을 준비했다. 세일하는 걸 샀더니 전부 만오천 원도 안 됐다.

7시 미사에 참석했다. 수녀님들의 기타 소리에 맞춘 찬양이 좋았다.

Laredo에는 두 개의 오래된 성당이 있다. 하나는 13세기에 세워진 성모마리아 성당이고 다른 하나는 산밑에 16세기경 세워진 성프란시스를 기념하는 삼위일체 성당이다. 재미있는 것은 아래 성당의 기도처에 있는 벽화에는 예수를 해방자로 그렸다. 시작은 아마도 같이 12세에 시작한 것 같은데 800년 성당의 역사를 해방의 역사로 정리하고 있다.

성모 마리아 성당은 고딕식이지만 다른 성당과는 달리 위로 솟지 않고 옆으로 퍼져있다. 크게 4개의 회랑이 있다. 뒤에 묘지가 있는데 벤치에 앉아 한참 동안 명상하였다.

성당에서는 순례자들을 위한 숙소를 제공할뿐더러 특별한 순서

7-9-2017
Recordar es vivir

가 있었다.

7시 미사 직후 순례자들 한 사람마다 머리 위에 신부님이 축복 안수를 하고 이어 모두 모여 노래도 부르고 서로 소개하는 시간을 보냈다. 그리고 각자가 준비해온 다과와 치즈, 포도주 등을 함께 나누었다. 정말 좋은 프로그램이었다. 다른 성당에서도 이를 도입했으면 좋겠다.

2018 0926 Camino del Norte 16일 차
Laredo – Santona – Guemes 29km

Laredo 와 Santona, 두 도시는 작은 바다를 사이에 두고 마주 보고 있다. 30분마다 페리가 있다. 겨울이나 폭풍이 불 때는 내륙으로 돌아가야 한다. 배에 올라타서 조금 갔는데 바람에 날려 서울에서부터 쓰고 지내던 밀짚모자가 바다에 빠졌다. 자주 있었던 일인지 선원이 곧바로 이를 건지기 위해 후진했다. 떠오른 모자를 건지는가 싶었는데 실패했고… 이후 스크루에 감겼는지 떠오르지 않았다. 잘 가라 그대여… 한 3년 소지했던 모자이지만 언젠가는 헤어져야 할 운명.

젊어 사서 하는 고생은 늙어 지혜로움을 주기나 하지, 이 나이에 사서 하는 고생은 무얼 할까?

8시간 넘어가니 너무너무 힘이 들었는데, 가이드북에 Guemes 마을에 가면 까미노 길에서 최고로 치는 알베르게가 있다고 해서 기를 쓰고 걸었다. 10시간 반 걸려 힘겹게 마을 입구에 도착했다.

마을 할머니가 아주 오래된, 아마 30년은 되었을 법한 스틱 차를

운전하고 가다가 늙은 동양인이 걷는 게 너무 처량해 보였는지 타라고 하셨다. 난 "다 왔는데 뭘…" 하면서도 한편으로는 늙은 할머니의 초청을 거부하기 미안해서 "뮤초 그라시스!"를 외치며 탔다. 조금만 가면 도착할 줄 알았더니 언덕을 한참 올라갔다. 아마 걸어갔으면 한 시간이 더 걸렸으리라. 사실 오다가 너무 힘들어서 히치하이크 시도했는데, 그게 막판에 이루어졌다. 분명 이건 기적이다.

출발했을 때 잠시 같이 걸었던 미국 친구에게 몇 시에 도착했느냐고 물으니 2시 반이란다. 차 도움받은 나보다 무려 4시간이나 먼저 도착했다. 나이 60세라는데….

하긴 여기는 걷기 선수들만 있다. 한 살 적은 한국 남자도 한 명 있는데 그 사람도 아주 잘 걷는다. 이제 까미노도 은퇴해야 하나?

이곳 알베르게는 백 년이 되었는데 목사로 은퇴한 손자가 디렉터로 일하고 있다. 흩어진 가족들과 후원자들이 힘을 합쳐 운영해 나간다고 한다.

포도수까지 곁들인 거나한 저녁을 대접받았다. 솔리다리티(연대)를 몇 번이나 외쳤고 노래 연주도 있었다. 10유로에 과분할 정도였다. 결코 기부(Donation)는 아니란다. 까미노 나눔 운동에 함께 하는 연대 나눔(Contribution)이라고 누누이 강조했다.

80개의 베드가 여러 개의 훌륭한 목재 건물로 나누어져 있고 자연을 즐길 수 있는 여유 공간 그리고 여러 나라에서 수집된 수많은 공예품과 그림들로 가득 차 있었다. 아닌 게 아니라 내가 다녀본 알베르게 중 최고였다.

2018 0927	Camino del Norte 17일 차 Guemes – Santander 15km

어제저녁에 식사를 마치고 일어서다가 갑자기 오른쪽 무릎 통증이 심해 주저앉고 말았다. 한동안 사라졌던 바늘로 찌르는 듯한 통증이 다시 시작했다. 동료의 부축을 받아 침대에 와서 평소 한 알 먹던 통증약을 두 알 먹고 누웠다. 자는 중에도 통증이 있어 여기서 하루를 더 쉬어야 하나 생각했다.

다행히 아침이 되니 통증은 없다. 무릎 보호대 두 개를 대고 오늘은 짧게 걸었다. 해안가 산길이 좋으니까.

이쪽 해변길에서는 처음 보는 넓은 평야 지대였다.

Santander까지 15km이지만 Goma에서 페리로 바다를 건넜다. 산탄데르라는 명칭은 이 일대 지역 도시에 은행 지점이 많아 익숙한 이름이다. 그런데 알베르게 침대 숫자도 작고 평판이 별로 안 좋아 부킹닷컴을 열었더니 17유로에 아침을 주는 호스텔이 나왔다. 페리에서 내려 30분을 걸었지만 깨끗했다. 그런데 여기는 하도 고지대라 아예 길에 에스컬레이터가 깔려있다.

호스텔이 바닷가에서 멀어 저녁에 바람 쐬러 나가기는 쉽지 않았다. 저녁은 오랜만에 밥과 약간의 야채 요리를 해 먹었다.

아침 먹으러 가다가 만난 주인이 오늘 기분이 어떠냐고 물었다. 무릎을 가리키며 별로라고 했더니 자기도 나와 나이가 같다며 수술받은 자신의 두 무릎을 보여줬다. 축구를 너무 좋아하다가 그랬단다.

선원으로 일하면서 아버지로 인해 쿠바에서 10년을 살았고 지금은 파나마 국적이란다. 카스트로와 함께 있는 사진도 벽에 걸려있었다. 사이클링으로 까미노 순례도 했단다.

돈은 버냐고 했더니 괜찮다고 했다. 이런 빌딩을 7채나 갖고 있단다. 비싼 지역은 아니지만 상당한 부자이다. 무릎이 아파 달리는 운동은 못 해도 아침에 한 시간씩 근력운동을 한다고 한다.

2018	Camino del Norte 18일 차
0928	Santander – Santillana del Mar 32km

쉬엄쉬엄 약 10km를 걸었다. Requejada까지 약 20km는 기차로 갔다. 어차피 내륙으로 찻길을 따라 걷는 길이었다. 찻길은 때로 좁아 위험하기도 하다. 잔뜩 구름이 낀 날이었다.

내가 가지고 다니는 가이드북은 길과 숙소에 대한 안내만 있고 머무는 도시에 대한 안내는 전혀 없다. 얇아서 좋긴 하지만 아쉽다.

오늘 머무는 산티야나는 전연 예상 밖이다. 처음에는 오래된 교회 하나 있는 줄 알았더니 완전히 중세도시였고 박물관이 아주 좋았다.

사진 성전 박물관을 갔는데 정말 좋았다. 유럽 박물관은 대부분 성화 중심인데 여기는 조각품 중심이었다.

No me planteo si eres la más hermosa del mundo,

dede que haces mi mundo más hermoso.

I don't care whether you are the most beautiful in the world;

you already make my world more beautiful.

난 네가 세상에서 가장 아름다운지 아닌지는 관심이 없어,

이미 너로 인해 내 세상이 더 아름다워졌거든.

2018	Camino del Norte 19일 차
0929	Santillana – Comillas 25km

알베르게에서 젤마노라는 69세 프랑스인을 만났는데 재미있게 사는 게 삶의 목표란다.

한 마을 사람이 내게 "사요나라"하고 인사했다. "아니다. 안녕히 가세요" 했더니 "어디서 왔냐"고 다시 물었다. "Middle Korea"라고 대답하자 고개를 갸우뚱하길래, "One Korea"라고 말했다. 그랬더니 "코라죤"하고 가슴을 가리키며 크게 웃었다. 이름이 '헌'이라고 했더니 자기는 '환'이라고 하며 더 크게 웃는 게 아닌가.

정류장에 나가 9시 버스를 기다렸는데 10분이 지나도 오지 않아 다시 시간표를 보았다. 맞는데, 이상하다. 왜 안 오는 거지? 이럴 리가 없는데. 아뿔싸! 그제야 오늘이 토요일임을 깨달았다. 어제저녁 리투아니아 친구가 시드락 사과술을 두 병이나 사 오길래 어쩐 일이

냐고 했더니 금요일이라 그렇다고 말했던 게 떠올랐다. 토요일에는 정오가 지나야 첫차가 온다. 계속 기다릴 수 없어 할 수 길을 떠났다.

프랑스 길은 사는 인구도 많고 길이 곧장 뻗어 있어 버스 노선과 겹치고 버스도 자주 있어 이동이 쉽지만, 이곳 북쪽 길은 버스도 가끔 그것도 까미노 길과 상관없이 노선이 만들어져 있어 버스 이용하는 것도 운이 좋아야 한다. 큰 도시에서 출발하는 경우는 조금 낫다.

절반은 걷고 절반은 버스를 타려고 했던 계획은 토요일이라 버스가 12시와 오후 5시에만 있어 포기한 결과 다 걸을 수밖에 없었다. 무릎도 무릎이거니와 발바닥 물집도 아직 안 나았는데 이제 뒤꿈치에도 물집이… 목수가 연장 탓하면 안 되지만 신발 탓으로 결정.

2018	Camino del Norte 20일 차
0930	Comillas – San Vincente 12km

새벽 6시, 알베르게 식당에서 인사한 이태리 할아버지는 77세란다. 우리 나이로 78세, 내일모레 80이라는데 나보다 더 잘 걷는다.

타운 전체가 역사이자 문화이자 예술이자 정신이다. 스페인은 축복받은 땅인 것 같다.

우리는 모으기 위해 일하고 이들은 즐기기 위해 일한다.

2018	Camino del Norte 21일 차
1001	San Vicente – Columbres 18km

San Vicente의 아침. 그리고 혹사당하는 발바닥.

어제저녁에는 물집 때문에 불가능할 것 같아 버스를 알아보았더니 갈아타는 시간이 안 맞아 7시간 이상이 걸린다고 했다. 할 수 없이 가는 데까지 걷기로 하고 걸었는데 무사히 마쳤다.

기분이 좋아 알베르게에서 홀로 파티를 열었다. 오늘 저녁부터 내일 저녁까지의 양식이다.

2018	Camino del Norte 22일 차
1002	Colombres – Llanes 25.5km

한 시간을 잘못 갔다. 오리지널 길과 새 길이 있었는데 새길 노란 화살표에 누가 크게 X표를 해놓아서 오리지널 길로 가게 되었다. 두 시간이 지나 표지판이 없어 나름 서쪽으로 방향을 잡고 갔지만, 마을 끝에서 길이 끝나버렸다. 다시 돌아가야 했다.

길은 돌아가도 되는데 인생은?

결과적으로 30km를 걸은 셈인데 막판에 힘들긴 했어도 이제 몸이 조금 적응하는 듯했다. 아직도 발바닥 무릎 정상은 아니지만 그래도 이게 어디냐. 앞으로 20일간 잘 걸어 마칠 수 있기를….

2018 1003	Camino del Norte 23일 차 Llanes – Nueva 18km

21km를 걸어왔는데 10개의 침대를 갖춘 알베르게가 이미 다 차 있었다. 그러리라고 어느 정도 짐작은 했지만.

주인이 지나온 도시로 차로 데려다주겠단다. 다음 도시는 두 배가 멀다. 40일 여정의 절반을 넘어서는 오늘, 황당했지만, 어쩔 수가 없었다. 같은 상황을 당한 이곳에서 석사 공부를 하는 24세의 중국인 친구와 함께 한 방에 머물게 됐다. 이 친구와 여러 얘기를 나누었다. 까미노 인생은 손해볼 게 없다.

혼자 2km 떨어진 해변을 찾았다.

2018 1004	Camino del Norte 24일 차 Nueva – Ribadesella 14km

어젯밤 중국인 친구와 함께 이야기하면서 포도주 2병을 마셨는데 머리가 지끈거린다.

2018 1005	Camino del Norte 25일 차 Ribadesella – La Isla 16km

Cuerres란 동네를 지나가다가 작은 기도처가 열려있다고 해서 들렀다. 테제 노래책과 테제 CD 음악 그리고 촛불이 있다. 잠시 영혼이 쉼을 얻었다.

거의 9시간 걸려 도착했는데 알베르게가 닫혔다. 가이드북은 연중 오픈이라고 하는데, 어떡하나…. 오다가 본 20유로짜리 호스텔로 가는 수밖에. 지난번 만난 중국인 친구에게 전화가 와서 또 하룻밤을 함께 자게 되었다. 그리고 그 친구가 버너를 갖고 다녀서 오늘 저녁은 밥을 먹었다. 설익었지만 그런대로….

2018 1006	Camino del Norte 26일 차 La Isla – Amandi 24km

중국 젊은이는 내일부터 primitive camino를 가려면 일찍 도착해서 버스를 타고 내가 내일 도착하는 곳으로 가야 한다고 7시 10분에 출발하고 난 10분 후에 출발했다.

바로 숲길로 들어갔다. 해가 뜨려면 한 시간이 더 남아 있었다. 처음으로 헤드램프를 켰다. 길이 갈라지는데 왼쪽 길이 훨씬 넓고 사람들이 다닌 길이 흔적이 뚜렷했다. 그런데 들어가자마자 풀이 무릎까지 자라있었다. 뭔가 이상했지만, 아침에 누군가 걸어간 흔적은 뚜렷했다. 그런데 길이 오락가락하고 있다. 나름대로 판단해서 따라갔는데 울타리 너머 길이 보였다. 가시나무를 뚫고 들어갔는데 출구가 없어서 되돌아 나왔다.

말리려고 배낭에 걸어놓은 양말 한 짝이 가시에 걸려 떨어져 있다. 다시 길을 찾아 또 따라간다. 다른 울타리가 나오는데 거기에 또 길이 있다. 넘어가서 이리저리 다른 사람이 걸어 다닌 길의 흔적을

A veces, solo la tristeza nos hace comprender los más hermosos poemas.

Sometimes only sorrow makes us understand the most beautiful poem.

때로는 슬픔만이 가장 아름다운 시를 이해하게 만든다.

따라갔는데 또 출구가 없다.

그제야 이건 오늘 아침 두세 명이 길을 잘못 들어 헤맨 흔적이라는 생각이 들었다. 무릎까지 차오른 풀밭을 50분 헤맨 다음 입구로 나오니 3일 전에 만난 프랑스인 76세 친구가 지나간다. 그때는 이미 빛이 보이는지라 그 친구는 아무 의심 없이 바른 길을 선택하였다.

헤드 랜턴이 없었다면 아마 길을 놓치지 않았을 것이다. 랜턴을 켜면 바로 앞은 잘 보이지만 주위는 더 안 보이게 된다.

까미노 이력을 쌓을 만큼 쌓은 내가 이런 실수를 하다니 어이가 없다. 그러고 보니 가지 말라는 표시로 막대기 하나가 땅에 놓여 있었고 울타리를 넘어가지 말라고, 거기는 길이 아니라는 표시로 통나무 몇 개가 깔려있었는데 새벽에 출발하는 친구들 역시 여기에 걸려든 것이다.

더구나 젊은이들은 과감하게 이슬과 가시나무 등을 헤치고 나아가며 풀밭 사이로 길을 낸다. 그러면 나 같은 경험자들도 거기에 말려든다. 힘들수록 더 힘차게 나아가기도 한다. 길이 별거냐고 만들면 된다는 도전으로 여기고 어떤 이는 소명으로 여기고 어려움을 기쁨으로 받아들인다. 그러나 결국 길이 없으니 되돌아와야 한다.

조금 다른 이야기이지만, 중학교 2학년 때 선생님께 들었던 특이한 얘기가 생각난다. 방금 읽은 단편소설이라고 하면서 얘기하셨다.

어느 날 교수형을 받은 살인강도와 교회에 평생 헌신한 신심 깊은 장로가 천국 길에서 만났다. 넓은 길과 좁은 길이 나왔는데 장로님은 "야 이게 바로 예수님께서 말씀하신 길이구나" 하면서 좁은 길로 갔고 살인자는 넓은 길로 갔다. 장로님이 한참을 가다 보니 살인자가 자기를 앞서 걸어가고 있더란다.

조금 후에 가시밭길과 편평한 길이 나왔다. 장로님은 당연히 가시밭길을 택하였다. 이리저리 가시에 찔리면서 나갔더니 살인자가 휘파람을 불며 자기를 기다리고 있더란다. 그리고 둘은 천국에 함께 들어갔다. 물론 들어가서 특실과 일반실로 나누어졌는지는 몰라도 소설은 거기서 끝이었다.

내가 다닌 학교는 미션스쿨이었고 난 당시 장래 희망 직업에 목사라고 쓴 유일한 학생이었다. 내 별명이 목사였다. 내가 알기로 나중에 같은 학년에서 목사가 30명 이상 나왔다. 난 소명을 일찍 받은 거고 다른 사람은 조금 늦게 받은 것이다. 은퇴 나이에 소명이라는 게 뭔지 가끔 생각한다. 또 구원은 뭔지….

길이라는 게 종류가 많아 가끔 헤매는 경우도 많지만, 오늘 같은 경우는 어처구니가 없다.

25km를 8시간 걸려 알베르게에 도착했다. 침대가 10개 있고 저녁과 아침은 공동식사란다. 개인 집을 개조해서 까미노들의 쉼터로 제공하고 있었다. 비용은 기부 후원이다. 젊은 부부(40대 중후반)가 기특하다. 그래서 가이드북에 여기에 머무는 것을 적극 추천했나 보다.

그런데 내일 묵어야 하는 Gihon에 전화 걸었더니 알베르게 하나는 닫히고 다른 하나는 다 찼단다. 호스텔에 머무는 수밖에 없다.

이번 Camino 26일 여정 중 딱 하루 호텔에서 혼자 자본 적이 있고 나머지는 모두 알베르게 혹은 호스텔에서 최하 6명에서 20명까지 성 구별 없이 한방에서 잤다. 오래전부터 이런 경험을 해왔고 까미노의 즐거움 중의 하나이기도 하다. 어디에서 왔냐? 며칠째 걷는 중이냐? 다리는 괜찮냐? 그러면서 짧은 대화를 나누게 되고 안면이 있으면 더 긴 대화를 하게 된다.

Si tropiezas, no maldigas la piedra sobre la que has tropeza
auhete sobre ella y verás cómo se amplia tu horizonte.

If you stumble, don't blame the stone,
step up on it and you will see how your horizon broadens.

넘어지거든 돌을 탓하지 마라,
그 돌 위에 올라서면 지평선이 멀리 보일 것이다.

동시에 낯선 이들과 함께 잠자리하다 보면 간혹 어색한 옷차림을 마주 대할 때도 있다. 나만 어색한 거 같다. 정작 본인은 그런 기색이 없으니 말이다.

코골이도 문제가 되는데 아마 절반 정도인 것 같다. 오늘은 12명인데 괜찮은 편이다. 정작 문제는 2층 침대 밑에서 잘 때다. 나무 침대여서 위에서 몸을 뒤척일 때마다 삐걱거리는 소리에 잠을 깨곤 한다. 어제는 거대한 몸의 폴란드 친구, 이리 움직였다, 저리 움직였다 해서 잠을 설쳤다.

2018 1007	Camino del Norte 27일 차 Amandi – Gihon 28km

가이드북에서 만약 일정이 촉박하다면 오늘 코스는 공장지대가 많으니 건너뛰는 게 좋다고 안내했다.

일정대로 가면 산티아고에서 아침 기차로 마드리드로 가서 바로 비행장으로 가야 한다. 마드리드 구경은 했지만 그래도 하루 더 머무르는 게 좋을 것 같아 오늘 코스는 기차로 이동하고 걷는데 이미 예약해 놓은 알베르게까지는 상당히 걸어야 했다.

오늘은 일요일. 기혼 성당에 들러 잠시 기도하고 나왔다.

기차 안이 텅텅 비어 있었다.

2018 1008	Camino del Norte 28일 차 Gihon – Salinas – El Pito 27km

노란 화살표 표시가 있는 까미노 길을 버스를 타고 지나갈 때 기분이 묘했다. 걸으면 한 시간 반 거리인데 버스로 6분 만에 도착했다.

특이한 하루였다. 걷다 보면 보통 젊은이들을 몇 명 지나치는데 한 사람도 만나지 못했다. 3일 전 10개 베드가 다 차서 알베르게 주인이 차로 지나온 도시로 데려다주면서 그 전날은 한사람밖에 없었다는 말이 생각났다.

이틀 전 North길과 Primitive길이 갈라진 이유도 있겠지만 앞으로는 까미노 친구들이 별로 많을 것 같지는 않다. 숲속 길을 4시간 이상 걸으면서 갈라지는 길에 표지판이 분명하지 않은 것이 두세 군데 있었다. 그때마다 구글맵을 이용하긴 했지만 새로운 길이 만들어지면서 옛길과 겹치는 곳이 있는 것 같다.

중간에 1시간 기차와 버스로 하룻길을 건너뛰긴 했지만, 아침 8시에 나와서 저녁 7시 가장 늦은 시간에 도착했다.

2018 1009	Camino del Norte 29일 차 El Pito to Ballota 22km

8시 조금 넘어 걷다가 표지판을 놓쳐 조금 다른 길로 걸었다. 다른 사람이 보는 것을 못 봤지만, 대신에 다른 사람이 못 보는 것을 보게 된 셈이다. 2시간 걸려 제 길을 찾아 바다를 내다봤다.

해변을 찾아 걷기로 했다.

아침에 해변가에서 30분을 머물긴 했지만 8시 반부터 저녁 7시까지 꼬박 걸었는데도 목적지까지 가지 못하고 전 마을에서 머물게 되었다. 숲속에서 길을 잃었다. 참으로 힘들다. 분명히 길이고 표지도 있는데 놓치고 말았다. GPS도 안 잡히니 숲속에서는 새로운 길이 옆으로 생기면 혼선이 생긴다.

* 숙소에 와서 가이드북을 자세히 살피니 잘못된 길을 간 것이 아니라 본래 두 길이 있었는데 내가 선택한 길은 650m 산등성을 계속 타고 걸어야 하는, 중간에는 마을로 내려오기 힘든 길이었음을 깨달았다. 숙소에는 아침 숙소에서 함께 출발한 외국인 젊은 친구 또한 머물고 있었다. 그들도 매우 힘들었다고 말하니 위로가 된다.

식당 겸용이라 메뉴를 시켰더니 포도주 한 병을 다 못 마셨다. 비프스튜 한 대접(반 먹었다)과 닭고기(반은 싸 왔다. 오늘 걸으면서 먹으려

고). 후식은 아이스크림. 이게 모두 10유로이다. 시골 음식점 정말 후하다. 벽면에 이 식당에 관한 신문기사 오려놓은 걸 읽어보니 3대째 내려오는 식당이다.

2018	Camino del Norte 30일 차
1010	Ballota to Luarca 23km

8시간 걸리긴 했지만, 지금까지 가장 쉽게 왔다. 아직 힘이 좀 남아 있으니까. 아니면 그새 내 몸이 적응한 것인지도 모르겠다. 오늘은 내가 2층 침대이다. 피해를 주지 않기 위해 애를 써야겠다.

오래된 마을 집 문지방에 1899라는 표시가 벽돌에 새겨져 있었다. 120년 된 집이다. 가우디의 후손답게 아름답게 꾸민 집들이 많았다.

Luarca의 해변 도시가 매우 아름다웠다. 일명 키스 다리가 해변 근처에 있었다. 중세 전설에 의하면 영주의 딸이 감옥에 갇혀 있는 해적 두목과 사랑에 빠져 도주하다 붙잡혔다. 둘 다 교수형을 당했는데 잘려진 두 머리가 각자 떠내려가다 바다로 들어가기 직전 서로 부딪히며 흘러갔는데, 사람들은 이 장면을 둘의 마지막 키스 장면이었다고 해서 죽음 1년 후에 주민들이 저들의 사랑을 기념하여 세운 다리라고 한다.

성당을 들어갔는데, 예수가 두 팔을 높이 쳐든 상이 있었다. 승리를 뜻하는 건지는 잘 모르겠으나 성당 안에서 이런 상은 처음 봤다. 백인인 게 흠이긴 하지만.

2018 1011	Camino del Norte 31일 차 Luarca to La Caridad 31km

Navia란 항구 도시를 지나면서 다리가 걷는 방향에 있을 것이라고 한참을 갔는데 안 보여 지도를 보니 반대쪽에 있는 것이었다. 오늘은 30km가 넘는 거리라 부지런히 걸어야 하는데 하며 스스로 짜증이 났다. 발바닥 상태도 안 좋으니까.

그런데 길에서 5일 전에 만났던 사이클 까미노 친구를 만났다. 그 친구는 이미 산티아고에 도착했어야 할 친구인데 여기저기 쉬면서 천천히 가고 있단다.

갑자기 내 까미노의 목적이 무엇인가 되묻게 되었다. 발바닥을 향해 열흘만 견뎌달라고 애원을 했다.

역시 30km 이상은 무리인가. 2년 전에는 45km도 걸었는데.

머무는 마을은 작은 마을이라 별건 없다. 성당에서 14처를 매우 단순하게 처리한 게 특이하다.

저녁은 9유로짜리 순례자 메뉴를 먹는데 아예 한 병을 준다. 남한에서는 와인 하나만 해도 최하가 25유로인데…. 스페인을 어찌 좋아하지 않을 수 있겠는가?

2018	Camino del Norte 32일 차
1012	La Caridad – Topia de Casariego 22.4km

어젯밤부터 비가 온다. 우비 들고 다닌 보람을 느낀다.

오늘 지나면 해안가 길을 떠나 내륙으로 들어간다. 어쩌면 올해 마지막 바다일 수도 있어 절반만 걷고 해변 호텔에서 머물기로 했다. 부킹닷컴에 들어가 보니 위치도 괜찮고 평판도 좋은 호텔이 28유로짜리가 있다. 하나밖에 안 남았다고 유혹과 함께 압력을 넣는다.

길을 걷다 얻는 뜻밖의 수확. 2년 전 프렌치 길에서는 겨울 포도맛을 즐겼고 작년 포르투갈 길에서는 오렌지를 즐겼고 여기서는 무화과를 즐긴다.

작은 항구 도시. 성당이 소박 간단하면서도 뭔가 경건한 느낌을 준다. 보통 있는 금빛이 거의 없다.

10유로 순례자 식사는 반 이상 먹기가 힘들다. 포도주도 한 병을 주는데 반도 못 먹었다. 아깝지만 들고 갈 수는 없으니.

2018 1013	Camino del Norte 33일 차 Tapia de Casariego – Ribadeo – Gordan 34km

어제 조금 쉬었더니 몸이 한결 가벼워졌다. 떠오르는 태양 빛에 반사된 넓은 들을 보니 방안에 갇혀 있던 내 영혼이 춤을 춘다.

도시에 사는 사람들이 제일 먼저 하는 일은 빵 가게에 들러 일용할 양식을 사는 일이다. 시골로 가면 예전 우리나라 우유배달처럼 배달 서비스가 있다. 지나가던 빵 배달 아저씨로부터 갓 구워낸 빵을 하나 샀다. 딱딱하기 그지없다. 내 이빨이 견뎌낼 수 있으랴. 그러나 끝을 떼어 맛을 보니 왜 이런 딱딱한 빵을 먹는지 이해가 된다. 참으로 고소하다.

어제 못 걸은 것까지 40km를 걸어야 하는데 무리가 되어 알베르게가 있는 곳에서 쉬기로 했다. 이곳은 식당도 마켓도 없다. 옛 건물을 개조했는데 심지어는 마이크로오븐도 없다. 침대는 10개가 있는데 주위 환경이 그러다 보니 대부분 2km를 더 걸어 다음 알베르게가 있는 곳으로 간다. 난 아침에 산 빵이 있고 조그마한 조개 통조림이 하나 있으니 이것으로 오늘 저녁은 끝.

종일 강풍이 분다. 뒤에서 불어주면 좋겠지만 맞바람이다. 주 경계를 넘어 갈리시아로 넘어왔다. 표지판을 화살표 그리고 남은 거리와 함께 매우 잘해놓았다.

강풍이 밤새도록 계속 불었다. 태풍권에 들어온 모양이다. 비만 오지 않았으면….

2018	Camino del Norte 34일 차
1014	Gordan to Abadin 35km

점심도 길에서 대강 때우며 10시간 걷기를 강행했다. 이번 까미노 중 가장 긴 거리였다. 그저께 반나절 못 걸은 걸 메꾸기 위해 어제 오늘 약간 무리했는데 몸이 그런대로 잘 따라와 줬다.

오늘 숙소는 부엌 사용이 가능하기에 밥을 했다. 하는 김에 오늘 저녁은 물론, 내일 아침과 점심 몫까지.

중간 도시에 Mondonedo가 있는데 13세기에 건립되고 17세기와 19세기에 증축된 주교좌성당(The Cathedral Church)이 있다. 로마네스크 고딕 바로크형식의 건축 양식으로 지어졌으며 특별히 이 성당에서 그간 사용한 성물들이 박물관에 보관되어 있다. 상당한 역사적 가치가 있는 성물들이다.

2018	Camino del Norte 35일 차
1015	Abadin – Vilalba 21km

어제는 가는 길에 유난히 밤이 많이 떨어져 있었다. 간밤의 강풍 때문인 것 같다. 보통 하루 두세 번 있는데 어제는 아마 스무 곳 이상. 길에 떨어진 밤만 주었어도 한 가마니는 족히 되겠다. 여기 사람들도 밤을 먹긴 하지만 워낙 먹을 것이 풍족해 우리만큼 밤에 대해 탐심이 없다. 줍는 사람은 한국 사람밖에 없는 듯.

40년 전 미국 마켓에서 약간 큰 밤 봉지를 들고 갔더니 캐셔가 나

에게 집에 토끼 기르냐고 물었다. 미국, 유럽사람들은 별로 밤을 먹지 않고 산짐승 식량이라 생각하여 줍지도 않는다.

어제는 걸으면서 밤 몇 개, 호두 몇 개, 무화과 두 개, 돌 사과 한 개를 주워 먹었다. 쏠쏠한 재미다. 밤 다섯 톨이 함께 들어 있는 건 처음 봤다.

어제 거리의 3분 2밖에 안 되지만 힘들기는 매일반이다. 7시간을 꼬박 걸었다. 더구나 오늘은 종일 비가 내리니 앉아 쉴 곳도 없었다. 점심도 어제저녁에 만든 밥과 반찬을 고가 다리 밑에서 선 채로 먹어야 했다.

노마드의 삶은 보호가 없다. 자연에 노출된 그대로 순응해야 한다. 정착에 근거한 인간 문명과 문화는 과연 인간을 보호하는가? 죽음의 문화라는 말은 무엇을 뜻하는 말일까?

2018	Camino del Norte 36일 차
1016	Vilalba – Baamonde 18.5km

비는 오고 먹을 건 초코릿 뿐. 어제는 일요일이라 마켓이 문을 닫

왔다. 그런데 길가에 웬 만나들….

동네 어귀 버스 정류장 의자에 가면서 먹으라고 누군가 고추 더미를 쌓아 둔 정성을 보아 약간 매울 것을 예상하고 한입 먹었다. 와~이 상쾌하고 단맛. 하나 더 가져올까 하다가 다음 사람을 위해 남겨두었다. 비가 오긴 했지만, 풍경도 괜찮고 평지 길로 제일 쉬운 날이었다. 이런 날도 있어야지.

겉으로 보기엔 초라했지만, Museo라고 하니까 가보았다. 작품에 엉켜있는 세월을 보니 한없는 애정이 갔다.

이곳은 2시가 되면 맥주 선술집을 빼고 4시 혹은 6시까지 문을 닫는다. 박물관을 5시에 다시 갔다. 아까 내부가 닫혀 있었는데 문이 열려 있어 들어가려고 했더니 일하던 노인이 못 들어가게 했다. 자기 작품도 이곳에 몇 개 있단다. 내가 구글 번역기를 이용하여 내부에 들어가지 않고 그냥 문에 서서 보겠다고 했더니 들어오라고 손짓하더니 자기 작품만 사진 찍는 것을 허용한다.

2018 1017	Camino del Norte 37일 차 Baamonde to Maraz 15km

코스 중 가장 짧았다. 고요. 적막. 따스함. 티 하나 없는 푸른 하늘.

알베르게는 영국 솔스베리 지역의 까미오 친구들이 새로 지은 공간이다. 2주간씩 부부가 와서 봉사한다. 아침도 주는데 비용은 자기가 내고 싶은 만큼 통에 넣고 가면 된다.

골목길을 지나가는데 흥겨운 노랫소리가 들리고 문이 열려 있다.

납을 녹여 크레덴샬 도장을 찍어준다. 집 안과 밖 마당이 모두 자신의 작품으로 가득 차 있다. 40년 넘게 만들었단다.

2018 Camino del Norte 38일 차

1018 Miraz – Sobrado dos Monxes 25km

조용한 시골길. 7시간 걸렸다. 적당한 거리이다.

오늘 아침은 영국인 노부부가 제공했다. 처음으로 드립 커피를 마셨다. 모두 8명이 머물렀다. 폴란드 젊은 부부, 러시안 커플(왜 그렇게 목소리가 큰지) 이태리 커플, 네덜란드인 그리고 나. 폴란드 부부는 허니문 여행이란다. 축하하는 의미에서 어제저녁은 내가 냈다.

Sobrado 수도원

이곳에 교회가 세워진 지는 천년이 넘었고 수도원은 천년이 약간

못되었다. 12, 13세기에는 이 지역을 대표했다고 한다.

비가 오는 가운데 이끼 낀 돌을 보니 고색창연이라는 말이 절로 떠올랐다. 성당에서 알베르게를 운영하고 있었다. 접수 보는 수사가 영어를 잘해서 물어보니 영국에서 왔단다.

그런데 예배당에 가보니 아무것도 없다. 사방 벽에 아무런 상이 없다. 남아 있는 것이라곤 돌로 만들어진 옛 후원자 성주 부부의 상이다. 벽 전체에 새겨진 무늬를 보면 보통이 아닌데 아무것도 붙어 있는 게 없다. 중앙 정면에 예수 십자가가 있는데, 처음에는 건물에 비해 너무 작아 없는 줄 알았다. 본래의 것이 아니다. 십자가 근처에 잡풀이 무성하다. 원 세상에!

1834년부터 거의 백 년 이상 스페인과 포르투갈의 모든 수도원이 폐쇄되었단다. 루터의 혁명, 프랑스혁명 등등의 영향일 것이다. 문제는 당시 수도원이 소유한 엄청난 땅과 재산에 탐을 낸 정부가 폐쇄한 것인데, 민중의 아픔에 동참하지 않은 결과이리라. 그래서 일종의 반교회 운동이 일어나면서 너도나도 성상들을 뜯어가서 지금은 어디에 있는지도 모르고 원래의 모습을 복원할 수도 없단다. 원래의 모습을 모르기에.

그러고 보니 지나온 교회 중 몇 개가 건물은 중세건물인데 중앙 성전에는 현대 그림이 대신하는 것을 보았는데 바로 이런 이유 때문이었다.

저녁 기도회에 참석했는데 수녀까지 거의 70명이나 되었다. 물어보니 지역 모임 때문이란다. 이곳에는 현재 17명이 있다고 한다.

한 달 전 내가 머물렀던 짜라루짜 수도원은 4명뿐이라는 얘기를 했더니 수도사 지원자가 없어 그곳은 곧 폐쇄될 예정이고 여기도 문제란다. 사실 이건 우리나라도 마찬가지다. 가톨릭의 문제만이 아니라 개신교도 그러하고 불교도 그러하다. 신학생 지원자가 점점 줄고 있다. 작년 어느 소수 교단 장로교 신학대학에는 지원자가 한 명도 없었다.

남한의 교회들이 이러한 반종교 시대 위기를 알아채야 할텐데…. 물론 지금은 알아챘다고 하더라도 너무 늦었다. 하늘의 채찍 외에는.

2018 1019	Camino del Norte 39일 차 Sobrado – Arzua 22km

아침 미사 참석하고 길을 떠났다. 산길을 걷고 있는데 목장 안의 저 멀리 있던 당나귀가 다가왔다. 아마도 사람들이 가끔 먹을 것을 주기 때문일 것이다. 줄 게 없어 음악을 선물로 주기로 했다. 왜냐하면, 음악을 듣고 가노라면 가끔 말들이 다가와서 꼬리도 흔들고 좋아했던 적이 있었다. 그래서 10분 이상을 바하의 피아노 음악을 들려주었다. 헤어질 때 손을 흔들자 고개를 숙이며 잘 가라고, 고맙다고 답례 인사를 했다. 믿거나 말거나 나에게는 그렇게 보였다.

2018 1020	Camino del Norte 40일 차 Arzua – Lavacolla 30km

산티아고까지 40km가 남았다. 2년 전 프렌치 길을 걸을 때는 하루 만에 도착했는데 오늘은 30km를 가고 10km를 남겨두었다. 내일

이 토요일이고 12시에 순례자 환영 미사에 참석하기 위함이다.

2018 Camino del Norte 41일 차
1021 Lavacolla – Santiago Compostella 10km

마지막 걷기 – 3시간 후면 목적지 산티아고 콤포스텔라

아침 미역국을 먹는다. 떠나기 전 믿음교회 황선희 집사님께서 말린 국거리 40일 치를 보내주셨다. 포장 뜯어내고 내용물만 봉지에 담으면 무게는 별로인데 부피가 만만치 않다. 그간 오후에 배도 출출하고 힘들어지기 시작하면 물통에 한 시간 정도 담가두었다가 마셨다. 최고의 원기회복제였다. 깊은 감사를 드린다.

10km를 쉬지 않고 두 시간 만에 주파하는 기록을 세웠는데 등록하는 줄에서만 한 시간째이다. 이전 두 번은 다 겨울철이라 사람이 없어 바로바로 했었는데. 드디어 세 번째 입성, 바르셀로나에서 3일 머문 여정까지 합치면 전체 40여 일 순례길을 마쳤다.

SANTIAGO DE COMPOSTELA

Leon

Bilbao

Porto

Salamanca

LISBON

Seville

4장

대평원 길
Camino de la Plata

(2019. 12~2020. 1)

어둡다 보니 길 하나를 놓쳐 30분을 더 허비했다
마음이 급하면 일을 자꾸 그르친다

2019	Camino de la Plata 1일 차
1201	Sevilla – Guilleana 23km

3일간 세비야 관광을 하고 12월의 첫날 일요일 아침에 출발했다. 대부분 스페인의 도시가 그런 것처럼 지난 며칠간 세비야의 밤은 엄청 시끄러웠다. 더구나 엊그제는 Black Friday라는 미국에서 시작한 세일 상업 열풍이 이곳을 휩쓸고 있었다.

내가 처음 미국에 도착했던 70년대 말의 땡스기빙 데이는 참으로 고요했다. 가족끼리 모여 터키 고기를 먹는 것이 오랫동안의 전통이었다. 그러던 것이 80년대에 들어오면서 성탄절을 앞두고 한 두 주간씩 진행되던 세일 상업 열풍이 감사절 바로 다음날부터 시작되었다. 감사절 다음날부터 아기 예수 오심을 기리는 대림절이 시작하는데 아예 대림절 시작과 함께 대형쇼핑몰에는 캐롤송이 울려 퍼지면서 연말 대세일이 시작되었다.

특히 당시 유행하기 시작한 컴퓨터 품목들에 대한 대대적인 세일이 시작되었다. 어떤 컴퓨터는 무려 90% 세일 광고가 나오기도 했다. 보통은 매장 한두 시간 전에 줄을 서기 시작했는데, 이런 상품을 구입하기 위해 새벽부터 줄을 서기 시작하더니 이제는 아예 전날 저녁 그러니까 땡스기빙데이 저녁부터 모포를 들고 와서 줄을 서기 시작했다. 그러다 보니 밤새 대신 줄을 서주고 50불을 받는 새로운 알바도 생겨났다. 오픈과 동시에 사람들은 한정된 품목을 향해 질주하기 시작했고 동시에 같은 물건을 잡는 경우가 생겨 다툼이 일고 급기야는 깔려 죽는 사람까지 생겨났다.

몇 년 전부터는 경비 인력으로는 부족하여 아예 경찰이 동원되기 시작했다. 이 세일 구매 열풍이 세계를 휩싸기 시작해서 중국에는 11월 11일이 본래는 싱글 데이로 시작하더니 최대상품 판매일로 자리를 잡았다. 이 열풍이 한국은 물론 스페인을 덮은 것이다.

그런가 하면 일이 년 전부터는 이런 상업적 흐름에 반대하는 세력들이 일어나기 시작했다. 영국에서는 이날을 NO Shopping Day라 부르고, 프랑스에서는 The Green Day라 부르면서 지구환경 보호와 상품 구입 욕망 자제를 외치기 시작했다. 바람직한 일이다. 우리나라도 "물건 안 사는 날"을 지정하는 운동이 일어나기를 기도한다.

세비야 시민조차 이렇게 많은 사람이 거리에 몰려나온 경우는 처음이라고 할 정도로 엄청난 인파들이 밤거리를 덮었다. 이런 열풍은 다음날 토요일까지 계속되었다. 일요일 새벽 세 시 너머까지 숙소 옆 골목길을 지나는 술 취한 청년들의 고함소리가 계속되었다. 열풍이 잠잠해진 12월 1일 일요일 아침 짐을 챙겨 들고 일찍 숙소를 나왔다.

4년째 겨울마다 걷는 산티아고 순례길을 위해서이다. 이번에는 세비야에서 산티아고까지 천 킬로로 가장 길다. 대략 45일을 계산하고 있다. 냄새나는 쓰레기로 뒤범벅이 된 도시 외곽을 빠져나오자 곧바로 한적한 대농원으로 접어든다, 이번에 걷는 까미노 이름은 Camino de la Plata(Via De La Plata) 이다. 문자 그대로 대평원을 통과한다. 여름에는 40도가 넘고 쉴 곳도 마땅치 않아 가이드북은 하지 말라고 조언한다. 더위로 인해 죽은 사람도 있다고.

한참을 가다 쉬고 있는데 40대 중반의 두 여성이 배낭을 메고 지나갔다. 함께 걷는 순례자이다. 저녁에 알베르게에서 만났는데 이들은 슬로베니아에서 왔고 한 사람은 열 번 이상을 걷고 있는 베테랑이었다. 그리고 늦게 50대 중반의 스페인 남성이 도착했다. 바르셀로나의 호텔에서 일하고 있어 영어를 잘했다. 18일 휴가를 내었는데 올해 반을 걷고 내년에 남은 반을 걸을 예정이란다. 이 친구랑 저녁을 함께 먹었다. 첫날 23km의 여정을 잘 마쳤다. 사설 알베르게로 집을 개조했는데, 깨끗하고 아침을 주니 12유로이면 매우 적당한 가격이다.

2019 1202	Camino de la Plata 2일 차 Guillena – Castilblanco de los Arroyos 18km

넷이서 함께 토스트와 달걀로 아침을 먹었다. 그런데 아침을 먹으면서 보니 식당 벽에 글귀들이 많았다. 나도 내 흔적을 남겼다. 한반도의 그림을 그리고 그 밑에 평화, 平和, Peace, Pace, Pax라는 글귀를 남겼다. 앞의 세 경우와는 달리 이번에는 아예 한반도기를 배낭에 달고 다니기로 했다.

출발은 같았지만 결국 나는 뒤로 점점 처지기 시작했다. 어제보다 짧은 18km이기에 무난히 마치리라 생각했는데 몸이 영 따라와 주지 않았다. 가이드북에는 4시간 반으로 나와 있다. 시간당 평균 4km인 셈이다. 그런데 난 속도가 느리고 중간에 자주 쉬면서 걸었기에 거의 두 배에 가까운 8시간이 걸렸다.

겨우 싼 숙소를 찾아 몸을 쉬었다. 공동숙소는 14유로인데 2유로를 더 주고 개인 방을 얻었다. 작지만 깔끔했다. 하루 일정을 마치고 따뜻한 물로 샤워를 하는 건 아주 기분 좋은 일이다. 저녁 식당을 찾았다. 순례자들을 위한 메뉴가 8유로라고 적혀 있다. 시설도 괜찮다. 메뉴는 4가지가 차례로 나온다. 샐러드, 혹은 수프 그리고 고기 혹은 생선, 그리고 포도주 혹은 맥주 혹은 물이다. 네 번째는 커피 혹은 디저트이다. 그런데 메뉴판을 보니 첫 번째와 두 번째 품목이 각각 20 종류가 넘는다. 보통은 서너 종류에서 고르는데 너무 많아서 추천을 받았다. 맛이 특별하긴 했는데 내 입에는 맞지 않았다.

15kg에 가까운 배낭을 메고 이틀을 걸었던지라 온몸이 쑤셨다. 잠자리에 누웠는데 발바닥에 작은 물집이 느껴졌다. 작년에 4일째부터 발바닥에 물집이 생겨 너무 고생했던지라 이번에는 무리하지 않기로 했다.

2019 1203	Camino de la Plata 3일 차 쉼

아침에 일어나 발바닥 상태를 보니 그리 좋아 보이지 않았다. 다음 목적지까지는 30km에 가까운데 중간에 마을 하나 없는 산길이다. 이번 길은 길 이름이 말해주듯이 지난 3번의 까미노 길과는 전연 다르다. 중간 마을이 없는 평야 혹은 산악지대를 계속 가기에 대중교통을 이용할 수가 없다. 어제도 중간에 아무것도 없었다. 그러나 18km로 비교적 짧은 거리였기에 중간에 자주 쉬면서 완주할 수가 있었지만, 오늘은 어제의 두 배에 가까운 거리라 무리가 될 것 같다.

아직 내 몸이 적응되지 않아 속도를 낼 수가 없다. 현재의 속도로는 해가 떠 있는 동안에 완주가 불가능하다. 안내 팻말이 잘 되어 있기는 하지만 어두워지면 잘못하여 길을 놓치기 쉽다. 발바닥도 문제이지만 오늘 하루는 쉬면서 체력을 비축하는 것이 좋겠다. 그래서 하루를 더 묵기로 했다.

2019 1204
Camino de la Plata 4일 차
Castilblanco de los Arroyos – Almaden de la Plata 28km

물집이 완전히 아물지는 않았지만, 일단 오늘을 마친 다음에 몸 상태를 보고 결정하기로 했다. 그런데 처음 출발은 어려워도 한 시간 정도 지나면 아픔에도 면역이 생기면서 탄력이 생긴다.

2019 1205
Camino de la Plata 5일 차
Almaden de la Plata – El Real de la Jara 14km

발바닥 상태가 좋지 않다.

2019 1206
Camino de la Plata 6일 차
El Real de la Jara – Monasterio 20km

가는 도중에 보니 그간에는 오른쪽 발바닥에만 물집이 생겼는데, 이제는 왼쪽 발바닥에도 물집이 생기기 시작했다. 씻고 나니 통증이 몰려오는데, 한 발자국도 움직이기 힘들다. 테니스를 오랫동안 쳐왔기에 발바닥의 겉면은 매우 딱딱한데, 물집이 그 안, 속살에 생기고 있다. 물집을 따면서 보니 피부층이 7, 8겹이 되는 듯하다. 할 수 없이 완전히 나을 때까지 사나흘을 쉬기로 했다.

앞의 세 번의 순례길과는 달리 비행기 표를 왕복으로 끊지 않았다. 돌아갈 비행기 표를 구해놓고 나면 무조건 그 날짜에 맞춰 일정을 마쳐야 하기에 중간에 무슨 일이 생기면 대중교통으로 건너야 했다. 그래서 이번에는 돌아가는 비행기 표는 끝나는 날짜에 맞춰 구입할 예정이다. 그러니 급할 이유는 없었다.

게다가 지금 머무는 공간이 옛 수도원 일부를 개조한 공립 알베르게이다. 그러니 명상하기로는 최적의 장소였다. 예전에는 상당히 큰 수도원으로 일종의 수도사 신학교였던 것으로 보인다. 이 도시의 이름 자체가 Monesterio이니, 어쩌면 도시가 수도원에 맞춰 형성되었을 것이다. 내가 머무는 방이 4개의 침대가 들어가 있지만, 원래 수도사들이 머무는 숙소였다. 방이 열 개쯤 되니 약 50명을 수용할 수 있는데, 머무는 사람은 나 혼자다.

숙박비는 쌌지만, 방에 히터가 없다. 식당에 벽난로가 있는데, 매일 저녁 한두 시간 정도 태울 수 있는 땔감을 준다. 다만 좋은 것은 부엌 사용을 할 수 있다는 것이다.

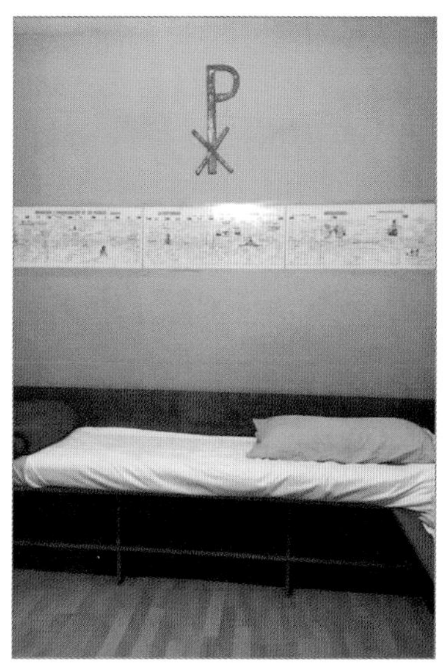

DE MONESTERIO

SAN FAMIANO DE OSERA
PATRON DE PEREGRINOS

2019
1207-
1210

Camino de la Plata 7, 8, 9, 10일 차

Monesterio

4일 동안 음악을 듣거나 천천히 마을을 걸으면서 조용히 기도하며 묵상하며 보냈다.

사흘째 되는 날에는 간만에 외식을 한번 하기로 하고 가이드북에 나온 맛집을 찾았다. 낮에 미리 와서 예약하고 문을 여는 저녁 8시에 맞춰서 왔다(저녁 먹는 시간이 너무 늦다. 그러나 어쩌랴? 로마에 왔으니 로마법을 따를 수밖에).

순례자 메뉴를 달라고 했더니 토요일이라 그런지 없다고 하면서 일반 메뉴에서 고르라고 한다. 아무것도 따라오지 않는 식사 한 접시에 12유로짜리가 제일 쌌다. 멸치 메뉴를 시켰다. 맥주 한 잔도 함께 주문했다. 30분이 훨씬 지나(맥주 한 잔을 더 시켰다) 음식이 나왔다. 접시는 큰데 음식의 크기가 겨우 내 주먹만 했다. 아까 주문할 때 순례자 메뉴가 없다고 하면서 양은 많으니까 걱정하지 말라고 했던 것 같은데 생각보다 너무 적었다. 그래서 이건 메인 식사에 앞서 주는 일종의 에피타이저라고 생각했다. 칼로 한쪽을 썰어 포크로 입에 넣었다. 맛이 오묘했다. 지금까지 이런 맛을 느껴본 적이 없다! 치즈와 감자, 생선, 고추 절인 것 등이 절묘하게 섞여서 깊은 맛이 났다.

한입에 오감이 다 느껴졌다. 절로 감탄이 나왔다. 음미하며 먹으면서 에피타이저로 주는 것이 이 정도라면 조금 있다 나올 메인의 맛은 어떠할지 상상만 해도 즐거웠다. 마지막 한 입을 남겼다. 먹고 싶었지만, 다음에 나오는 메인 식사를 위해서 속을 비워놓은 것이다. 그런데 아무리 기다려도 다음 음식이 나오지 않고 급기야 웨이트레

스가 오더니 다 먹었냐고 하면서 접시를 가져가도 되겠느냐고 해서 그렇다고 답했다. 그러더니 커피를 주문하겠느냐고 묻는다. 뭔가 이상했다. 커피는 맨 나중에 먹는 것인데….

그게 메인 식사였던 것이다. 맨 위에 놓여 있던 작은 스시 생선 껍질을 벗겨내고 가운데를 갈라 뼈를 추려낸 다음에 특별 소스를 얹어놓았는데, 그게 멸치였던 것이었다. 우리가 먹는 작은 멸치가 아닌 큰 멸치 종류였던 것이었다. 평소에 먹던 멸치만 생각하고 한 열 마리쯤으로 조리한 음식이 나올 거라고 생각했다. 아차 싶었다. 그런 줄 알았으면 남김없이 깨끗이 먹고 빵도 마저 먹을 것을 하는 아쉬움이 컸다.

그런데 계산서를 받아보니 원래 맥줏값을 합쳐 14유로인데, 청구액은 그 절반인 7유로였다. 순례자 메뉴가 없는 대신 원래 가격에서 절반을 깎아준 것이었다. 처음 메뉴판을 갖다주면서 무슨 말을 하였는데, 그 말을 제대로 알아듣지 못한 것이었다. 반값인 줄 알았으면 뭘 좀 더 시켜 먹었을 텐데, 진한 아쉬움 속에 식사를 마치고 숙소에 오자마자 간식으로 사두었던 빵을 먹었다.

식당의 내부 장식은 그간 내가 스페인 순례길에서 다녀본 식당 중에서 가장 운치가 있었다. 그러나 손님들의 행색을 보면 이 도시에서 가장 값비싼 식당은 아니었던 것 같다.

2019 Camino de la Plata 11일 차
1211 Monesterio – Fuenta de Cantos 21km

산티아고 순례길을 걸을 때마다 느끼는 일이지만 양과 돼지도 음악에 반응을 보이지만 말은 매우 민감하다. 개는 상관없이 자기 소리에만 관심한다.

2019 Camino Via de la Plata 12일 차
1212 Fuento de Cantos – Zafra (24km)

쉬엄쉬엄 걷는다. 중간에 만나는 사람이 거의 없다.

2019 Camino de la Plata 13일 차
1213 Zafra – Villafranca de los Barros 20km

발바닥의 물집이 천천히 굳어져 감을 느낀다.

2019 Santiago Camino de la Plata 14일 차
1214 Villa de los Barros – Torremejia 27km

온종일 숲속 산길을 홀로 걸었다. 사람 대신에 방목하는 소, 돼지,

양 등을 가끔 만났다. 한 번은 돼지 떼 수십 마리가 방목하는 곳을 조심스럽게 지나가는데, 한 무리가 내 뒤를 쫓아 왔다. 열 마리 이상이 뒤를 계속 따라오니 은근히 겁이 났다. 내가 돌아서면 도망갔다가 또 따라온다. 또 돌아서서 돌을 주워 던지는 흉내를 내면 더 멀리 도망을 간다. 그런데 내가 길을 가면 또 따라왔다. 그러기를 여러 번 하다가 한 이백 미터를 가니 더 이상 오지 않았다.

그런데 가만히 생각해 보니 그 무리의 우두머리가 나하고 놀이게임을 한 것 같다. 자기들이 쫓아가면 사람들이 은근히 겁을 내는 것을 알고 있는 듯하다. 후에 숙소에서 만난 여성 또한 같은 경험을 했다고 한다. 돼지가 영리하다는 얘기를 듣긴 했지만, 이런 경험은 처음이었다.

2019 1215	Camino de la Plata 15일 차 Torremejia – Merida 15km

산티아고 순례길 14일째, 겨우 Merida에 도착했다. 건장한 친구들은 7일 만에 도착(물론 나도 그런 빛나는 시절이 있었지만). 바울이 가고자 했던 도시이다. 당시 이베리아반도의 수도였으니까.

그가 걸었다면 걸었을 그 길과 그 다리를 건넜다. 2천 년이 지났지만, 그 당시의 유물이 살아있다. 무형화된 건물은 거짓을 말하지 않지만, 유형화된 예수는 너무나 변질되었다.

가이드북에 따르면 평판이 안 좋은 Merida의 공립 알베르게에 머물렀다. 14개 베드에 미국에서 온 여성 한 명과 머물렀다. 그런데 매니저가 특별한 친구였다. 종교음악을 들으며 일하는 중이었다. 저녁

에 내가 클래식을 들었는데 곡명을 바로 알아맞힌다. 아침의 바흐 음악도 바로 곡명을 알아맞혔다. 대단한 친구를 만났다.

2019	Camino de la Plata 16일 차
1216	Merida – Alculescar 22km

Merida는 Extremadura 주의 수도이다. 로마 시대의 원형극장이 있는데 3만 명이나 모일 수 있었다고 하니 당시 얼마나 컸는지 짐작할 수가 있다. 걷다 보니 군대가 머무는 외곽으로 물을 끌어온 수로의 잔재가 마치 작은 고가도로처럼 남아 있다.

2019 1217	Camino de la Plata 17일 차 Alculescar – Aldea del Cano 15km

보통은 아침을 간단히 빵으로 먹는데, 어제저녁을 못 먹어서 다음 마을에서 아침을 먹었다. 그런데 돼지고기 양이 워낙 많아서 싸 달라고 하였다. 앞으로 24km 9시간을 걷는 동안 집이 없을 것이다. 온종일 걸을 걸 알고 그런지 많이도 준다. 나한테는 아마도 다섯 끼 분량은 될 것 같다.

2019 1218	Camino de la Plata 18일 차 Aldea del Cano – Valdesalor 11km

가이드북에 따르면 Caceres까지 가야 알베르게가 나오지만, 직전 마을에 새로 지은 알베르게(가이드북에는 공사 중)가 있었다.

백여 명 정도 모여 사는 작은 마을에 오래된 공립 알베르게를 허물고 새로 지었다. 방명록을 보니 어제 한 사람이 자고 갔고 내가 두 번째 손님이다. 20개가 넘는 침대에 혼자다. 혼자이다 보니 히터도 틀어주지 않는다. 그런데 마켓이 없고 일요일이라 옆에 붙어 있는 식당도 따로 파는 음식은 없었다. 맥주나 포도주를 주문하면 따라 오는 작은 안주가 전부였다. 두 잔 마시고 나니 문을 닫는단다. 배가 고픈데 방법이 없다.

2019	Camino Via de la Plata 19일 차
1219	Valdesalor – Caceres 12km

며칠 전부터 슬슬 아프기 시작한 엉치뼈와 다리뼈가 맞닿는 부분에 통증이 심해져 맨몸으로도 걷기가 힘들었다. 완주하지 못할 것 같은 예감이 든다.

게다가 오늘 일기예보를 보니 일주일 내내 비 소식이다. 페북(이 길을 걷는 친구들의 방이다)에 한 친구가 글을 올렸는데, 한 20일 후 내가 지나갈 곳에 큰비가 내려 다리가 무너져 순례길로는 갈 수가 없고 찻길로 걸어가야 한다고 한다. 여러 가지 악조건이 있으리라 예상은 했지만, 막상 당하니 왜 시작했을까 하는 후회도 약간 든다. 오늘부터 일주일 내내 비 온다는 소식에 우울해하지 말자!! 음악과 빗소리의 어울림을 즐기자!!

엉치뼈 통증이 심해져 약국에 가서 진통제를 샀다. 20알이다. 값을 얘기하는데 첫 단어가 6에 관계된 숫자는 들었다. 6유로 몇 선으로 알고 10유로 지폐를 냈다. 그러자 9유로 33센트를 거슬러 준다. 67센트 우리 돈으로 900원이었다. 우리나라도 약값이 싸지만, 스페인의 사회주의를 경험했다. 지난번 발바닥 물집으로 고생할 때도 일하는 여성이 병원에 가라고 하면서 공짜라고 했다. 이 말을 실험하기 위해 갔는데 일요일 저녁이라 그런지 안에 불은 켜있었지만, 문이 닫혀 있어 치료는 받지 못했다.

스페인은 우리랑 국력이 비슷하다. 물가 싸고 의료비, 교육비는 우리와는 비교되지 않을 정도로 저렴하다. 집값은 물론이다. 우리 남한은 모든 게 비정상이다. 도대체 한해에 몇억씩 오르는 집이 세상

Bienaventurada la gente de ajos limpios que
al andar cree volar.

Blessed are those with clear eyes that
when walking believe their flying.

걷는다는 것은 하늘을 나는 일이라고 믿는 맑은 눈을 가진
사람들은 복이 있다

어디에 있을까?

여기서는 그렇게 걸어 다녀도 군인이나 군부대를 거의 볼 수가 없다. 아니 아직 한 번도 본 적이 없다. 국방비와 미군에게 주는 비용만 절약해도 우리도 이렇게 살 수 있다. 아! 우리는 언제까지 이런 질곡 속에서 살아가야 할까?

2019	Camino de la Plata 20일 차
1220	Caceres – Casar de Caceres 11km

걸으면서 만난 마이클은 호주인으로 반대로 내려오는 중이었다. 6주째라고 한다. 북쪽 해안 길로 시작해서 산티아고에 갔다가 내려오는 중인데 텐트 생활을 한다. 마을까지는 시간이 안 되어 텐트를 쳤을 텐데 비가 와서 힘들 걸 생각하니 그나마 나는 호강이다.

우중에 11km를 겨우 걷고 작은 마을 공립 알베르게에 들어갔다.

지금까지 중 제일 싼 5유로. 히터에 몸을 녹이고 있자니 벨기에 30대의 여자와 독일 남성 커플이 들어왔다. 4개월 전 집에서 출발해서 이리저리 돌아 나와는 반대로 집을 향해 내려오는 중이었다.

부엌이 있어 나는 볶음밥을, 이들은 파스타를 만들어서 나눠 먹었다. 순례자들끼리의 이런 만남은 인류가 한 형제자매임을 몸으로 체험하게 한다.

비가 오면

① 쉴 수가 없다. 배낭을 땅에 내려놓을 수는 없고 배낭을 어깨에 멘 채 배낭을 얹어놓을 만한 허리 높이의 바위도 없다. 특히 이번 내륙의 평원 지대 via de plata를 통과할 때는.

② 사진을 찍을 수가 없다. 빗속이라 마땅한 대상도 없지만 있어도 한 손에는 스틱을 다른 한 손에는 우산을 들었으니.

③ 그러니 힘이 배로 든다. 그러나 하루를 살아감에 더욱 깊은 자기 현존감을 느낀다.

2019 1221	Camino de la Plata 21일 차 Casar de Caceres – Canaveral 32km

이번 까미노에서 가장 힘든 코스였다. 22km 지점에 있는 알베르게가 닫혀서 할 수 없이 10km를 더 걸었는데 거리만 긴 것이 아니라 산 능선을 따라 오르락내리락하는 길에 종일 세찬 비가 내렸다. 만반

의 준비를 했지만, 시간이 지나가자 배낭과 몸도 젖었다. 신발도 물이 차서 물컹거렸다.

10시간 걸려 어두컴컴한 시간에 canaveral에 도착했다. 어제 확인 전화를 한 탓에 매니저가 기다리고 있었다. 한두 사람을 위해 문을 여는 건 여간 고마운 일이 아니다. 수지가 전혀 안 맞기 때문이다. 깨끗하게 꾸며져 있었다. 지금까지 알베르게는 적당히 깨끗했는데, 여기는 지나치게 깨끗했다. 깨끗한 것도 흠인가? 흠뻑 젖은 몸으로 들어가자니 부담이 됐다. 사립호스텔로 15유로이다. 그런데 부엌은커녕 마이크로오븐도 없다. 냄새 피우지 말라는 것이다.

2019 1222	Camino de la Plata 22일 차 Cañaveral to Galisteo 28km

어제 너무 늦게 도착하여 식당에서 저녁은 먹었지만 마켓이 닫혀 못 갔다. 오늘 점심때 지나가는 마을에서 챙기고자 했다. 도시를 빠져나오면서 노란색 화살표가 세 개나 있는 것을 확인하고 들어갔는데 길을 놓쳤다. 이번 까미노에서는 처음이다.

어제는 트레일 표시와 함께 갔었다. 오늘도 트레일 표시가 있었고 노란색 화살표가 있어 따라갔는데 뭔가 이상했다. 한참을 서서 맵미닷컴을 보고 확인하여 겨우 찾았다. 한 시간 이상을 헛수고한 셈인데, 2Km를 다시 돌아가야 했다. 그래서 새길을 찾아 그냥 직진하기로 했다. 이게 잘못이었다. 왜냐하면, 먹을 거라곤 비스킷이 전부이고 물은 병에 4분 1밖에 없었기 때문이다.

해 떨어지기 전에 도착하고픈 목적의식이 까미노의 어려운 상황 의식을 누른 것이다. 결국, 밤 8시가 되어서야 도착했고 배고프면 물이라도 마셔야 했는데 그렇지 못했다. 어둡다 보니 또 길 하나를 놓쳐 30분을 더 허비했다. 마음이 급하면 일을 자꾸 그르친다.

오늘 길도 만만찮다. 걷다 보니 이 길이 페북 까미노 단체 글에서 얼마 전의 홍수로 다리가 무너져 도로 길로 우회해야 한다고 하는 바로 그 길이었다. 다리는 연이은 비로 인해 저수지가 차고 물이 범람해서 길이 끊겨 있었다. 우회할 수도 돌아갈 수도 없었다. 난감했다. 시간은 5시가 다 되어가고 있었다. 물길 깊이를 대강 헤아리고 맨발로 건너기로 했다. 까미노 길에서 처음 겪는 일이다.

다행히 물살은 그리 빠르지 않았고 깊이도 무릎 위로 올라오지 않았다. 오늘 비가 오지 않아 망정이지 비마저 왔다면 큰 낭패를 당할 뻔했다.

Vive tus sueños, ellos no te defrandarán.

Live your dreams, they won't let you down.

꿈대로 사세요. 당신을 실망시키지 않을 것이에요.

2019 1223 Camino de la Plata 23일 차
Galisteo – Oliva de Plasencia 23km

아기 예수로 오시는 주님을 왜 기다리는가? 역사 변혁 때문이다. 마태는 이를 모세에 비유하여 아기 예수의 탄생과 더불어 애굽의 바로 왕이 그랬듯이 헤롯왕 또한 수많은 아기를 죽인다(역사적 증명은 안 된다). 곧 모세가 그랬듯이 마태는 로마의 압제로부터 백성을 해방하는 해방자 예수를 선포하고 있다.

반면 누가는 예수 탄생을 얘기하면서 아우구스투스 황제를 언급한다. 그의 본래 이름은 옥타비아누스이다. 원로원이 그를 "신의 아들"이라는 칭호를 준 것이다. 카이샤보다 더 영예로운 이름이다. 탄생은 마구간에 연결되고 공생애 시작은 희년 선포와 연계된다.

마구간은 단순히 낮아짐의 상징이 아니다. 말은 로마군사력의 상징이다. 마구간에 태어나 말 밥통에 뉘었다는 말은 곧 말의 먹이가 되었다는 말이다. 이는 말속으로 들어가 말을 Pax Romana 곧 전쟁의 동물에서 Pax Christi 약자 우선의 하느님 나라 평화의 동물로 바꾸시겠다는 상징 표현이다. 따라서 마구간의 상징은 역사 변혁을 위한 저항의 상징이다. 이는 이어지는 이사야의 희년선포선언을 통해 분명한 뜻을 드러낸다. 호구조사는 다윗이 이로 인해 야훼의 심판을 받았듯이 하늘의 뜻을 거역하는 인간 정치 권력의 오만과 타락을 상징한다.

50년마다 반복되는 희년은 부와 권력의 대물림을 방지하는 법이다. 트로크메 신학자는 예수의 공생애 시작해가 바로 당시 유명무실해진 희년의 해였다고 주장한다. 적극적으로 동의한다.

11km. via de plata 까미노 여정 중에서 가장 짧고 쉬운 길이었다. 빗방울이 살살 떨어질 때, 힘들기 시작할 때 도착했다. 내일 또한 12km를 걷는다. 성탄 이브에 25km 이상을 걸어야 하기 때문이다. 체력을 보충할 필요가 있다. 오늘 알베르게는 부엌 시설이 있는데 일요일이라 마켓이 문을 열지 않는다. 운이 없다. 히터가 없어 옷을 껴입고 자야 한다. 순례는 매일매일 그 상황이 다르다. 예측할 수가 없다. 이제 전체 여정의 3분 1을 마쳤다.

오후 늦게 끊어진 다리를 우회하여 임시로 만들어진 대로변을 걷다가 길을 건너 다시금 농장 길로 들어서는데 어떤 차가 서 있다. 차가 서 있을 이유가 없는 장소이다. 내가 가까이 가자 엔진 시동을 걸고 떠난다. 누구일까? 가만히 생각해 보니 며칠 전에도 비슷한 경우가 두 번 더 있었다. 동양인 노인 혼자 산길을 종일 걷는 것을 확인하고 있는 공무원으로 짐작이 간다. 어쩌면 이전에 사고가 있었던 길일 것이다.

사실 외국인으로 까미노 사고가 나면 여파가 크다. 몇 년 전에 사고가 나자 그 이듬해 순례자가 10% 줄었다는 기사를 본 적이 있다. 세비야에서 처음 출발할 때는 한 3일간 경찰차가 까미노 길을 순회하는 것을 보았다. 안전에 유의하고 있다. 너무나 외지고 힘든 길이다. 겨울 까미노 특히 이곳 까미노는 하지 않는 게 정상이다. 앞으로 어떤 난관이 더 놓여 있을지 알 수 없다.

Carcaboso 마을 여기저기 흩어져 있는 벽화가 재밌다.

CARCABOSO

2019	Camino de la Plata 24일 차
1224	Plasencia – Aldeanueva del Camino 27km

오늘의 순례길 얘기를 어떻게 시작해야 할지 모르겠다.

내일 27km를 위해 어제와 오늘 각각 12km, 13km로 이틀에 나눠 걸었다. 그런데 오늘 완전히 길을 잃었다. 가끔 길을 잃어도 곧장 회복하기 마련인데 오늘은 완전히 지도상에도 없는 우리식대로 표현하면 논두렁길을 걸었다. 강가로 난 작은 농로를 걸었는데 하루만 일찍 왔어도 길에 물이 빠지지 않아 완전히 물속을 걸어야 했을 것이다. 너무 멀리 와서 되돌아갈 수도 없었다.

이렇게 된 과정은 이렇다. 오늘 출발도시에서 다음 도시까지는 중간 마을이 없어 40km가 되기에 본래 길에서 벗어나 있는 중간 마을까지 계획을 세웠다. 하루를 자고 다시 원래 길로 합류하는 이틀 코스로 나눈 것이다. 그런데 길이 중간 농장 한가운데서 끊어진 것이다. 울타리로 다 막혀 있었다. 말발굽처럼 돌아 나올 수밖에 없었는데 철조망 가시울타리를 넘어야 했다. 그런데 이런 행위는 나만 그런 것이 아니라 아예 그렇게 길이 나 있었다. 철조망에는 여러 군데 손상이 나 있었고 때운 흔적도 있다. 아마도 심술궂은 농장주가 일부러 길을 막았나 보다. 옛길을 농장주가 동의하지 않으면 어쩔 수가 없다.

이후 화살표가 없으니 난 당연히 맵미닷컴 인터넷 지도를 열어 방향을 확인했다. 때로 구글맵을 사용하기도 했지만 맵미닷컴에 스페인 지도를 다운로드해서 왔기에 더 세세했다. 길을 잃었을 때는 유용하다. 그래서 보여준 길을 따라갔는데 완전히 엉터리 길로 인도했고 고생만 했다. 결국, 4시간이면 되는 길을 7시간이나 걸렸다. 시간도 시간이지만 마음고생이 심했다. 맵미닷컴도 중간에는 자신이 어디에 있는지를 알지 못했으니까. 난 그저 걸을 수 있는 한 계속 걸었는데 결국 두 번의 철조망을 넘어 큰길로 나오긴 했지만, 목적지 마을을 서남쪽에서 접근해야 정상인데 동쪽에서 접근하는 멀리 우회하고 만 것이다. 체력 비축은커녕 오히려 소모하고 말았다.

기진맥진 마을에 도착하여 이틀 전에 전화로 확인한 사설 알베르게에 갔는데 문이 닫혀 있었다. 전화도 받지 않아 한참을 그 앞에 앉아 있었는데 이웃집 아주머니가 나오더니 닫혔다고 한다. 아니, 전화로 확인하고 왔는데 이게 무슨 낭패란 말인가?

책자를 보니 두 시간을 더 걸어가면 근처 호스텔 차가 와서 데려간다고 해서 전화로 확인을 하고 다시금 기운을 내어 걸어가고 있는데 한 친구가 차를 세우더니 근처 호텔로 나를 데려다준다고 한다. 알고 보니 이 친구가 그 문 닫은 알베르게의 주인이었다. 갑자기 수도 고장이 일어나서 부품을 사러 갔다 오면서 나를 본 것이다. 그 타이밍이 절묘했다. 내가 한 이십 초만 더 일찍 걸어갔어도 길이 꺾어지는 부분이라 나를 보지 못했을 것이다. 참으로 절묘한 타이밍이었다.

샤워하고 조금 쉬다가 아래층 바에 내려오니 이 친구도 와서 맥주를 마시고 있었다. 미안한 지 맥주 한 잔을 산다.

3년 전 프랑스 길에서도 35일째 마지막 날 피니에스테라에서 묵시나로 내려가다 숲속에서 완전히 길을 잃고 해에 의존하여 방향을 잡고 밭과 냇가와 가시덤불 사이로 뚫고 나가는 등 고생고생했던 기억이 있다.

보통 하루에 백 개 이상의 노란색 화살표를 보며 걷는데 오늘은 처음 시작할 때 몇 개만 보았다.

결국은 유종의 미를 거두었기에 저녁을 기다리면서 이렇게 후기를 쓰고 있지만 정말 순례길은 장담할 수가 없다. 길을 잃으면 돌아가는 게 정식 순서임을 다시 한번 확인한다.

오늘 머무는 작은 마을에서 5시 성탄 이브 미사에 참석했다. 한 이백 년은 족히 넘었을 성당이다. 흥미로운 것은 한국 성당에서도 하는지 잘 알지 못하지만, 성탄절 미사 시에는 두 번 줄을 선다. 한번은 성찬 빵(?)을 받기 위해 그리고 나서 아기 예수상에 키스하기 위해서이다. 아기 예수는 오른발을 내뻗고 있다. 한사람이 발가락에 키스하면 신부는 작은 수건으로 닦는다.

2018	Camino de la Plata 25일 차
1225	Aldeanueva del Camino – Calzada de Bajar 22km

12시경 성당 곁을 지나다 보니 문이 열렸고 사람들이 들이간다. 성탄절 미사 시간이었다. 나도 배낭을 내려놓고 들어갔다. 어제 성탄절 이브 미사 참석 성당과는 10km 떨어져 있는데 성당의 크기나 모습은 비슷하지만, 내부 장식이나 건축 재료 그리고 사람들의 옷차림이 판이했다. 아이를 포함한 가족과 젊은이들이 제법 있었다.

보아하니 200년의 역사는 비슷하나 오늘 정오에 지난 마을은 산 위 성내 마을이고 어제 잔 마을은 성 밖 마을이다. 성 밖 아랫마을 사람들이 들으면 명예훼손죄로 고발을 할지도 모르겠지만, 옛날 성주 지주 귀족계급과 하층 농민 계급의 차이가 그대로 이어지고 있었다.

오늘은 성탄절. 하늘 천사들의 외치는 소식을 듣고 아기 예수를 영접한 목자들은 베들레헴 성밖에서 거주하던 이들이었다.

복음서에서 아기 예수가 태어난 날 마태는 동방박사들이(복수형 꼭 세 명은 아니다. 선물이 세 개였다) 찾아와 경배했다 하고 누가는 목자들이 찾아와 경배했다고 한다. 마태는 장소가 집이고 누가는 마구간이다.

마구간의 변혁적 의미에 대해서는 지난번에 언급했고 동방박사를 흔히 점술사 혹은 현자로 말하는데 여기서 말하는 박사는 천문을 통해 왕에게 조언하는 일종의 정치 관료들을 말한다. 여기서 동방은 페르시아 제국의 후예들이 세운 파르티아 제국을 의미한다. 예수 탄생 전 한때 이 제국이 예루살렘을 침공하여 헤롯대왕이 로마로 피신을 하기도 했었다. 전신 페르시아 제국의 고레스왕은 바벨론 제국의 포로로 붙잡혀 왔던 유대인들을 해방시켜 준 은인이었다 성서는 고레스왕을 "메시아"라고 칭한다. 로마제국의 식민지배를 받던 유대인들은 이러한 해방자 메시아의 재등장을 고대했다. 그러기에 동방박사들이 헤롯왕을 영접하러 왔다는 소식이 들리자 예루살렘 성내가 소란스러워졌다. 동방박사의 등장은 종교적 의미보다는 정치 해방적 요소가 훨씬 강하다.

누가에 따르면 출산 날 산모가 몸을 회복하기도 전에 외간 남자들이 찾아왔다는 게 어색하지만, 성령으로 잉태했고 성모니까 고통이 없었는지도 모르겠다.

동방정교회에서는 로마의 태양절에 기반한 성탄절보다는 1월 초(나라마다 조금 차이가 있다. 5일에서 10일까지)에 동방박사들이 아기 예수를 경배하였다고 하는 주현절을 더 중하게 지킨다. 더 이성적이다.

아기 예수가 태어난 성탄절. 빈방이 없어 마구간에 머물러야 했던 타향인 나그네 요셉과 마리아를 생각하는 날. 그래서 성탄절 핵심 메시지는 나그네에 대한 환대이다.

그러나 이곳에서 순례자이자 나그네인 나는 2천 년 전과 별반 다를 바 없이 성탄절이 빈방 얻기가 가장 어렵고 모든 마켓과 식당이 문을 닫아 끼니 해결이 가장 어려운 시기이다. 차이가 있다면 그때는 아우구스투스 로마황제 찬양 지금은 예수 그리스도 찬양.

오늘 먹을 것은 어제 식당에서 남은 것을 싸 왔기에 걱정은 없다. 게다가 순례객들에게 매번 그러는지 아니면 성탄 이브라 나에게만 그랬는지는 모르지만, 포도주 또한 한 병을 통째로 주어 반병이 아직 남아 있다. 다만 이를 짊어지고 23km 최소 8시간을 걸어야 한다. 오늘은 차도 없을 것이고 만나는 사람도 없을 것이다. "뷰엔 까미노!"

2019 1226	Camino de la Plata 26일 차 Calzada de Bejar – Fuenterroble de Salvatierra 21km

오늘부터 한 열흘간은 완전히 산속 깊이 들어간다. 2천m 높이의 산등성을 오르락내리락한다.

어제는 성탄절이라 그랬는지 날씨가 너무 좋았다. 오후 한때는 봄날 같아 반소매 반바지 차림으로 걸었다. 25일 만에 처음이었다. 그런데 오늘은 바람이 불고 춥다. 더구나 맞바람이었다. 보통 바람은 남서쪽에서 불기에 뒤바람인데 오늘은 북동쪽에서 불어왔다.

지난 한 주간 내내 비바람이 불더니 이번 주는 비 소식이 없다. 그러나 계속 북쪽으로 올라가기에 이제 밤에는 영하권에 가까워지고 있다.

지난주 강풍이 불 때, 한인 유학생 한 명이 학업을 마친 후 짐도 한국으로 다 보내고 마드리드 시가지를 걷다가 정부 건물에서 떨어진 15cm의 작은 장식 낙하물에 의해 불의의 사고를 당해 죽었는데, 남한 정부 협조가 너무 미약해 어려움이 많은 것 같다. 이럴 때 국력을 보여주어야 하는데… 아쉽다.

미국인이나 다른 유럽인들이었으면 이렇게 미적거리지는 않을 것이다. 불의의 사고를 당한 부모님께 하느님의 은총을 간구한다.

오늘은 성당 친구들이 운영하는 알베르게이다. 나갈 때 기부통에 넣으란다. 저녁은 10여 명의 이곳 친구들과 함께 공동식사다. 포도주도 주냐고 물으니까 없다고 한다. 그래서 내가 오늘 저녁에 포도주 3병을 내놓기로 했다. 벽난로가 있어 더 운치가 있었다.

문 입구에는 야훼께서 천사를 시켜 길을 지키신다는 시편 90편 구절 액자가 있다. 숙소에는 우공이산에 대한 한자어 설명이 있었는데 옆에 스페인어 혹은 영어로 설명을 붙여놓으면 좋을듯싶다.

2019 1227	Camino de la Plata 27일 차 Fuenterroble de Salvatierra – San Pedro de Rozados 28km

공식 937.9km. 그러나 이건 대강의 직선거리이고 대부분이 길을 잃게 되는데 이건 포함이 안 되니 사실은 최소 1,100km이다.

하여간 공식거리로 따져 오늘이 딱 절반이다. 27일 걸어 절반 왔으니 27일이 남은 셈이지만 이건 산술적 계산이고 발바닥 물집으로 4일은 쉬었으니 이건 빼야 하고 이제는 몸이 걷기에 익숙해져서 속도가 조금씩 빨라지고 있다. 20일 이내에 마치려고 하지만 날씨와 알베르게 여부에 따라 정확하게 예측하기는 어렵다.

하긴 오늘도 28km 여정에서 마지막 5km를 남기고 힘을 내는데 내 옆에 차가 선다. 내 나이 또래의 부부가 탔는데 내 가는 동네를 얘기하면서 타겠느냐고 묻는다. 이런 경우는 처음이다. 높은 산은 아니지만 산 고개를 넘느라 좀 지쳐있었기에 얼른 탔다.

이제 영하권에 접어든 데다 오늘은 매우 짙은 안개로 출발 당시는 가시거리가 10m, 오후의 가시거리는 겨우 50m 정도이다. 바람이 부니 차갑게 느껴졌다.

아침에 출발할 때 어제 공동식사를 하던 마을 할머니(50세라고 우긴다)가 과자 간식거리를 듬뿍 준다. 어제 저녁 식사와 오늘 아침 식사를 준비해준 마리오, 이탈리아 친구인데 그간 마약에 빠져 있다가 순례길을 통해 회복되었는데 여기서 한 달째 봉사하고 있다고 한다. 언제까지 있을 거냐고 물으니까 모르겠다고 한다. 영어를 잘해서 나하고는 많은 대화를 나누었다. 자연 치료법을 굳게 믿고 있으며 모든 종교는 같다고 믿고 불교 명상법을 좋아한다고 한다. 이미 영성가가 되었다. 기부제도인데 여기서 돈을 제일 많이 썼다. 어제저녁 공동식사에 포도주 세 병에 안줏값으로 15유로는 헌금하는 셈 치고 20유로를 따로 넣었다. 잘 운영되기를 바란다. 이곳의 담당 신부는 아프리카 학원 선교차 나가 있다고 한다.

지나가는 넓은 평야 지역 철조망에 잔가지들이 걸려 있는데 돌다리보다 50센티 위다. 한 달 전 홍수가 얼마나 높았는지를 짐작할 수 있다. 아마 2주 전까지만 해도 지나갈 수 없었을 것이다. 행운이다. 이번 주 비 소식은 아직 없다. 행운이 언제까지 지속할까?

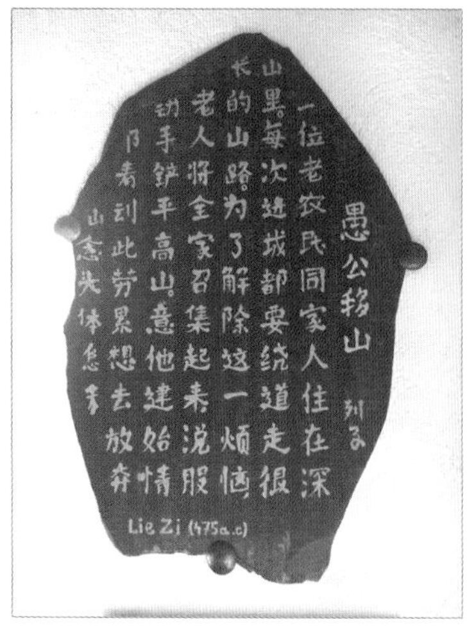
愚公移山
列子
一位老农民同家人住在深
山里。每次进城都要绕道走很
长的山路。为了解除这一烦恼，
老人将全家召集起来说服
动手铲平高山。意他建始情
Lie Zi (475a.c)

POTABLE

2019	Camino de la Plata 28일 차
1228	San Pedro de Rozados – Salamanca 19km

오늘은 책에는 19km라고 나와 있지만, 경험으로는 22km일듯싶다. 이 지역에서 제일 큰 도시인 Salamanca에 왔다. 자원자들이 함께 운영하는 알베르게이다. 기부금이다. 깨끗하다. 접수를 받는 여성은 네덜란드 사람인데 세비야에서 나보다 2주 전에 출발해서 이곳에서 한 달간 봉사하고 나서 산티아고까지 갈 예정이란다.

이 도시는 고딕 성당 등 건물이 매우 독특한 관광도시이기도 하다. 중국인들이 단체관광을 왔다. 연말이라 스페인 사람들도 휴가를 많이 왔다.

스페인에서 처음으로 영하의 날씨이다. 웅덩이 물이 살짝 얼었고 얼음꽃이 독특하다.

2019	Camino de la Plata 29일 차
1229	Salamanca – Calzada de Valdunciel 16km

아침은 자원봉사자가 차려주었다. 간단한 토스트였지만, 함께 대화하면서 나누는 식사는 언제나 아름답다. 도시를 빠져나가는데, 노인 순례자의 형상을 띤 재미있는 동상이 있어 지나가는 분에게 사진을 부탁하여 사진을 찍고 있는 도중, 어제 함께 잠을 잤던 자전거로 순례하는 스페인 사람 커플이 나를 보더니 옆에 와서 선다.

2019 Camino de la Plata 30일 차
1230 Valluncíel – Salamanca 16km

앞에서 짧게 언급했지만, 12월 20일 자 고국 뉴스를 보던 중 안타까운 소식을 들었다. 스페인에서 유학 생활을 하던 한 여성이 공부를 끝내고 마드리드에 친구를 만나러 왔다가 강한 돌풍으로 인해 5층 높이의 건물 벽에 달려 있던 15cm 크기의 장식물이 머리에 떨어져 사망하였다는 기사였다. 참으로 황망한 일이다. 열흘 전 마음으로 그 영혼을 위해 기도하며 걸었었다.

그런데 다시금 그 소식이 오마이뉴스에 실렸는데 사연인즉, 그녀의 부모님이 사고 원인을 규명하고 시신을 고국으로 데려가고자 마드리드에 왔는데, 정부의 비협조적인 태도를 보고 피켓 시위를 한다는 뉴스였다. 얼마나 힘들고 외로울까 생각하니 더 이상 길을 걸을 수가 없었다. 그래서 잠시 순례길을 접고 마드리드로 돌아가서 그 부모님과 연대하기로 하였다.

일단 도시로 나가야 하기에 어제 출발했던 살라만차로 다시 돌아가야 한다. 4시간을 다시 돌아왔다.

지난 29일 동안 항상 북쪽을 향해 걸었기에 해를 등지고 걸었었다. 그런데 오늘은 남쪽으로 내려오느라 해를 바라보면서 걸었는데 느낌이 확 다르다.

2019 1231 Camino de la Plata 31일 차
Madrid

열흘 전 이곳을 걸어가다 관광청 지붕에서 떨어진 조형물로 인해 불의의 죽임을 당한 유학생 이지현 양의 부모님 이성우, 한경숙 선생과 현지 교포 몇 분이 시청의 공식 사과를 요청하는 항의 시위를 하고 계신 곳을 찾았다.

이지현 양이 사고를 당할 때 바로 옆에서 이를 목격하고 그녀를 품에 안았던 아르뚜레 씨가 그림을 선물로 가져왔는데 영혼이 하늘로 치솟는 그림이다. 지현씨를 생각하며 직접 그렸다고 한다. 자기 집에서 갖는 송구영신 저녁 식사에 우리를 초대했다.

2019년 마지막 날, 부모님과 교민들과 함께 스페인 정부에 책임을 묻는 항의 시위를 하고 아우뚜레 씨의 집을 찾아갔다. 한쪽 방에 그가 그린 그림이 가득했다.

이곳 스페인에서는 자정 12초 전 새해를 맞이하는 12번의 종이 울린다. 이 종소리에 맞추어 포도를 한 알씩 12알 먹는 전통이 있는데 처음 경험해 보았다.

2019 0101 Camino de la Plata 32일 차
Madrid

2020년 1월 1일 아침 겸 점심은 컵라면이었다. 그렇게도 먹고 싶었던 음식이다. 한 달 만에 스페인에서 처음 먹었다.

내가 묵고 있는 마드리드 숙소는 8명이 한방에서 함께 자는 호스텔이다. 옆에 자는 친구가 계속 앓는 소리를 냈다. 몸이 안 좋은 것 같다. 순례자는 별로 없고 아프리카계 노무자들이 많다. 남한에도 이런 이주노동자들이 머무는 이런 곳이 있을 텐데, 돌아가면 한번 자야겠다. 몇 년 전 부산 김홍술 목사가 운영하던 노숙자 숙소에서 30명의 틈 속에서 하룻밤을 자본 적이 있다. 세상 살아가면서 이런저런 경험을 하고 낮아지는 삶을 살아가는 것은 하나의 인생 축복이 아닐까? 올라가려고 아등바등하기보다는 비우며 낮아지는 삶에 행복이 깃든다고 믿는다. 10년도 넘는 세계 제1의 자살 "민주공화국" 대한민국의 오명을 어떻게 벗어날 수 있을까?

상상하지 못한 슬픔, 상상하지 못한 위로

2020년 1월 1일 저녁 7시에 진행된 장례 미사에서 고 이지현 양 어머님께서 이렇게 인사말을 시작하셨다. 부모님이 받은 슬픔과 이를 위로해주는 한인 교포들. 그리고 스페인 시민들에 감사했다.

우리가 피켓을 들고 있는 동안 지나가던 스페인 시민들이 함께 아파하고 포옹하고 어떤 사람은 함께 피켓을 들어주기까지 했다. 짧은 시간이지만 뜨거운 인류애를 경험했다. 장례 미사 전 주모 시간에도 많은 사람이 함께 애도했다. 한국에서 기다리는 가족들 때문에 하루라도 빨리 고국으로 돌아가기를 원하지만 시신 운반 서류가 휴가 기간이라 쉽게 진행되지 않고 있었다. 애써 주신 스페인 대사 영사분들 한인회 여러분들에게 심심한 감사를 전한다.

어머님은 남북통일되는 좋은 세상 물려주고 싶었는데 그런 세상 보지 못하고 딸이 떠나간 게 너무 가슴 아프다는 말씀으로 인사말을 마쳤다.

두 번째 장례 미사 한국어로는 처음이라는 서품받으신 지 얼마 안 되는 젊은 신부님이었다. 나도 경험해 본 일이지만, 이럴 때 강론이

제일 어렵다. 미사 부탁을 받고 썼다 지우기를 반복했지만 결국 쓰지 못했다고 하면서 남편을 잃은 지 석 달 만에 전문의 과정에 있던 외아들을 잃고 1년 후에 쓴 박완서 작가의 내면의 일기 "한 말씀만 하소서"를 인용하셨다. 너무 좋은 강론이었다. 아버지는 어렸을 때 할머님에 의해 그리고 딸 이지현 양은 가톨릭 고등학교에 다니던 시절 본인의 선택으로 영세를 받았다.

2020 0102	Camino de la Plata 33일 차 Madrid

스페인에서 가장 큰 노총의 마드리드시 지부의 사무총장과 고 이지현 양 부모님과의 면담이 있었다. 난 목사로서 함께하는 의미도 있었지만, 동시에 통역을 위해 함께 했다. 이는 어머님 한경수 선생께서 부산민주노총 부지부장직을 갖고 있었기에 민주노총 본부에서 주선해준 모임이었다. 자신들이 할 수 있는 한 적극적으로 협조하겠다는 얘기를 들었다.

2020 0103	Camino de la Plata 34일 차 Madrid

오늘도 12시부터 관광청사 앞에서 피켓 시위를 시작했다. 성탄절 연휴 휴일이 끝나는 날이라 교민들이 생업으로 참여하지 못해 부모님

들은 피켓을 들고 나는 유인물을 나눠주었다. 날씨가 갑자기 추워져 사람들이 바삐 걸어 다니는 가운데 여러 사람이 발걸음을 멈추고 관심을 보이고 여러 사람이 부모님께 진심 어린 조의를 표하였다.

한 시간쯤 지나 관광청사의 직원이 나오더니 청장이 만나기를 원한다고 하여 올라갔다. 그런데 여성 청장이 진심 어린 태도로 우리를 맞이했다. 자신은 사고 당일 병원까지 따라갔다가 휴일이라 그간 청사에 나오지 못했다가 오늘 우리 일행을 보았다고 한다. 계속 사과의 얘기를 하며 울고 계시는 어머님 곁에 앉으셔서 계속 위로하셨다. 이 분의 태도에서 진심 어린 마음을 보았다. 아버님께서 이 청사 앞에 딸을 기념하는 조그마한 비를 만들어 주면 부모님과 친구들이 매년 추모기도회를 하고 싶다고 했더니 그렇게 되도록 힘쓰겠다고 한다. 주먹을 쥐어 보이며 투쟁을 해서라도 말이다.

우리가 이틀 전에 장례 미사를 드린 것을 알지 못하고 미사도 주선하겠다고 한다. 경비원이 추모 화환도 치워버리고 피켓을 들지 못하도록 했다고 하자 매우 분개하신다.

첫날부터 주무 공무원들이 이런 태도를 보였다면 우리가 이럴 필요가 없었을 것이라고 말하였다. 그간의 수고와 노력이 보상을 받은 것 같다. 시신 운반 서류도 준비가 되었고 비행기 표 준비도 다 되었다. 7일 오전 담당 수사 판사 그리고 마드리드 시장과의 면담이 성사된다면 일 마치고 오후에 출발하면 8일 오후 저녁 부산에 도착하여 장례식을 치를 예정이다.

난 모레 아침 중단되었던 순례길에 다시 나설 예정이다. 뜻밖의 슬픈 일로 평생을 통일 운동에 매진하여 오신 이성우, 한경숙 선생님 내외분을 만나게 되었고 연말연시를 함께 보냈다.

이렇게 선하고 곧으신 분들의 삶에 왜 이런 고통이 임했는지 나로서는 알 수가 없다. 이분들의 앞날에 하나님의 크신 위로와 인도가 함께 하시기를 기도할 뿐.

마드리드에 와서 5일 동안 묵고 있는 숙소는 한방에 4개의 이층침대 곧 8명이 함께 자는데 이런 방이 세 개가 더 있다. 제일 싼 숙소이다. 그런데 여기는 스페인 장기 숙박자들이 많고 아프리카계 사람들이 많다. 곧 여기를 집으로 삼고 살아가는 무주택자, 가난한 사람들이 머무는 곳이다. 15유로이니 2만 원 정도이다. 여기서 나가면 노숙자 신세가 되는 사람들이다. 그러나 지금은 추워서 거리에서 자기는 쉽지 않다. 한두 명 보기는 했다.

이틀 전 마켓에 가서 몇 가지 장을 봐서 냉장고와 개방형 개인 사물함에 봉지에 넣어 보관했다. 어제 아침에 보니 달걀 6개들이 박스가 통째로 없어졌다. 개봉도 하지 않았던 수스는 누가 반을 마셔버렸다. 여행하면서 거의 처음 당한 일이다. 보통은 남이 남기고 간 것들만 그렇게 한다. 기분이 매우 안 좋아서 냉장고에 메모를 남길까 하다가 이 얘기를 이성우 님께 했더니 "목사님 좋은 일 하셨네요!" 하신다. 그래서 메시지 남기려던 것을 그만뒀다. 그리고는 만일을 위해 냉장고에 보관하던 것 중 굳이 냉장고에 보관하지 않아도 되는 것은 개인 사물함 봉지 안에 넣어두었다.

그런데 오늘 아침에 일어나서 보니 누군가 내 개인 사물함 플라스틱 봉지 안에 넣어둔 것까지 다 뒤져서 먹을 수 있는 것은 다 먹어버렸다. 3일간 아침에 먹을 도넛과 빵과 바나나와 요구르트까지 말이다. 배가 고파서 먹었을 텐데, 목사인 내가 무엇을 불평하랴!

He dejado de echarte de menos, sigo añorando a quién creía que eras.

I stopped missing you but I still long for the one I thought you were.

당신에 대한 그리움은 멈췄습니다.

그러나 나는 여전히 내가 생각하는 당신을 그리워할 것입니다.

2020 Camino de la Plata 36일 차
0105 Madrid - Zamora(car) – Marmanta 18km

고 이지현 양의 죽음으로 인해 중단되었던 순례길을 다시 시작하였다. 예전에 얘기했던 blablacar 웹을 이용해 예약했고 경험이 있었던지라 운전자가 지정한 장소가 아닌 내 숙소에 가까운 장소로 와달라고 부탁을 했다. 구글 번역기를 이용했다.

6일 전 떠났던 마을에서 30km 북쪽에 있는 Zamora까지 예약했다. 두 연인이 탄 차에 동승을 하게 되었는데 우리나라에서는 이런 경우 두 시간 동안 만오천 원을 벌자고 전연 모르는 손님을 태울 것 같지는 않다.

Zamora에서 18km 떨어진 Marmanta까지는 최소 6시간이 걸리는데 12시 반에 걷기를 시작하니까 어두워져서 도착할 것이다. 그런데 이 친구가 조금 더 가까이 가서 내려주었다. 팁을 조금 주었는데 뜻밖이라는 표정이다. 11유로 버는데 5유로를 팁으로 받았으니….

세 시간을 예정하고 처음에는 지방도로 30분을 걷다 까미노길로 접어들어 한 30분을 걸었는데 차가 와서 옆에 섰다.

마을 여관집 주인인데 찻길을 걷고 있는 나를 본 운전사가 전화한 것이다. 오늘은 영하의 날씨에 안개가 짙게 깔려 매우 추웠다. 그런데 사람들은 내가 중간에서부터 걸은 줄 몰랐다. 이제 겨우 까미노의 즐거움에 빠져드는 순간 차가 왔다. 거절할 수가 없었다. 알고 보니 다른 숙소는 다 닫혔다. 비용은 비쌌지만, 호의는 매우 고마웠다.

그런데 숙소에 도착하고 보니 일주일 전 살라만차 알베르게에서 헤어진 홀랜드 자원봉사자인 순례자를 만나 너무 반가웠다.

바는 마을 사람들의 집합 장소이다. 올리브는 우리나라 김치처럼 집마다 맛이 다르다. 오늘 맛은 좋다. 식당이 엄청 넓었는데, 조금 있으니 마을 사람 수십 명이 들어와 함께 즐겼다.

홀랜드 여성과 함께 저녁을 먹었다. 혼자 포도주를 한 병 다 마시고 숙소에 돌아오자마자 쓰러져 잠이 들었는데, 무슨 대포 소리가 계속 들렸다. 시계를 보니 새벽 4시. 마을 광장에서 주현절 축제 불꽃놀이를 하고 있었다. 6시 반이 되자 멈췄다.

어렸을 때, 광주에서 자랐는데, 그때 동네 아이들과 대보름날이 되면 근처 야산으로 가서 마른 말똥을 주어 불을 붙여 깡통에 넣고 빙빙 돌리며 놀았던 기억이 있다. 아마 우리나라도 일제의 지배와 한국전쟁이 없었다면 오래된 마을의 전통 놀이가 계속되었을 것이다.

2020 0106
Camino de la Plata 37일 차
Montamarta – Granje de Moreruela 22km

여기서는 성탄절보다 더 크게 지키는 주현절 휴일이다. 바도 닫힌다. 순례자에게는 휴일이 그리 반갑지 않다. 동방박사의 날이기도 하다.

가이드북을 보기는 했지만, 약간 불투명한 부분이 있어 출발하면서 길가에 지나가는 마을 사람에게 물어보았다. 한 20여 분 걸어갔는데, 먼저 출발했던 홀랜드 여성이 내 뒤에서 걸어왔다. 팻말이 있긴 했지만, 길이 막혀 있었단다. 그러더니 내 곁을 잰걸음으로 지나갔다. 걸음걸이가 매우 가볍고 빠르다.

Fontanillas de Castro라는 작은 마을을 지나가는데 성당에서 주현절 정오 미사가 열리고 있었다. 보좌 신부가 동양인이었다. 나중에 보니 중국인이다.

동방박사의 아기 예수 알현. 단순한 종교적 의미를 넘어선 의미가 있다. 마태복음의 이 기사를 사실로 본다면 후에 헤롯왕이 베들레헴 근처 두 살 이하 남아를 다 죽인 불행은 어떻게 설명할 것인가? 예수가 단순히 우리의 죄를 씻기 위한 구세주로 오셨다면 박사들의 출현으로 예루살렘 성내에 소동이 일어날 필요가 없고 헤롯 또한 유아 살해를 저지를 이유가 없다.

성찬이 끝나자 광고를 하고 또다시 아기 예수의 발에 키스한다. 성탄절에는 오른 발가락인데 이번에는 왼쪽 발 무릎에 했다. 그 사이 아기 예수가 몰라보게 많이 자랐다.

Una sola palabra es capaz de acumular tanta fuerza,

que a veces puede cambiar el mundo.

One single word, can be powerful enough to change the world.

한 단어는 많은 힘을 축적하고 있으며

때로는 세상을 바꿀 힘이 있다.

어제저녁에 셋이서 같은 숙소에 머물렀는데 방이 세 개라 따로따로 잤다. 오늘은 한방에서 같이 잔다. 어제는 방값이 25유로, 오늘은 6유로이다. 휴일이라 마을 식당은 문을 닫았고 문을 연 식당은 걸어서 30분이 걸리는 고속도로 옆 주유소 식당밖에 없다.

그간 순례길에서 내가 저녁을 산적은 여러 번 있었지만, 오늘은 스페인 친구가 자기 나라에 온 손님이라고 대접을 한다. 내일도 아마 같은 숙소에서 잘 것 같다. 네덜란드 여자가 영어와 스페인어를 하니 자연스럽게 통역을 하고 정 힘들면 구글 번역기로 소통을 했다. 구글 번역기가 작년보다 훨씬 좋아졌다. 아마 한 10년 후쯤 되면 가수들처럼 입가에 작은 마이크를 달고 우리말로 얘기하면 다른 언어로 바로 나오지 않을까?

2020 0107	Camino Sanabres(1일 차) 38일 차 Granja de Moreruela – Tabara 25km

어제 머물렀던 마을은 까미노의 분기점이다. 북쪽으로 계속 올라가면 프렌치길 Astoga를 만나 산티아고로 간다.

좌측으로 해서 서북쪽으로 올라가는 길을 Camino Sanabres라고 한다. 거리는 비슷하다. 3년 전에 프렌치 길을 걸었기에 사마브레스 길을 택했는데 내일은 중간에 있는 알베르게가 겨울에는 닫히기에 35km를 걸어야 하는데 나에게는 무리가 되어 중요한 도시를 우회하여 질러가려고 한다.

25km를 걸었는데 힘겨웠다. 스페인 친구와 벨기에 여자는 나보

다 두 시간 먼저 도착했다. 둘 다 마라톤 선수에 짐이 나보다 가볍고 스페인 남자는 나보다 젊지만, 벨기에 여성은 나보다 두 살이 더 많다.

강가 바위 절벽길로 한 시간 정도를 가는데 홍수로 인해 길이 끊겨 있었다. 지금까지 걸었던 길 중 제일 위험하였다.

오늘 밤 머무는 알베르게 주인은 사진작가인데 순례길 책을 몇 권을 출판한 친구이다. 저녁 아침을 공동식사로 하고 기부제도이다. 저녁 식사 후에 자기가 담근 과일리쿼를 내놓았다. 조금씩 맛을 다 보았는데 괜찮다. 사진첩 내용이 좋아서 한 권을 주문했다(이 책에 실린 스페인어, 영어로 된 짧은 명상 글은 그의 책에서 발췌한 것이다. 이때 이미 사용 허락을 받았다). 고마운 친구다. 그런데 히터가 시원치 않아 옷을 잔뜩 껴입고 자야 할 것 같다. 털모자까지 써야 할 판이다.

2020 0108	Camino Sanabres(2일 차) 39일 차 Tabara – Calzadilla de Tera 38km

내 생일이다. 이번 길에서 제일 많이 걸었다. 33km 중간에 있는 알베르게가 닫혔기 때문이다. 출발해서 세 시간을 걸으면 길이 갈라지는데 두 길에 다 노란색 화살표가 있었다. 직선거리로 2.5km 떨어져 있는 두 마을이 서로 자기네가 오리지널 마을이라고 다투고 있었

다. 종종 그런 명예 싸움이 벌어진다.

가이드북에 따르면 오른쪽 마을이 원래 길이었는데 바가 닫히고 알베르게가 없어 사람들이 왼쪽 마을을 선호하면서 주 정부에서 왼쪽 마을쪽으로 공식 지정 돌판을 세워주었다. 그러자(내 짐작에) 오른쪽 마을 사람 중에 누가 와서 망치로 이를 부숴 버린 모양이다. 아래쪽을 보면 붙인 자국이 명료하다.

아침에는 전체 길을 걷지 않고 우회하는 직선 길을 선택하려고 했는데(이런 경우 표식이 없기에 위험이 따른다) Santa Marta de tara 마을에 로마네스크 교회가 남아 있고 거기에 산티아고(성 야고보 사도)의 가장 오래된 석상이 있다고 해서 들렀다.

문 옆 기둥에 달린 작은 상이다. 여기 있는 무덤들은 작지만 모두 화려하다. 아마도 부자들이 돈을 많이 내고 누워 있는 것 같다. 그러기에 오래된 교회이지만 관리가 잘 되어 있다. 문이 닫혀 있어 들어가지는 못했지만, 춘분과 추분에 여기 오면 해가 교회 성전 제단 중앙을 비춘다고 한다. 그때는 관광객이 몰린다.

오늘 밤 자는 알베르게는 지은 지는 얼마 안 된 것 같은데 아예 히터 자체가 없고 관리인도 없다. 기부제도인데 돈을 주고 갈지 말지 망설여진다.

2020 0109	Camino Sanabres(3일 차) 40일 차 Calzadella de Tera – Mombuesy 25km

상태가 가끔 안 좋을 때가 있는데 어제가 그랬다. 누가 몰래 돌덩어리 하나를 배낭 안에 집어넣은 것 같다. 게다가 날은 잔뜩 흐리고 춥고 맞바람이 강하니 쉬기도 마땅치 않았다. 25km 길을 어찌해서 28km쯤 걸었다.

다행히 12시경 작은 마을을 지나는데 알베르게는 닫았는데 문이 열려있었다. 들어가서 가지고 다니던 컵라면을 먹었다. 그러자 주인이 들어왔다. 알고 보니 가이드북에 나오는 남아프리카 출신 선교사였다. 10년을 인디아에서, 수년간을 네팔에서, 5년간을 잠비아에서 봉사했는데 안수를 안 받아 후원에 어려움이 많았다고 한다. 그러다 5년 전 부부가 이곳을 지나다 폐허가 된 집을 고쳐가고 있다고 한다. 처음에는 텐트 치고 살았다고 한다. 본래는 스코틀랜드 앵글리칸이라고. 갖고 있던 블루투스 키보드와 약간의 기부금을 주었다.

도착해서 잠을 잔 공립 알베르게는 오래된 돌집에 침대 7개가 있었다. 히터 한 개가 있긴 한데 돌로 지어서 그런지 너무너무 추웠다.

담요를 두 개나 덮어씌웠는데도 침낭이 데워지지 않는다. 털모자에 털양말에 내복을 다 입고 잤는데도 소용이 없었다. 인샬라….

2020 0110	Camino Sanabres(4일 차) 41일 차 Mombuey – Asturianos 17km

17km 이번 여정에서 제일 짧다. 숙소가 있는 다음 도시는 14km 더 가면 Sanabria인데 이 도시의 공립 알베르게는 닫혔고 그다음은 40유로의 호텔뿐이다. 보통 공립 알베르게가 없으면 15~25유로의 사립 알베르게나 호스텔이 있게 마련인데 이 도시에는 없다.

오늘은 거리도 짧고 햇볕이 나서 좋았다. 도중에 시각장애인이 인도견과 함께 한 시간 이상을 걷는다. 돌길을 걷기가 쉽지 않을 텐데 매일매일 하니 일상이 된 듯하다. 개가 처음 본 나를 무척 경계했지만, 주인과 잠시 얘기를 나누니 경계를 푼다.

2020 Camino Sanabres(5일 차) 42일 차
0111 Asturianos – Requejo de Sanabria 26km

오늘은 26km. 너덧 번 쉬긴 했지만 9시간이 걸렸다. 오전에는 몇 개의 오래된 마을을 지나고 오후에는 옛 고성이 있는 관광도시 Sanabria를 지났는데 고성에 올라가지는 않았다. 도로를 따라 한 시간 강가를 따라 두 시간(비가 왔더라면 완전히 발목까지 담그고 다녀야 할 판) 그리고 홍수로 길이 끊겨 도로 한 시간 반 그리고 마무리에 숲길. 지는 석양을 바라보며 숲속을 걸을 때 하루의 피로가 가신다.

오늘은 공립 알베르게가 너무 오래되고 히터도 없어 13유로의 사립 알베르게에 묵는다. 히터, 수건, 침대보도 제공되고 아늑하다.

2020 Camino Sanabres(6일 차) 43일 차
0112 Requejo de Sanabria – Lubian 18km

오늘 거리는 17km. 다음 숙소까지는 23km. 너무 멀다. 짧다고 얕보면 안 된다. 나서자마자 두 시간 반 오르막 그리고 산을 뺑 도는 오르막내리막 연속이다. 이번 여정 Via de Plata에서 제일 높은 곳이다(1360M). 거기에 바가 있다. 점심은 이 사람들이 간식으로 제일 즐겨 먹는 소금에 절인 돼지고기 뒷다리 요리다. 우리 입에는 짜다. 할 수 없이 맥주랑. 산속 높은 곳에 마을이 자리 잡고 있다. 알베르게는 새로 지었는데 담요가 없다. 잔뜩 껴입고 침낭 하나에 의지해야 한다. 방값은 지금까지 중 제일 싼 3유로.

Aunque las nubes sean muy densas, siempre dejarán
un resquicio para qe se escape un rayo de sol.

Even though the clouds are thick there will always be
a crack for sunlight to shine through.

구름이 아무리 두꺼워도 거기에는 항상 햇살이
뚫고 나오는 틈새가 있게 마련이다.

2020 0113	Camino Sanabres(7일 차) 44일 차 Lubian – Gudina 24km

25km. 지리산 골짜기를 마치 서너 차례 오르내리는 듯싶다. 8시간 반. 내일부터 5일간 비 또는 눈이 온다는 예보다. 그동안 해가 너무 고마웠다. 그러나 비와 눈이 온다는데 우리가 어찌하랴.

오랜만에 부엌을 만나 스페인식 한식 비빔밥을 해서 두 사람을 대접했다. 맛있다고 말은 하는데 밥을 너무 많이 하다 보니 죽이 됐다.

2020 0114	Camino Sanabres(8일 차) 45일 차 Gudina – St. Christobo 35km

스페인 남쪽의 안달루시아나 바르셀로나 그리고 북동쪽의 바스크 지방 또한 언어나 전통에 있어 독립적이지만 갈리시아 역시 독특하다. 어제 길에서 만난 내 나이 또래의 남성은 "날씨가 정말 다르지 않으냐?" 하며 비구름이 잔뜩 낀 기후를 말한다. 사실 여기 날씨는 한 30분이 다르다. 우리 말에 호랑이 시집 장가간다는 날씨가 하루에도 몇 번씩 일어난다. 왜 그런지 귀신 이야기가 전해지고 있어 집이나 마을 입구에 뭐 이상한 천이나 플라스틱 천 조각이나 빈 병을 나뭇가지에 걸어놓는다.

어제 묵었던 Gudina에서 길이 갈라지는데 나도 모르게 순례객들이 거의 선택하지 않는 왼쪽 길을 선택했다. 왜 그랬는지 나도 모른다. 갈리시아 귀신에게 홀렸다고 말할 수밖에 없다. 38km나 더 긴 남쪽 길을 선택했으니 말이다.

본래 의도했던 마을이 20km이니까 아무리 잘못되었다 해도 오후 3시면 도착해야 했는데 구글맵이나 맵미닷컴을 쳐보아도 도대체가 목적지까지의 길이가 줄어들지 않는다. 분명히 표지석을 따라가고 있는데 점점 더 산속으로 들어간다. 어떤 경우에는 갈수록 더 멀어진다. 그래서 가이드북을 펴서 확인해보니 의도하지 않았던 남쪽 루트를 걷고 있는 것이었다. 남은 거리는 15km. 산길이라 족히 5시간은 걸린다. 시간은 오후 5시. 곧 해가 진다. 구글로 가까운 호텔을 찍으니 아랫마을로 내려가 찻길을 따라 한 시간 정도 출발했던 도시 쪽으로 되돌아가야 한다. 선택의 여지가 없다. 그래서 되돌아가는데 온종일 보이지 않던 해가 나타나 나를 비춘다. 35km를 걸어 기진맥진한 나에게 힘을 내라고 하는 것 같다.

호텔보다는 급이 낮은 호스텔인데 30유로이다. 지금까지 중 제일 비싸다. 그런데 주인인지 매니저인지는 모르겠지만 정말 불친절했다. 동네 이름은 St. Chistobo 이다. 방에 히터도 없었다. 아침에 나가면서 보니 문 옆에 히터가 놓여 있다. 그러면 문을 두드리든가 해야지. 아마도 내가 저녁 식사 시간을 물었으니 내가 나오다가 볼 줄 알았던 모양이다. 그런데 식당 문을 9시에 여니 피곤했던 몸이 그때까지 견디지 못하고 쓰러지고 말았던 것이다. 처음으로 저녁 식사를 건너뛰었고 덩달아 스페인 와서 처음으로 포도주도 건너뛰었다. 이 사람들, 왜 이렇게 저녁을 늦게 먹는지 모르겠다.

2020 0115	Camino Sanabres(9일 차) 46일 차 St. Christobo – Laza 40km

22km를 걸어 오후 2시 반에 목적지에 도착하기는 했는데 여기는 공립 알베르게가 없다. 18km 떨어진 Zara에 있다. 알고는 있었지만 거기까지 가고자 하는 마음이 인다. 하루 25km 이상 걷는 것은 무리가 되지만 이미 비행기 표를 끊어놓은 상태에서 어제 하루를 까먹고 나니 이를 만회하고 싶은 것이다. 일단 아침 겸 점심을 먹고 나니 벌써 오후 3시이다. 내 발걸음으로는 저녁 9시 도착이다. 이건 말이 안 된다. 그래서 도로를 따라가면서 엄지손가락을 치켜세우는 히치하이크를 시도했다. 예전에도 시도해 본 적이 있지만 별로 성공해 본 적이 없다. 그런데 이번에는 다섯 번 만에 성공했다. 이 운전사 이름이 산티아고이다. 그래서 세워주었는지도 모른다. 작은 선물을 주었다. 이건 정말 하늘이 준 선물이다.

2019 0116	Camino Sanabres(10일 차) 47일 차 Laza – Vilar do Barrio 19km

Laza에서 Vilar do Barrio까지는 19km. 그다음 숙소는 14km를 더 가야 하는데 나에게는 무리다. 어젯밤부터 계속 비가 온다. 비가 오니 쉬지 못하는 가운데 4시간 이상 계속 산길을 올라가다 보니 너무 지친다. 그때 Albergueria라는 작은 마을이 나타난다.

가이드북에 이름이 새겨진 수천 개의 조개껍데기가 벽과 천장이

1'50
Historia del Camino
Хорошего дня!
Привет всем паломни-
кам из России!
Moscow

달린 카페가 있으니 여기에 들려 이름을 남기라는 조언이 있어 일부러 들렀다. 그런데 나이 든 주인이 문을 닫고 시에스타(낮잠)를 갖기 위해 나서는 참이었다. 30초만 늦었어도 못 볼 뻔했다. 하긴 이 시간에 여기에 도착하는 사람은 별로 없을 것이고 방명록을 보니 내 앞서 서명한 사람은 일주일 전이다.

맥주 한 잔을 주문하고 조개껍데기를 달라고 해서 이름과 날짜를 새겼다.

그런데 조개껍데기 전시 사진을 찍고 잠시 난롯불 앞에 앉아 있었더니 다음 마을까지 나를 태워주겠단다. 자기 집은 여기에 있는데 말이다. 동양인 늙은이 하나가 비를 맞으면서 여기까지 걸어온 게 기특해 보였는지 아니면 좀 초라해 보였는지 그 생각을 알 수는 없지만. 원, 세상에 이런 행운이 또 어디에 있나, 어제오늘 계속 행운의 연속이다.

알베르게 바로 앞에 차를 세워준다. 무초!! 무초!! 그라시아스!! 감사 인사와 함께 헤어지고 나서 현관문을 보니 열려 있다. 보통은 처음 온 사람이 마을 주민센터에 가서 열쇠를 받아와야 하는데. 아예 열어놓았다. 어제처럼 새로운 시설에 따뜻하고 아늑하다. 갈리시아 주 정부가 마을 살리기 차원에서 많은 예산을 들여 알베르게를 새롭게 개조하고 있다. 여기는 히터가 아예 온돌방처럼 바닥에 깔려있다. 샤워할 때 뜨거운 물도 잘 나왔다.

2020 0117	Camino Sanabres(11일 차) **48일 차** Vilar do Barrio – Xunquerira de Ambia **14km**

오늘은 이번 여정 중 가장 쉬운 길. 거리 15km(다음 숙소는 24km 더 가야 함). 밤새 내내 비가 쏟아지더니 출발 직전에 멈추었다.

긴 평원 길과 두세 개의 마을을 통과한다. 너무나 편한 길 중간에 복병이 숨어있었다. 약 50m에 걸쳐 물이 넘치고 있는데 깊이는 가장 얕은 곳이 발목을 넘고, 깊은 곳은 허리를 넘는다. 길옆으로 돌아가려니 가시나무 숲이라 뚫고 나갈 수가 없다. 좋은 방법은 지난번과 같이 바지를 걷어붙이고 맨발로 통과하는 방식이다. 신발을 벗고 발을 닦고 절차가 복잡하여 두 번째 선택을 모색해 보니 될 듯하다. 플라스틱 봉지로 신발을 감싸고 밭과 물 사이로 걷는 방식이다. 밭에 물웅덩이가 있어 신발이 언제 진흙탕 속으로 빠질지 모른다. 다행히 이 방법이 통했다. 끝에서 물을 건너뛰어야 하는데 아슬아슬하게 건넜다.

마을 카페에 들어가 맥주를 한 잔 시켰는데 맛있는 햄샌드위치와 과자를 공짜로 준다. 돈을 받으라고 해도 안 받는다. 대신 목사임을 밝히고 축복을 베풀었다. 이런 경우는 처음이다. 대체로 돈을 더 받으려

고 하는데 이 부부는 순례자들에게 선행을 베풀기 위해 카페를 열고 있다.

갈리시아 특유의 이끼가 잔뜩 낀 바위와 나무와 곡식 저장창고를 처음으로 보게 되었다. 이는 오레오(Horreo)라고 부르는데 동물들이 기둥을 타고 오르지 못하도록 넓적한 돌을 중간에 놓았다. 집마다 모양이 다 다르다. 지금은 거의 사용하지 않는데 역사적 유물로 지정되어 있어 함부로 없앨 수가 없다고 한다.

2020 0118 Camino Sanabres(12일 차) 49일 차
Xunqueira de Ambia – Ourense 24km

24km를 부지런히 걸어서 일찍 도착해야 이곳의 유명한 공짜 온

천을 경험할 수 있다. 그런데 밤새 비바람이 몰아친다. 완전무장을 하고 출발한다. 다행히 비가 멈췄다. 그러나 바람은 차다. 중간에 바에 들려 맥주 한 잔을 주문했는데 서비스로 그냥 준다.

24km라고 하는데 시간은 더 걸리는 듯. 새로 개조한 알베르게 바로 옆에 공중온천탕이 있다. 5시에 개장한다고 해서 갔는데 물이 그리 따뜻하지는 않다. 조금 지나니까 따뜻한 물이 나온다. 나이 든 많은 주민들이 즐겨한다. 일종의 노인센터 역할을 한다.

여기 알베르게는 새로 개조하여 멋지다. 그런데 부엌은 있는데 아무것도 없다. 심지어 숟가락 하나도 없다. 이런 데는 처음이다. 그래서 내가 가진 도구를 이용해 밥을 해 먹었다. 같이 머무는 젊은 친구는 우크라이나 출신인데 마이크로웨이브용 식기를 들고 다닌다. 나보고 처음이냐고 해서 네 번째라고 했더니 자기는 아홉 번째라고 한다. 기가 콱 죽는다. 그러나 이번 길은 나보다 훨씬 짧게 걷는다. 내가 세비야에서부터 걷는다고 하니까 깜짝 놀란다. 아마 한 2주 정도를 걷는 것 같다. 하긴 은퇴한 사람이 아니고서야 한 달 이상 걸을 수는 없다. 이 친구는 신발 말리는 히터도 들고 다닌다. 이건 처음 보는 물건이다.

2020 0119	Camino Sanabres(13일 차) 50일 차 Ourense – Cea 20km

아침에 Ourense 도시를 빠져나가는데 길에서 이탈리안 까미노 부부를 마주쳤다. 대뜸 보더니 "니가 그 유명한 한국인 목사구나!" 한다.

이틀 전 이곳의 숙소에서 같이 머문 도리 홀랜드 여성(실제는 우리 나이로 70세 할머니에 가깝다)과 미뉴엘 스페인 친구가 내 얘기를 했단다. 자기는 아내가 몸이 안 좋아서 하루를 더 묵었단다. 그런데 난 왼편 길로 가는데 그들은 오른편 길로 가다가 서로 마주친 것이다. 왼편 길이 약간 짧고 오른편 길은 비 온 뒤에는 진탕 길이 많다고 해서 피해서 가던 중이었다.

오늘은 20km이지만 첫 두 시간 반은 산 정상을 향해 계속해서 올라가야 한다. 겨울인데도 땀이 나는데 여름에는 심장이 멎는 것 같다는 느낌을 이해할 만하다.

2020 0120	Camino Sanabres(14일 차) 51일 차 Cea ––A Laxe 27km

아침에 길에서 만났던 이태리 부부(Marco and Laula)를 알베르게에서 다시 만났다. 그들은 전에 집에서부터 산티아고까지 3개월을 걸었던 베테랑이다. 그리고 세계 여러 곳을 다녔다. 나의 50일 순례길은 명함도 못 내민다.

Cea는 작은 마을이지만 옛날부터 빵으로 유명하다. 마을 이름 자체가 Pan of Cea이다. 가이드북에 따르면 지금은 빵을 제조하는 곳이 22개쯤 있는데 예전에는 50곳이 넘었다고 한다. 한마디로 한 집 건너 빵집이었던 것이다.

이 지방에서 자라는 빵 재료와 발효 식물이 좋았기 때문이라고 한다. 그래서 주변 마을에도 공급을 담당하게 되면서 포도주처럼 공식

Nunca prestes atención a cómo digo

las alsa unicamente debes escuchar lo que te estoy diciendo.

Don't pay attention to how I say something,

just listen to what I'm telling you.

내가 어떻게 말하는지는 신경 쓰지 말고

내가 하는 말을 그냥 들어봐.

상표가 붙게 되고 정부가 직접 이를 관리하였다.

빵의 재료와 무게, 크기는 물론 색깔까지 모두 같아야 했고 심지어는 물과 땔감의 종류까지 같았다고 한다. 빵을 처음 깨물었을 때 바삭거리는 소리까지 같았다고 한다. 일 년에 30만 개를 빚어냈다고 한다.

그런데 가는 날이 장날이라고 오늘은 일요일이라 다 문을 닫는다. 이태리 친구(이태리 사람들은 언어 구조가 같아 모두 스페인어를 잘한다. 이 친구는 영어도 잘한다)가 알베르게 접수인에게 문의를 하여 전화를 걸고는 우리를 한 빵가게로 인도한다. 빵은 딱 두 개 남았다. 이태리 부부와 내가 하나씩 샀다. 이곳의 빵은 주문 생산이다. 그래서 남는 게 없다고 한다. 하루 5, 60개를 만든단다. 화덕이 아직도 화끈거렸다.

2020 0121	Camino Sanabres(15일 차) 52일 차 Cea – Monastery of Osera 9km

Santiago Compostella까지 3일 남았는데 겨우 8km만 걷고 11시에 도착한 예정에 없던 수도원에서(Monastery of Osera)에서 하루 머물기로 했다. 목사라고 하니까 1시, 3시, 6시 반 기도시간을 알려줬다. 누구나 참여하기는 힘들고 안내 수도사가 와서 데리고 가야 한다. 건물 내부를 빙빙 돌아 끝방으로 간다. 모두 8명의 수사가 참여한다. 건물은 엄청 크다. 800년 전에 지어졌고 처음에는 프랑스 시스테리안 계열이었는데 지금은 그중에서도 가장 규율이 강한 Trappists 침묵 수도원이다.

알베르게는 바로 옆에 붙어 있는데 예전에 돌로 지어진 작은 기도처였던 것 같다. 여름에는 시원하겠지만 겨울에는 아니다. 이 안에 관리자용 작은 방이 있는데 겨울에는 두 사람이 잘 수 있도록 해놓았다. 작은 히터가 있다. 다만 동네가 없으니 먹을 것은 알아서. 자판기가 있는데 상품은 몇 개 안 남고 대부분은 비어 있다. 어제 산 Cea 빵과 여기 수도원에서 수도사들이 기도로 빚은 포도주가 있다.

순례길에 마지막 시간을 정리하기에 너무 좋다. 다만 이제 3일 동안에 남은 80km 거리를 다 걷기에는 무리가 있다. 마드리드까지 가는 블라블라 차편과 서울행 비행기 표 그리고 마드리드 숙소를 다 예약해 놓아서 일정 변경은 어렵다. 내일 일은 내일 생각하기로. 인샬라.

수도원의 정식 이름은 Monasterio de Santa Maria La Real de Oseira이다. 도착해서 오후 1시, 3시, 6시 반 그리고 다음 날 아침 7시 성찬 미사에 참여했다. 처음 두 번은 15분 정도 걸리는 짧은 기도회 저녁은 찬양이 들어가 30분, 아침은 성찬이 있어서 한 시간이 걸

렀다(물론 개신교 목사라고 성찬은 주지 않는다. 방에 돌아와서 혼자 했다). 한번 들어갈 때마다 여기저기를 보여준다. 알고 보니 알베르게 2층이 도서실이다. 알베르게가 본래 도서관이었다. 기도회 참석자는 8명인데 세 분의 나이 든 수사들은 침대에 누워 있단다. 제일 나이 많은 분이 96세라고. 일박 이일 짧지만, 참으로 뜻깊은 시간을 보냈다.

2020 0122 Camino Sanabres(16일 차) 53일 차
Monasterio de Oseira – Silleda 37km

이제 이틀 반나절 남았는데 80km가 남았다. 하루 30km 이상씩 걸어야 한다. 오늘은 숲에서 나오면서 길이 갈라지는데 화살표가 없어 해를 보고 방향을 잡았는데 잘못된 것 같아서 구글로 방향을 다시 잡았는데 이게 또 엉뚱한 곳을 잡았다.

마을 이름이 비슷한 곳이 많아 가끔 혼동을 일으키는 데 오늘이 그러했다. 30분을 반대로 가다 다행히 주민 농부를 만나 제대로 갈 수 있었다. 순례길을 걷다 보면 수호천사의 존재를 확신하게 된다. 한 번도 못 만나는 농부들을 오늘은 세 번이나 만났는데 그 만난 지점이 모두 길이 헷갈리는 분기점이다.

반대 방향으로 몸을 틀었는데 언제부터 거기에 있었는지 모르지만 나를 불러 방향을 고쳐준다.

어둠이 걷히기 시작한 때로부터 어둠이 깔리는 시간까지 30km 이상을 9시간 넘게 걸었더니 무릎이 시큰거린다.

등산 양말은 비싸고 튼튼한 것으로 두 켤레를 가져와 번갈아 신었

는데 한 켤레는 일주일 전에 구멍이 나서 버렸다. 꿰맸는데도 별로 소용이 없다. 남은 한 켤레 한 짝이 며칠 전에 구멍이 났는데 오늘 보니 두 쪽 다 났다.

2020 0123	Camino Sanabres(17일 차) 54일 차 Silleda – Ponte Ulla 30km

비행기 표를 확정 짓고 나서 한번은 돌아가는 먼 길을 잘못 선택하고 그저께는 예정에 없던 수도원에서의 하루를 지내고 나니 일정이 급해지고 말았다. 내일 점심때까지는 산티아고 콤포스텔라에 도착하기 위해 어제오늘 30km 이상 무리를 했더니 몸이 여간 힘들지 않다. 오늘도 거의 열 시간을 걸었다.

4km를 더 가야 공립 알베르게가 있는데 이미 해는 졌고 더 이상 걸을 기력이 없다. 다다른 마을에서 호스텔을 선택했는데 12유로에 독방이다. 마지막 밤이 너무 편안하다.

점심은 옆 사람이 먹는 걸 선택했는데 돼지고기를 부위별로 삶았다. 어떤 건 너무 짜서 먹기가 힘들었지만, 스페인 대중 음식 중의 하나이다.

포도주 반병, 채소 샐러드, 빵, 돼지고기와 삶은 채소, 디저트 치즈 그리고 마지막으로 커피 이 전부가 10유로. 정가의 절반이 순례자 값이다. 물론 다 그런 건 아니고 순례자 메뉴가 있는 경우이다.

22km를 남겨놓은 지점에 벼락에 맞아 불타고 남은 나무 그루터기에 순례객들이 남긴 흔적들이 있다. 앞서 걸은 세 개의 까미노에도 이런 게 다 있다. 그중 제일 많은 게 사진이다.

무엇을 남길까 생각하다가 작년 순례길을 떠날 때 윤선주 집사님께서 순례길에서 선물 주고 싶은 분이 있으면 주라고 한 한국전통문양으로 된 북마크가 한 개 남았는데 이를 중앙에 걸어놓았다. 밑에 초가 타고 있는걸 보면 누군가가 매일 관리를 하고 있다.

2020	Camino Sanabres(18일 차) 55일 차
0124	Ponte Ulla – Santiago Compostella 21km

마침내

집 떠난 지 2개월, 세비야를 떠난 지 55일(걸은 날은 44일) 만에 산티아고(성 야고보) 콤포스텔라(별들의 고향?)에 도착하다. 공식거리는 1,007km. 네 번째 입성이다.

21km를 남겨두고 새벽 5시에 별을 보며 마지막 길을 떠났다. 점심때까지는 도착해야 오후에 마드리드에 들어가기 때문이다. 마지막 길 또한 힘들기는 매일반이다.

광장에 도착하니 프랑스 길을 끝낸 몇 명의 한국 젊은이들이 태극기를 꺼내 들고 사진을 찍는다. 나는 한반도 기를 들고!

겨울철에는 평균 50여 명 정도가 확인 증명서를 떼러 온다고 한다. 점점 늘어나는 추세라고.

Si al final del Camino, no encuentras lo que estabas buscando,
localiza un nuevo camino,
porque la respuesta que buscabas, no se ha movido de su sitio.

If at the end of the Camino you do not find what you were looking for,
take a new path
because the answer you were looking for has not moved.

순례길의 끝에서 당신이 찾고자 했던 답을 찾지 못했다면,
새로운 길을 떠나십시오.
왜냐하면 당신이 찾고자 했던 답은 거기 그대로 있기 때문입니다.

5성급 고급 호텔이 광장에 있는데 하루 10명 공짜 점심을 주는데 8번째로 받았다. 점심도 해결되었고 이제 정오 환영 미사에 참석하면 된다.

지난 세 번째 왔을 때까지는 외벽 수리 공사가 진행 중이었다. 올해 처음으로 군더더기 없는 대성전 건물을 배경으로 사진을 찍었다. 그런데 성전 안에 들어갔더니 90%가 천으로 뒤덮였다. 내부 수리 공사가 시작되었는데 5년 정도 걸리지 않을까 예상된다. 미사는 조금 떨어진 샌프란시스코 성당에서 진행되었다.

5장

쿠바의 길

The Way of Cuba

(2016. 6.~2016. 7.)

1. 왜 쿠바인가?

우리나라 사람들에게 제일 먼저 가고 싶은 나라가 어디냐고 물으면 어느 나라라고 대답할까? 아마 첫 번째 나라는 북조선이 아닐까? 김대중 노무현 정부에서 남북화해를 이끌어가던 시대에 상당히 많은 사람이 북녘땅을 다녀오긴 했어도, 금강산과 개성을 제외한 평양만을 얘기한다면 그건 나와 같이 선택된 사람들의 특권(난 1997년부터 2013년까지 3년에 한 번 꼴로 목사 신분으로 모두 5번 평양의 봉수교회를 방문했다)이었을 뿐, 아직도 수백 만의 이산가족들은 물론이고, 친척 관계가 없다 하더라도 우리 땅이니 한번 가보고 싶고, 북쪽 형제자매들의 손을 붙잡고 한번 얘기라도 나누고 싶은 것이 우리 남한 사람들의 바람 아닐까?

그다음 우리나라 사람들아 가고 싶은 나라는 북녘에서는 '원수'의 나라로 남녘에서는 생명의 '은인'으로 떠받드는 미국이 아닐까? 오래전 한 존경받던 목사는 미국에 이민 가면서 젖과 꿀이 흐르는 약속의 땅 가나안으로 간다고 설교했다. 아직 돌아가셨다는 소식을 듣지 못했으니 지금도 같은 생각인지 묻고 싶다.

이어 프랑스 스위스 등등 취향에 따라 유럽의 여러 나라들이 선택될 것이다. 요즘은 테러로 인해 프랑스나 터키는 여행을 취소하는 사람이 늘어나긴 했지만 말이다. 물론 요즘은 많은 사람이 이미 해외여행을 한두 번은 해보았기에 전혀 생각지 않은 나라가 1위로 선택될 수도 있겠다.

그런데, 북조선 다음에 가장 가고 싶은 나라를 꼽으라고 한다면 단연 쿠바 아닐까? 북조선과 같이 사회주의 국가로써 미국에 의해 오랫동안 경제봉쇄를 당해오면서도 결코 미국에 굴복하지 않는 나라이기 때문이다. 그리고 한 번쯤은 책으로 읽었을 체 게바라와 피델 카스트로로 유명한 나라이기도 하다.

오래전 체 게바라의 평전을 읽은 이후 쿠바는 언젠가는 가보고 싶었던 나라 중 하나였다. 그런 배경으로 안식년을 맞아 첫 번째로 택한 나라가 쿠바였다. 그 외에 또 가보고 싶은 나라는 이란이다. 왜냐하면 여러 나라를 가보긴 했지만, 이슬람권 나라는 아직 가본 적이 없기 때문이다. 이란은 호메이니의 혁명과 이라크와의 전쟁을 겪었으나, 페르시아의 문명이 제대로 보존되어 있고 지금 중동에서는 치안이 유지되는 나라이기 때문이다. 그리고 25년 전에 이스라엘을 성지순례라는 이름으로 갔다 오긴 했지만, 이번에는 대안 성지순례로 얘기되는 팔레스타인들이 이끄는 트레킹 코스를 한번 해보고 싶다.

왜 나는 쿠바나 이란 혹은 팔레스타인을 가보고 싶은 걸까? 가만히 생각해 보니 그 배경에는 예수의 신앙이 숨어 있었다. 예수는 당시 팔레스타인의 억압받는 민중들의 근거지인 갈릴리에서 하느님 나라 운동을 시작했다. 또한 유대의 지배 계층이 살았던 예루살렘에서 그들을 지배했던 로마제국의 극형인 십자가 형틀에서 처형당했다. 예수의 하느님 나라 운동은 당시의 로마의 군사패권 지배주의에 대한 저항이었다.

따라서 나는 해방신학의 출발이 되었던 쿠바와 남미를 돌아보고 싶은 것이고, 미국의 패권주의에 저항하는 이란을 방문하고 싶은 것이다. 지금까지 미국과 서구의 일방적인 시각에 이끌림을 당해왔다. 20년 전 평양에 직접 가서 보기 전에는 그들 또한 우리와 똑같은 성정

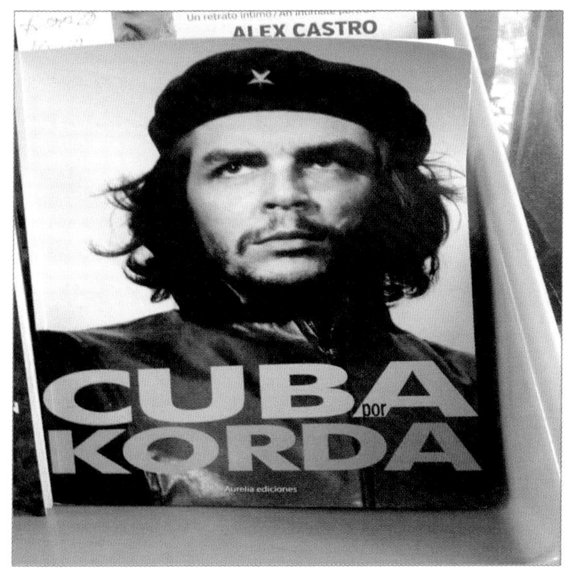

체 게바라

의 사람들임을 깨닫지 못했다. 뭔가 다를 줄 알았다. 그러나 만나보니 저들 또한 우리와 똑같은 사람들이었다. 사랑할 줄도 알고, 남을 위해 희생할 줄도 알고, 농담을 즐길 줄도 안다. 물론 나라 전체가 겪고 있는 경제봉쇄와 군사적 위협으로 인해 우리와는 다른 시각으로 세계를 바라보고 있는 것은 사실이다. 그러나 내가 그 땅에 살았다면 다른 선택이 있었을까?

작은 고추가 맵다고 지금 미국이 북조선과 쿠바를 마음대로 하지 못하고 있다. 쿠바는 콜럼버스 이후 400년 이상을 스페인의 지배를 받아오다가 120여 년 전 미국이 스페인과의 전쟁에서 승리함으로 미국의 실질적인 지배 아래 놓였었다. 여러 차례의 독립투쟁과 혁명을 겪고 나서 1953년부터 6년 동안 피델 카스트로와 체 게바라의 게릴

라전투를 통해 백 명도 안 되는 군사력으로 친미 정권을 무너뜨리고 사회주의 국가를 세웠다. 그건 민중의 협력이 있었기 때문인데, 당시 민중들의 한이 얼마나 사무쳤으면 군사적으로는 설명할 수 없는 혁명이 일어났을까?

그 이후 미국의 지원을 받는 세력들의 정부 전복과 경제봉쇄와 끊임없는 암살 시도에도 불구하고 카스트로 정권은 살아남았고, 그의 동생이 대통령이 되었다. 카스트로는 미CIA에 의해 음식이나 혹은 시가를 통한 독극물 주입 등 600번 이상의 암살 시도를 당했다.

2. 미국과 쿠바의 불가근불가원不可近不可遠의 관계

그러나 지금은 쿠바와 미국은 공식적으로 대사를 교환했다. 물론 여전히 다른 민간부문에 있어서는 문호가 매우 제한적이다. 시간 문제로 보지만, 의회가 아직 법을 통과하지 않고 있다. 이번에 쿠바를 방문하면서 직접 겪은 일이지만, 미국 사람이 쿠바를 방문하려면 합법적인 이유가 있어야 한다. 다른 나라 사람들은 관광목적으로 입국이 허용되지만, 미국인들은 관광의 이유로 입국이 허용되지 않는다. 그러나 신문에는 미국인들의 쿠바 관광객이 급증했다고 하는데, 그건 쿠바 미국인들의 가족 방문 때문이다.

난 미국에서 인터넷으로 항공권을 구매했는데, 쿠바에 가는 방문목적 12개의 항목 가운데 하나를 선택해야 했다. 인터넷은 내가 대한민국 국적인 것을 모르니 할 수 없이 그중 내게 가장 적당한 쿠바 국민을 도와주러 간다는 항목을 선택했다. 선택하지 않으면 티켓 구매가 되지 않는다. 그런데, 인터넷 어디에도 그런 얘기가 없어 그냥 미국에서 곧장 쿠바로 들어가는 직행 비행기 표를 구입했다. 시간으로는 도움이 되었지만, 금전적으로 상당한 손해를 입었다(비행기 표는 미국이 아닌 캐나다, 멕시코, 온두라스 등을 거쳐 가는 비행기가 훨씬 싸고 여러 제약이 덜하다).

마이애미 비행장에서 곧장 가는 비행기 표를 구입했다. 비행시간은 1시간도 채 안 걸린다. 그러나 입국 수속할 때(쿠바 국적의 여행사가 미국 비행기를 빌려서 운영한다. 전세 비행기다) 나는 대한민국 국적자로 무비자 한 달을 받게 되어 있는데, 나보고도 비자 수속비 백불을 내란다. 왜 내가 비자 수속비를 내야 하느냐고 따졌더니 미국에서 출발하기에 나를 미국 국적자로 간주한단다. 어이가 없었지만, 법이라고 하니 어쩔 수가 없었다. 후에 민박집에 와서 만난 미국인들 가운데, 캐나다나 멕시코를 거쳐 온 미국인들은 제삼국인들과 같은 금액(3~4만 원)을 내고 들어왔다. 참으로 어이가 없었는데, 미국에 대한 적대 감정이 이런 식으로 표현되고 있었다.

그리고 모든 여행객은 출국할 때도 4만 원 정도 돈을 내야 한다. 관광객으로 들어와 돈 쓰고 나가는 사람들에게 또 돈을 내라고 하는 나라. 이게 평등을 주창하는 사회주의 국가인지 자본주의 국가인지 헷갈린다.

여행자들은 쿡(CUC)이라고 불리는 외국인 전용 화폐만을 사용해야 한다. 가치는 달러와 비슷하다. 유로와는 달리 미국 달러만은 환전할 때, 10%의 세금을 매긴다. 수수료가 아닌 세금이다. 그리고 여행자들은 화폐만 다를 뿐만 아니라 적용하는 비율이 제각각 달라 혼돈스럽다. 대체로 물건값은 자국 화폐로 지불할 때보다 다섯 배에서 열 배 정도 비싸다. 박물관 입장료 같은 것은 30배가 비싸다. 예술의 전당 같은 건물이 있는데, 거기에는 이렇게 쓰여 있다. 외국인은 좌석에 상관없이 무조건 30쿡. 쿠바인들은 좌석에 따라 1불에서 5불 정도이다. 그런데 나중에 얘기하겠지만, 그렇다고 이런 적용이 일률적이지 않다. 가격이 붙어 있지 않은 곳에서는 부르는게 값이다. 스페인어를 하면 싸게 살 수 있지만, 그렇지 않으면 조금 더 값을 붙인다.

사실 외국 여행객들에게 더 많은 값을 받는 정책은 예전 사회주의 국가가 다 그러했다. 과거 러시아와 중국이 그러했고, 지금의 북조선도 그러하다. 외국인들이 자국 시민들이 누리는 혜택을 똑같은 값으

체 게바라와 카스트로

로 누려서는 안 된다는 논리이다. 기업이 주도하는 자본주의 방식으로는 차별이 되겠지만, 국가가 주도하는 사회주의 방식으로는 오히려 이것이 평등의 방식이 되는 것이다. 처음에는 억울한 것 같지만, 저들의 사고방식으로 보면 쉽게 이해가 된다.

마이애미에서 저녁 5시 반 출발인데 일찍 도착하였기에 3시간 전에 줄을 서서 기다렸다(티켓에는 4시간 전에 오라고 되어 있다). 줄에 서 있는 승객이라곤 이십여 명밖에 되지 않은데, 상당히 오래 걸린다. 직원들이 노는 게 아니다. 그렇다고 열심히 하지도 않는다. 사회주의 국가의 방식이다. 손님이 왕이라는 사고방식을 갖고 쿠바에 갔다가는 열불에 받히는 경우가 종종 생긴다. 남미 특유의 여유 게다가 국가 사회주의의 관료 생리, 저들은 급할 게 없다. 더구나 컴퓨터가 제대로 형성되어 있지 않아 승객 명단도 일일이 손으로 쓴다. 바로 십 미터도 떨어져 있지 않은 아메리카 항공회사는 모든 걸 컴퓨터가 알아서 척척 처리하고 있는데 말이다.

북조선은 같은 사회주의 국가이지만, 이보다는 훨씬 빠르게 움직인다. 만약 쿠바가 전 세계를 장악하고 있는 미국 컴퓨터 시스템에 들어가지 않으려고 한다면 아마 북조선의 도움을 받아야 하지 않을까 추측해 본다. 그러나 미국과 관계가 깊어지면 이는 쉽지 않은 결정이 될 것이다.

난 오래전부터 외국 여행을 혼자 다녀 버릇했다. 유럽 여행을 할 때는 배낭을 메고 주로 젊은이들이 이용하는 값싼 호스텔을 이용한다. 그러다 보면 남녀 젊은이들과 한방에서 자기도 하고 때로는 열 개의 침대가 있는 방에 혼자 자기도 한다. 동양인 나이 든 사람으로는 드문 경우이다. 이번 쿠바 여행 또한 에어비앤비라는 민박 웹을 통해 들어가 보니 20불, 25불, 30불짜리가 떴다. 20불짜리를 선택했다. 그런데 인터넷이 사정이 좋지 않아 예약되지 않는다. 여러 번 시도하다 포기하고 그냥 찾아가기로 마음먹었다. 다행히 주인이 주소를 써놓았다. 본래 에어비앤비에서는 이렇게 하면 소비자와 공급자가 직접 거래를 할 수 있기에 이를 못하게 되어 있는데 말이다. 나중에 보니 이 주인 여자분이 의도적으로 그렇게 하고 있었다. 스페니쉬를 하는 사람들에게는 페북 혹은 이멜로 직접 손님을 받고 있다.

혹시 나중에 쿠바를 가는 분을 위해서 기록해 놓는다. 모든 쿠바 입국자에게 해당하는지는 모르지만, 마이애미에서 출국하는 나의 경우는 그러했다. 보통 국제 비행기에 부치는 짐은 두 개이고 개당 무게는 23kg(50파운드)이다. 내 짐은 큰 배낭 작은 배낭 두 개였는데, 하나는 부칠 짐이고 작은 배낭은 기내용이었다. 그런데 이 두 개의 무게를 다 달아 44파운드를 넘어서는 안 된다는 것이었다. 원 세상에, 기내용 가방의 무게까지 재다니. 보통은 개수로 제한하지, 무게로 제한하지는 않는다. 물론 그런 경우는 가끔 있다. 한때 인천공항에서도 기내 가방의 무게를 잰 적이 있었다. 그래서 내가 따졌다. 들고 들어가는 짐의 무게를 재려면 내가 짐을 부치기 전에 이를 미리 알려 무게가 넘으면 부치는 짐 속에 넣도록 해야지, 짐 다 부쳐놓고 들어가는 기내용 가방의 무게를 재면 어떻게 하냐고. 그래서 그랬는지는 모르지만, 지금은 재지 않고 있고, 중국 여행객들의 경우를 보면 도대체 몇 개의 쇼핑백을 들고 들어가는지 모른다.

승객들은 짐이 제대로 운송이 되지 않는 경우가 가끔 생기기에 가급적이면 기내에 갖고 들어가려고 한다. 나도 오래전 모스크바에 도착했는데, 짐이 무려 나흘이나 지난 다음에 숙소에 도착했다. 사실 닷새 일정이었으니까 망정이지 하루라도 늦게 도착했으면 큰일 날 뻔했다.

하여간 쿠바를 들어가는데, 한 사람당 들고 들어가는 모든 짐 무게가 44파운드 이하여야 한다. 왜 이렇게 할까? 미국 여행객들의 물건 반입을 제한하거나 아니면 일종의 돈벌이 수단일 수 있다. 배낭 자유 여행이라 나의 짐 무게는 합쳐서 30파운드가 조금 넘었다. 물론 그 안에는 된장과 컵라면을 비롯하여 먹는 게 많으니 출국할 때의 무게는 절반으로 줄어들 것이다. 그런데 미국 외의 다른 나라 사람들에게 이 규정을 적용한다는 얘기는 들어보지 못했다.

이래저래 비행기 탑승구 문이 닫힌 지 한참이 지났는데도 출발을 하지 않는다. 방송에서 먹구름이 몰려오기 때문이란다. 조금 있더니 비가 주룩주룩 내린다. 앉아 있는 채로 한 시간 반의 시간이 흘렀다. 이제 출발한다고 하면서 활주로를 향해 한 이백 미터를 가더니 또 선다. 또 먹구름이 온단다. 그래서 또 30분을 섰다. 또 출발한다. 활주로 근처까지 가더니 또 선다. 지금까지 비행기를 아마도 수백 번을 타보았지만, 비행기가 탑승구를 떠나 활주로 가는 중간에 두 번이나 이렇게 기다려 보기는 처음이다.

3. 아바나의 민박

아바나(하바나라 말하는데, 스페인에서는 H 발음을 하지 않는다. 그래서 아바나가 맞다)에 도착하니 저녁 10시가 넘었다. 택시를 타려고 하는데, 30달러를 달라고 한다. 비싸다고 했더니 25불 내란다. 책에서 보았을 때는 3~5불이면 된다고 했는데, 그새 물가가 그렇게 많이 오른 것인가? 내가 바가지를 쓴 것인가? 나중에 알고 보니 여행객치고는 싸게 온 셈이었다. 주소지를 찾아 밤늦게 시내로 들어갔다. 마치 빈민가가 아닌가 할 정도로 건물들이 낡았고 부서져 있었고, 몇몇 사람들은 웃통들을 벗고 문 앞에 쭈그리고 앉아 있었다. 날씨가 하도 더우니 그렇게들 나와 있는 것이다.

에어이앤비에서 예약한 민박집 주소를 택시 운전사에게 주었다. 그러나, 택시 운전사가 주소를 찾기가 쉽지 않았다. 물어물어 찾아왔는데, 주인이 자리를 비웠다. 3층에 숙소가 있는데, 2층에 있는 사람이 열쇠를 던져줘서 아파트 현관을 열고 들어갔다. 방의 초인종을 누르니 주인은 없는데, 멕시코에서 온 젊은 여행객이 한 명 있었다. 이 친구가 다행히 영어를 조금 한다. 자기는 이틀 전에 왔다고 한다. 주인은 외출 중이란다.

그런데 들어갈 때부터 싼 게 비지떡이지 하며 후회를 했는데, 들어갈수록 음침하고 냄새나고 꺼림칙했다. 우리나라에서 이렇게 후진 아파트는 어디 가서 눈 뜨고 찾아보아도 찾기 어려울 것이다. 그러나 20불에 아침과 저녁이 포함되어 있으니 따지고 보면 잠자는 것은 공짜나 다름이 없다. 실망은 컸지만, 다른 방식은 없다. 그 친구가 문간

쿠바 민박집

방을 쓰라고 해서 들어갔다(나중에 보니 가장 좋은 방이었다). 너무 더웠다. 작은 에어컨이 보이긴 한데, 당연히 고장이 났을 것이라고 생각하고 켤 생각도 안 하고 신풍기만 돌렸다. 거리로 나 있는 작은 베란다로 나가는 문이 열려있었는데, 사람들이 밖에 나와 떠드는 소리로 시끄럽기 짝이 없다. 토요일 밤이니 어쩌겠는가?

졸졸 나오는 물로 샤워를 하고 나서 밑져야 본전이라 생각하고 에어컨을 켜니 작동이 된다. 작동 정도가 아니라 찬 바람이 매우 세게 나온다. 천국이 따로 없었다.

쿠바 정부가 일반인들에게도 등록만 하면 여분의 방에 손님을 받을 수 있도록 허락을 했는데, 이런 시설이 어떻게 허락을 받을 수 있었는지 모르겠다. 자국민들에게는 그렇고 그런 시설이지만, 해외 여행객들에게는 정말 후졌다. 그러나 미국의 봉쇄정책으로 나라 전체가 이러니 어쩌겠는가? 아프리카와 같은 나라에 가면 더할 것이고 네팔은 이보다 더하다. 그러나 그곳은 자연의 보상이라도 있는데, 여기는 우리나라로 보면 건물이 오래되어 판자촌 일대 비슷하다. 그런데 사진으로 보면 그럴싸해 보였다.

사실 여행사를 통해 호텔로 가는 여행객들은 이런 맛을 모른다. 힘들기는 하지만, 민박이 사람 냄새가 나지 않는가? 하여간 인터넷 사진으로는 냄새와 누추한 것을 구분할 수는 없다는 사실을 새삼 깨닫는다. 그러나 어찌 되었든 정이 들어 그냥 그 방에서 열아홉 밤을 보냈다.

한참을 자는데, 테레사라는 여주인이 깨운다. 멕시코 친구를 통해 간단히 인사를 하였다. 내일 아침 식사는 9시 반이란다. 멕시코 친구와 은근히 같이 다녀볼 것을 꿈꿨는데, 이 친구는 이미 다른 친구를 만나 함께 행동할 것이라고 한다. 하여간 나 같은 늙은이와 누가 같이 다니려고 할 것인가? 정신 차려라. 헌정아!

하여간 내일은 내일이고 잠을 청했다. 새벽 4시에 일어나 밤 11시 넘어 도착했으니 무척이나 피곤하였다. 한참을 자다 보니 추웠다. 에어컨이 작아 이게 무슨 역할을 할까 생각했는데, LG 성능이 이렇게 좋은지 몰랐다. LG에 감사하면서 껐다 켜기를 반복하면서 잠을 잘 잤다.

아침을 먹으라고 한다. 계란후라이 하나와 그저 그런 빵 그리고 망고와 파인애플이 후식으로 나온다. 쿠바에서 첫 식사를 맛있게 먹었다. 수박 맛이 나는 구아바라는 과일을 설탕과 함께 갈아서 주는데, 그게 그렇게 맛있었다. 커피는 에스프레소로 아주 작은 잔으로 먹는다. 나는 양이 차질 않아 최소한 두 잔을 먹어야 했다.

그러고 있는데, 여주인의 부모님이 오셨다. 아버지는 나보다 몇 살 위인 것 같다. 나중에 보니 이 민박집은 엄마와 딸의 이름으로 등록이 되어 있었고, 아버지는 일종의 건물관리 매니저였다. 에스컬레이터 만드는 회사에서 은퇴했다고 하는데, 손재주가 있으니 이것저것 고쳐가면서 민박 운영을 공동으로 하고 있었다. 여주인은 20살짜리 아들이 하나 있는데, 남편 얘기는 못 들었다. 남자 친구가 자주 들렀다. 나중에 오고 가는 숙박객들 숫자를 헤아리면서 수입을 계산해 보니 쿠바에서는 상당한 알부자였다.

4. 행운의 하루

가장 값싼 숙소를 선택하여 별 볼 일 없을 줄 알았는데, 오늘 아침 행운이 따랐다. 보통 아침을 8시 반이면 아침 먹으라고 방문을 두들기는데 이제나저제나 아무리 기다려도 소식이 없다. 10시가 지나 거실 겸 부엌을 갔더니 도우미 아줌마가 있다. 주인 여자, 테레사 어디 갔냐고 했더니 자고 있다는 시늉을 한다.

기가 막혔다. 그래서 남이 먹다 남은 빵과 한잔 남은 주스를 먹었다. 보통 주스 다섯 잔은 마셔야 하는데 남은 게 없다. 게다가 달걀후라이는 어찌나 짠지 먹으면서 약간 짜증이 나 있는데, 어젯밤 투숙을 했던 두 멕시코 여성이 위층에서 내려온다. 다행히 한 여성이 영어를 좀 한다. 서로 통성명을 했는데, 나보고 '오늘 어디 갈거냐'고 해서 '계획이 없다'고 했더니 같이 나가자고 한다. 갑자기 횡재를 한 셈이다. 말이 안 통하니 그냥 시내나 구경삼아 걸을 참이었다. 물론 돈의 여유가 있다면 영어 안내 가이드를 구할 수는 있다.

그러면서 멕시코에서는 이렇게 밖으로 나갈 때에 '엄마 나 나간다' 그러면 엄마가 '갓 블레스 유'라고 한단다. 그래서 '내가 목사이니까 그건 걱정하지 말라'고 했더니 깜짝 놀라면서 자기 할아버지 얘기를 한다.

할아버지가 김이라는 한국인 선교사를 만나 예수를 믿고 세례를 받았는데, 죽을 때까지 신앙으로 살았다고 하면서 나에게 각별한 관심을 보인다. 이름은 베로니카. 이 여성은 우리 말로 하면 상당히 카리스마 있고 몸집도 크다. 목소리도 크고 모든 것이 시원시원하다.

같이 온 여성은 나이는 몇 살 어려 보이는데, '친구'라고 한다. '여기 오는데 비행깃값이 얼마 들었냐'고 하니까 자기는 모른단다. 자기 비행깃값을 같이 온 여자 친구의 엄마가 대주었단다. 그러고 보니 그 엄마가 딸 혼자 쿠바에 보내는 게 걱정되니까 이 베로니카를 딸려 보낸 것이다.

베로니카는 자기 별명이 '마마시카'라고 한다. 자기가 동네에서 지나가면 남성들이 휘파람을 불면서 '마마시카'라고 부른단다. 한마디로 말해 끝내주는 여성이란 뜻이다. 사진을 보여주는데 남자 친구는 미국인 흑인이다.

하여간 같이 나가기로 했는데, 여기에 나보다 이틀 전에 와 있던 멕시코 남자 한 명과 현지 흑인 여성이 함께했다. 이 흑인 여성은 이 두 멕시코 여성들이 우연히 길에서 만났는데, 알고 보니 이 동네에서 매우 잘 알려진 여성이고 남편이 어깨 좀 쓰는 친구였다. 하여간 이래저래 재미가 있는 하루를 보내게 된 것이다.

민박집 아침 식사

지나가던 택시(대부분의 택시가 50년대의 오래된 차였다. 그러나 내부는 이 부속 저 부속을 새로 만들거나 교체해서 털털거리긴 하지만, 잘 굴러다닌다) 하나를 붙들고 흥정을 하더니 1인당 1불, 모두 5불을 주고 바다 밑 터널을 지나 반대편으로 가기로 한 것이다. 거기에 높이가 약 20미터쯤 되는 하얀 대리석으로 된 예수상이 있다.

그런데 어제 오후 혼자 거리를 나섰다가 지도상에 보니 '헤밍웨이 마리나'라는 장소가 있어 여기가 헤밍웨이가 노인과 바다를 쓴 장소인가 했다. 버스 운전사를 보고 '헤밍웨이 마리나' 가냐고 했더니 간다고 하길래 탔다. 1불을 주니 자기들이 사용하는 동전 하나를 거슬러 준다. 그런데 얼마를 거슬러 주든 내가 알 수가 있나.

버스는 두 개의 버스가 연결된 긴 버스인데 거의 꽉 찼다. 승객은 이미 한 백 명쯤 찼는데, 사람이 계속 탄다. 나는 말도 안 통하는데, 가만히 보니 큰 실수를 한 것 같다. 빈민가 마을을 지나 몇 정거장을 가다 보니 '마리나'라는 명칭이 있는 작은 타운을 지난다. 더 멀리 가면 안 될 것 같아 일단 다음 정거장에서 내렸다. 막막했다.

하여간 날은 아직 밝으니 방파제를 따라 아바나 도시 쪽으로 슬슬 걸어갔다. 바닷가라 바람이 엄청나게 셌다. 한두 명이 시가를 사라고 접근을 한다. 그런데 다른 한 친구가 영어를 조금 하더니 가까이 온다. 어디 가냐고 해서 '마리나'를 간다고 했더니 그 옆에 자전거 택시가 있는데, 3페소를 내고 저것 타고 가란다. 그래서 탔다. 가다 보니 아무래도 여긴 아닌 듯 싶어 숙소 주소를 주고 가자고 했다. 주민들은 1불도 안 주었겠지만, 열댓 살 먹은 이 친구가 열심히 페달을 밟는 게 기특해 보였다. 자전거 체인은 자꾸 벗겨지는데도 땀을 흘리며 열심히 하길래 팁을 겸해 5불을 주었더니 얼굴이 밝아진다. 그로서는

헤밍웨이가 자주 가던 술집에서

오늘 횡재를 한 셈이다. 나 또한 그 친구를 만나서 쉽게 숙소로 돌아올 수 있었으니 나 또한 횡재한 셈이다.

어제 혼자 걸으면서 커다란 예수상이 세워져 있고 옛날 성곽이 남아 있는 저 건너편을 어떻게 가보나 하고 고민했던 장소를 이렇게 쉽게 올 수 있다니, 그냥 옛날 대포가 놓여 있는 기지가 있는 커다란 성터였다. 한쪽으로는 대서양 바다가 활짝 열려있었다. 바람도 시원하고 장소가 좋아 거기서 그냥 바다를 보면서 시간을 보내고 걸어서 예수상 있는 곳으로 가서 사진을 찍고 돌아올 때는 배로 돌아왔다.

이런 것들은 주민이 아니면 잘 모르는 건데 이곳 주민 여성이 함께했기 때문에 가능했다. 별말도 없이 우리를 도와주는 게 참으로 고

마웠다. 상점을 거닐다가 비어하우스를 갔다. 약 100년쯤 된 가게였다. 사람도 많았고 맥주를 시켰다. 한잔에 3불이다. 그런데 가져온 맥주가 기가 막히게 맛이 있다. 지금까지 마셔 본 적이 없는 맛이었다. 베트남 국수에 주는 향 잎을 많이 띄우고 그 안에 갈색 설탕이 깔려 있다(물에 잘 녹지 않는 살짝 달콤한 진짜 설탕 말이다). 너무 맛있다.

예수상 앞에서

문제는 인터넷이다. 지금 있는 숙소에서는 와이파이는커녕 전화기도 로밍이 안 된다. 한국 전화기나 미국 전화기 모두 로밍이 아예 안 된다. 아마 외국 전화회사와 아직 연계되어 있지 않은 것 같다. 호텔이라면 와이파이가 되겠지만 말이다. 돈을 내면 인터넷을 할 수 있는 컴퓨터방이 따로 있다고 하니 내일은 꼭 가봐야 하겠다.

5. 사회주의여 영원하라

멕시코 아메리칸 친구와 함께 택시를 차고 근처 수목원을 다녀왔다. 멕시코 친구가 중간 통역을 맡았다. "사회주의여 영원하라!"는 말은 우리가 얘기를 나눌 때 택시 운전사가 여러 차례 외친 말이다. 그런데 이는 사회주의를 찬양하기 위해서가 아니라 비꼬면서 하는 말이었다.

사연인즉 이러하다. 쿠바 경제가 너무 힘들다. 시내에 굴러다니는 차 열 대 중 아홉 대는 1950년대 혁명 이전의 차들이다. 이번에 타고 간 차도 1951년형 세볼레였는데, 엔진을 비롯한 대부분의 내부 부속은 일제 토요타 제품이라고 한다.

길거리 차에서 내뿜는 매연이 지독하기 짝이 없다. 내가 매연 애

여전히 운행 중인 6~70년 된 다양한 차들

기를 했더니 휘발유 얘기를 한다. 정부 소속 차를 운영하는 운전사들은 월급으로는 살아갈 수가 없어 휘발유를 빼서 빨아먹는다고 한다. 그래서 그들도 돈을 벌고 우리 같은 택시 운전수도 기름값이 덜 들어가니 좋다고 한다.

그런데 가끔 제대로 정제되지 않은 휘발유들을 중간에 빼돌리기에 매연이 심하다고 한다. 트럭을 개조한 버스가 있는데, 이런 버스들은 모두 이런 싸구려 휘발유를 사용한다고 한다. 그러면서 하는 말이 "사회주의여 영원하라!"

두 번째 얘기. 아바나시 외곽을 가다 보면 넓은 초원에 종종 방목된 소들이 한가로이 풀을 뜯고 있는 모습을 볼 수 있다. 어떤 농장은 수십 마리의 소들이 있다. 그런데 여기에 얽힌 이야기는 이렇다. 소나 말을 잡아 고기로 팔면 10년 징역형이란다.

왜냐하면 소의 주인은 개인이 아닌 정부이고, 개인은 소를 기르는 책임을 지고 우유만을 얻는단다. 만약 암소가 3년이 지나서도 새끼를 낳지 않으면 불임소로 판단되어 정부가 데려가 고기로 판다고 한다. 개인이 소를 잡아 고기를 팔 때 파운드당 5불이라면 정부는 이를 9불에 판다고 한다. 소나 말들이 태어나면 정부가 부여하는 개인번호를 귀에 부착한다고 한다. 소나 말을 훔쳐도 그만한 형벌을 받으며 주인은 소나 말을 잘 지켜야지, 그렇지 않으면 그 값을 물어내야 한다고 한다. 자기가 아는 농부가 몰래 소 한 마리를 잡아먹다가 걸렸다고 하는데, 초행범이라 감옥에서 5년을 살다 나왔단다.

그 이후로 그는 소는 쳐다보지도 않는다고 한다. 그러면서 하는 말이 "사회주의여 영원하라."

쿠바 여행책에 빠지지 않는 아이스크림 집이 하나 있다. "코이펠

운전사와 함께

라"라고 아주 오래된 집인데, 수십 년 전 값으로 판다고 한다. 1불을 내면 20 스쿱을 떠준다고 한다. 우리말로 산더미같이 주는 것이다. 그런데 문제는 항상 줄이 길다는 것이다. 책자에는 45분 걸린다고 되어 있다. 운전사에게 이곳을 가자고 했더니 슬쩍 웃더니 그러자고 한다. 그런데 그 앞에 가니 양쪽으로 각 100명쯤 줄을 서 있다. 그가 하는 말이 이 상태에서 아이스크림을 먹으려면 최소 4시간이 걸린단다. 그러면서 하는 말이 "사회주의여 영원하라!"

가다 보니 길가에 약자로 '피텔'이라고 쓴 큰 간판이 자주 보인다. 광고판 같아 보여서 저게 무엇이냐고 물었더니, "좋은 세상이 가능하다"란 뜻으로, 정부가 세운 사회주의 선전 간판이란다. 그래서 내가 운전사에게 당신은 저 말을 어떻게 생각하느냐고 물었더니, 영어로 Fxxx! 우리 말로 '엿 먹어라!'

그는 정치라면 아예 고개를 설레설레 흔든다. 내가 정치에 관여하지 않으면 더럽고 무식한 놈들에 의해 지배를 받게 된다고 얘기해도 그는 마이동풍이다. 아마도 이게 민중의 모습일 것이다.

민중들이 기성 정치에 식상해하는 것은 미국이나 남한이나 마찬가지이다. 하긴 어느 사회나 완전한 사회가 있을까? 세계 경제 15위 안에 드는 남한 국민들은 스스로 헬조선이라고 일컫고 있으니 말이다.

기독교 목사로서 '사회주의여 영원하라'는 구호를 외칠 수도 없고 그렇다고 소수의 금수저들만이 부를 누리는 '자본주의여 영원하라'를 외칠 수도 없고. 그냥 "예수 그리스도여 영원하라!" 하고 외쳐야 할까? 아니면 "귀 있는 자여 들으라!" 외쳐야 할까?

6. 국가사회주의의 약점

쿠바에서 느끼는 것 하나는 모든 물자가 부족한 나라인데, 가만히 보면 절약 정신이 매우 부족하다.

민박집에서는 부엌에 사람이 한 명도 없는데 선풍기는 계속 돌아가고 불은 항상 켜있다. 부엌의 가스 또한 쓰고 나면 바로 끄는 습관이 없다. 매일 아침 위층에 사는 내 나이 또래의 아버지가 커피 마시러 내려온다. 여기는 스페인처럼 커피를 내려 에스프레소로 마신다. 아주 작은 잔으로 달게 해서 먹는다. 난 설탕을 넣지 않고 먹는데, 설탕이 들어가 불만이고 두 번째는 양이 너무 적어서 불만이다. 이렇게는 석 잔은 마셔야 한다. 그러다 보니 카페인양이 엄청 늘어나서 잠을 잘 이루지 못하는 경우가 많다. 어쩌면 오늘도 그럴 것 같다.

그런데 나자로라는 이 양반이 커피를 끓이고 나면 불을 꺼야 하는데, 그냥 둔다. 보다 못해 내가 끈 적이 여러 번 있다. 건망증이라고 보기는 힘들다. 우리는 습관적으로 끄게 되는데, 여기 사람들은 그런 습관이 되어 있지 않다. 이 사람만 그런 게 아니라 그의 딸도 그렇고 도우미 아줌마도 그렇다.

물론 이해는 한다. 매번 불을 붙일 때마다 성냥을 그어서 불을 붙여야 하니 그게 귀찮아서 그럴 것이다. 그리고 성냥은 자기 돈을 주고 사지만, 가스나 전기는 국가가 거의 무료로 제공하여 주기 때문에 자기들도 모르게 이런 습관이 든 것이다.

운전사도 그렇다. 우리를 차에 앉혀 놓고 화장실을 다녀올 때, 한 10분은 더 걸린 것 같은데, 엔진을 켜놓은 상태이다. 물론 차가 오래되어 시동을 거는 게 좀 쉽지는 않다. 두 번의 경우 다 그러했는데,

차량 내부: 기아 손잡이를 부러진 쇳덩어리로 두들겨 땜질해서 만듦.
에어컨은 물론 계기판도 고장 난 상태

오른손으로는 밑에 어딘가를 만지면서 왼손으로 키를 돌려 시동을 건다. 그래도 이건 아닌 듯싶다. 자기 차가 아니고 자기 돈으로 기름을 사지는 않으니 굳이 기름을 아껴야 할 이유가 없는 걸까.

물론 우리나라도 데모 진압용 전경 버스들은 종일 엔진을 켜놓고 있다. 때로는 수십 대가 줄지어서 엔진을 켜놓고 있다. 여름이면 에어컨 때문에 겨울에는 히터 때문이라고 하지만, 그 안에 사람이 없을 때도 자동차 엔진은 계속 돌아가고 있다. 공기 오염은 물론 행인들에게 불쾌감을 주는데, 절약 좀 하면 안 될까? 하긴 예산을 계속 따내기 위해서는 지출을 더 늘려야 필요가 있기는 할 것이다. 정지해 있는 동안에 엔진을 끄라는 서울 길거리의 표지판이 무색하다.

자기 돈 들어가지 않는다고 해서 생각 없이 마구 쓰는 것, 개인으로 볼 때는 별 게 아니겠지만, 전 국민이 이런 식으로 소비한다고 생각해 보라. 엄청난 양이 불필요하게 버려지는 것이다. 환경문제를 떠나서 왜 이렇게 공동체 의식이 희박할까?

오래전 소련 공산주의 치하에서 있었던 이야기이다. 모스크바에서 국제회의가 있어 미국인 학자 이십여 명이 시내 중심가의 고급호텔에 묵었다. 건물도 새로 잘 지었고, 내부 시설도 좋았단다. 그런데 각 방에 누가 있는지를 알리기 위해 방문 앞에 이름을 써서 붙여놓기 위해 테이프를 좀 달라고 했더니, 일하는 직원이 테이프가 없다고 하면서 가지고 온 게 망치와 대못이었다고 한다. 내 집 아니니 객실 문에 구멍 조금 뚫리는 게 무슨 대수냐는 식이다. 모든 걸 개인 소유화하는 자본주의도 문제이지만, 모든 걸 국가 소유화하는 사회주의 체제도 문제이다.

국가 소유라 하더라도 절약하는 정신이 필요하다. 국가 소유 이전에 하느님의 소유이니까. 체재를 떠나 절약은 인간 생존의 기본이다.

7. 쿠바에 번지는 미국 문화

아바나에 머무는 기간 중 일요일에는 교회를 찾아갔다. 첫 주에는 감리교회를 두 번째 주에는 장로교회를 그리고 세 번째 주에는 가톨릭 성당을 찾았다.

숙소 근처의 처음 찾아간 교회는 135년 역사의 아바나에서는 가장 오래된 감리교회일뿐더러 쿠바의 영웅 카스트로의 첫아들이 세례를 받았던 곳이다. 카스트로가 감리교인이었다는 사실이 놀라웠다. 어찌 말하면 이 교회는 혁명의 진원지라고 말할 수도 있을 것이다. 그러나 지금은 180도 방향을 바꿔 부흥성령 운동으로 유명한 교회로 변질하였다. 예배는 3부로 구성이 되어 1부는 아침 9시에 시작하는 치유와 방언의 통성기도, 2부는 10시부터 시작하는 부흥회식 성경공부(여전도사가 예배실 전체를 왔다 갔다 하면서 큰 소리로 외치고 다녔다) 그리고 11시부터 시작하는 3부 예배이다. 나는 당일 9시 반부터 참여하였는데, 이 세 예배 사이에 명확한 구분이 없이 찬양을 통해 마치 물 흐르듯이 이어져갔고 사람들은 조용히 들어오고 나가면서 자리에 앉아 있는 사람의 숫자(200여 명)는 엇비슷하게 계속 유지가 되고 있다는 점이 남한의 교회와는 큰 차이가 있다.

그런데 더 큰 차이는 찬양에 있다. 아프리카의 많은 교회가 그러하듯이 이곳의 찬양 또한 어찌 보면 일종의 집단 댄스와 같다. 두 번째 찾아간 장로교회는 남한교회의 찬양과 같이 앉아서 손뼉을 치는 점잖은 모습이었지만, 여기는 모두가 일어나서 박수는 물론 발을 구르고 몸을 크게 흔들면서 찬양을 했고, 심지어는 앞에 나가서 함께 춤을 추었다. 결국은 나도 흥에 겨워 앞에 나가서 함께 춤을 추었는데 두 번이나 그렇게 했다.

두 번째에는 담임목사와 함께 추었다. 그런데 몸집도 비대한 흑인 담임목사가 우리가 흔히 '개다리춤'이라고 불리는 춤을 땀을 흘리며 매우 격렬하게 추어 놀랐다. 그날만 그런 것인지 매번 그런 것인지는 잘 모르겠지만, 담임목사가 성스러운(?) 예배 시간에 '개다리춤'을 춘다는 것이 나에게는 놀라움 그 자체였다. 성령이 임하면 남한교회는 방언으로, 남미교회는 춤으로 나타나는 것으로 밖에는 이해가 되지 않았다.

당일 찾아갔던 일요일을 그 교회에서는 '아버지날'로 지키었다. 나는 '아버지날'이 미국 외에 다른 나라에 있는지 잘 모른다. 사실 미국에서도 어머니날에 영향을 받아 아버지날이 생기긴 했지만, 매우 형식적이다. 미국에서 처음 시작한 '어머니날'(the Mother's Day, 5월 둘째 일요일)은 미국 대통령에 의해 국가가 정한 날이다.

이 영향으로 우리나라에서도 이승만 정부에 의해 5월 8일을 '어머니날'로 제정하였다. 그러나 박정희 정권에 의해 '어머니날'이 '어버이날'로 바뀌었으며 남한교회에서는 5월 둘째 일요일을 '어버이 주일'로 지키고 있다. 난 지금도 '어머니날'을 '어버이날'로 바꾼 남성 정치인들의 치졸한 방식(?)에 대해 매우 불만이 많다. 굳이 아버지를 기념하고자 했다면 차라리 미국처럼 아버지날을 따로 만드는 게 좋겠다고 생각한다. 미국에서는 6월 셋째 일요일을 '아버지날'(the Father's Day)로 지키고 있다. 가톨릭은 전통적으로 예수의 아버지 성 요셉을 기념하는 주일이 있어 이날이 아버지날을 대신하고 있다.

모든 쿠바의 교회가 다 아버지날을 지키는 것인지는 알 수가 없지만, 쿠바에서 가장 오래된 이 감리교회가 지키는 것을 보면 많은 교회가 지키고 있다는 생각이 든다. 당일 예배 순서에는 남자들만 모두 제단 앞으로 나오도록 하는 축하 순서도 있었고, 이때 목사를 헹가래를 치는 순서까지 진행하였다. 참으로 황당(?)한 경험이었다. 예배 중에 담임목사가 교인들에 의해 헹가래를 받아본 목사가 몇 명이나 있을까? 난 미국식 자본주의에 대항하는 일종의 사회주의 혁명(Revolucion)을 경험하기 위해 쿠바를 찾아왔는데, 내가 제일 먼저 경험한 것은 미국문화에 물든 쿠바교회의 변질된 모습이었다.

지난번에 개신교회에서 예배를 드렸으니 가톨릭 성당 경험을 하고자 했다. 쿠바는 사회주의 국가이지만, 스페인의 영향으로 가톨릭 신도가 제법 있다. 그러나 혁명의 이름으로 그리고 식민지배에 대한 거부감으로 인해 북조선과 마찬가지로 종교에 대한 거부가 강한 곳이다.

이틀 전 걷다가 우연히 오래된 성당을 발견했다. 보통은 주중에도 여행객들을 위해 성당 문이 열려 있는데, 그날은 닫혀 있어서 오늘 방문을 한 것이다. 숙소에서 한 40분을 걸어서 왔다. 성당 이름은 VIDA CRISTIANA(그리스도 승리) 성당이다. 그러고 보니 쿠바 미술관에서 보았던 한 그림이 생각난다.

한 원주민 추장이 곧 화형에 처할 운명에 있는데, 그 주위에 스페인 군인들과 신부가 서로 이야기하는 그림이다. 아마도 이 얘기가 배경일 것이다. 신부가 원주민 추장에게 죽기 전에 세례받을 것을 권한다. 그러자 추장이 묻는다. '세례받으면 뭐가 좋으냐'고. '천국에 갈 수 있다'라고 한다. 그러자 추장이 묻는다. 그러면 '저 백인들도 그곳에 오느냐'고. 그들도 세례를 받았으니 올 거라고 답하자 자기는 저 백인

침략자들과는 함께하고 싶지 않으니 세례를 받지 않겠다고.

쿠바 민중에게 그리스도의 승리가 의미하는 것이 무엇일까? 이 세계의 아프리카 아시아 남미의 가난한 민중에게 그리스도의 승리가 의미하는 것은 과연 무엇일까? 자기들도 언젠가는 저 백인들과 같이 부자가 되고 하인들을 거느릴 수 있게 될 것이라는 희망을 의미할까? 아니면 저 백인들이 사라지는 해방 세상을 의미할까? 아니면 죽어서 천국 가는 것을 의미할까?

12시에 미사가 있는 것으로 알고 왔지만, 그 전에 미사가 하나 더 있을 것으로 알고 10시에 맞춰 왔는데, 10시 반에 미사가 있다. 그래서 참석한 사람들이 몇 명 안 된다. 들어가 보니 프란시스 교황의 실물 크기의 상이 만들어져 있다. 교황이 방문했던 곳인가 했더니 과연 그러했다. 작년 9월 20일 이곳을 방문해서 미사를 드렸다.

쿠바와 미국의 외교 관계를 끌어낸 데는 교황의 역할이 크다고 들었다. 프란시스 교황은 참으로 위대한 사람이다. 그는 가난한 민중 그리고 노동자들의 땀과 피를 착취한 부자들의 헌금은 도로 가져가라고 말한다. 하느님은 깨끗한 마음을 원하신다. 10시 반 미사는 어린이들이 참여하는 미사이다. 성가도 어린이들이 하고 성서 읽기도 어린이들이 한다. 그리고 어린이들의 이름을 한명 한명 불러 앞으로 끌어내 노래와 율동을 한다. 아마 여름성경학교를 마치고 배운 것을 부모님들 앞에서 보이고 수료장을 받는 것 같았다.

나이 든 수녀가 기타를 들고 노래를 인도하는 장면이 새삼스럽다. 하나 아쉬운 것은 신부의 강론이 아닌 설교가 되고 만 것이다. 40대 후반의 신부로 보이는데, 말은 잘 못 알아들어도 처음 시작할 때, 유까딴 메리다라는 말은 들었다. 그래서 그곳에서 온 초청 신부인 것 같았다. 그런데 원고도 없이 강단 가운데 마이크를 들고 서서 복음서 강해 설교하는데(아침 묵상 시간에 내가 했던 본문과 같았다). 무려 30분을 한다. 가만히 보니 아이들은 물론 나이 드신 분들이 모두 졸고 있다. 그런데 여행객들로 가득 찬 이곳 성당 분위기에 감동했는지 신부님의 강론이 너무 길었다. 내용은 모르지만, 목소리도 좋았고 발음도 좋았는데, 너무 길었다. 성당도 개신교회를 따라 하는 것일까?

지금 숙소에 남아 있는 죠엘이라는 멕시칸 미국인은 청소년 시절 성당에서 설교도 하고 인디안 원주민 선교도 다녔던 리더였단다. 그러나 어느 날부터 성당의 전통 중심의 따분함으로 인해 성당을 떠났다고 한다. 지금도 얘기를 해보면 성당에 대한 불만이 가득 차 있다. 전통과 교리도 중요하지만, 사람 없는 교회, 젊은이 떠난 교회 거기에 무슨 미래가 있을까?

자리에 앉아 있는데, 숙소에서도 보기 힘든 파리 한 마리가 자꾸만 내 얼굴에 앉으려고 한다. 무슨 의미일까? 파리에 대한 편견인지는 모르겠지만, 기독교의 부패한 냄새가 나서 그런 것이 아닐까? 프란체스코 교황이 로마교황청의 오래된 경제 부패구조를 바르게 해보겠다고 노력하는 것으로 알고 있는데, 지금 그 성과가 어떠한지 궁금하다.

VIDA CRISTIANA(그리스도 승리) 성당 전면과 내부

8. 황당한 경험

쿠바를 오긴 전 인터넷 조사를 했는데, 글이 몇 개 안 된다. 미국인도 거의 없고, 한국인도 몇 안 되고, 그것도 모두 2년 전 얘기이다. 최근 얘기는 없다. 물론 한국인들이 쿠바에 다녀오는 경우도 많고, 여기에도 상당수가 살고 있다. 그런데 길거리를 오고 가면서 젊은 한국인 한 쌍을 본 게 전부이다. 한국인이 쿠바에 오는 경우는 매우 적지만, 오더라도 대부분은 여행사를 이용하니 사진이나 올리지 별로 쓸 얘기가 없을 것이다. 나 같이 민박을 하면서 여기저기 부딪혀보아야 쓸 얘기가 있는 법이다.

2년 전 기록으로 한 친구가 써놓기를 숙박 제외하고 하루 20달러면 괜찮다고 했다. 그 친구는 숙박에 하루 10달러인데 아침 식사가 포함된 금액이었다. 아마 매우 절약하면 당시에는 가능했을 것이다. 그러나 지금은 그렇지 않다. 난 이 친구 말을 믿고 왔다가 재정에 큰 구멍이 생겨 엄청 고생하고 있다. 돈이 드는 일은 할 수가 없다. 점심도 빵 한 조각으로 때우고 있다.

현지인들이 살면서 드는 비용과 외국인들이 여행하면서 쓰는 비용은 엄청난 차이가 있다. 예를 들면 근처 음악 공연이 있는데, 쿠바인들은 자기네 돈으로 10페소 약 0.4 달러이다. 그러나 외국인들은 5달러 약 10배가 비싸다. 더 좋은 공연장은 쿠바인들은 1불 외국인들은 좌석에 상관없이 30불이다. 같은 음식이라도 주인은 외국인에게는 돈을 더 받는다. 자전거 택시도 여행객들은 열 배 이상 더 받는다.

또 하나, 음식점을 가면 언제나 음악 밴드가 온다. 한두 곡을 부르

민박집이 있는 거리에서

고 나면 돈을 걷으러 온다. 아니면 자기네 CD 음반을 사라고 하는데, 10불이다. 만약 음악을 즐기는 모습을 보였다면 CD는 사지 않더라도 2, 3불의 팁을 줘야 한다.

한번은 멕시코 친구랑 점심을 먹으러 갔다. 칵테일 음료 두 잔을 포함해서 작은 랍스터 값이 12불이다. 우리 식으로 하면 작은 랍스터에 음료까지 먹으니 먹을 만하다. 그런데 6명의 음악 밴드가 수준이 좋다. 절로 몸이 흔들린다. 돈을 걷으러 온다. 시디를 보여주면서 작년에 자기네들이 에이미상 수상팀이란다. 할 수 없이 10불을 주고 시디를 샀다. 사람은 몇 명 없는데, 계속 음악을 연주한다. 밥은 다 먹었고 칵테일 음료 먹은 게 살살 올라와 흥겨운 가락에 가만히 앉아 있을 수가 없어 일어나 몸을 흔들었다. 모르는 노래이면 대충이겠지만, 60년대 비틀즈 노래가 나오니 더 신나게 흔들었다.

나는 시디를 구입했으니 그걸로 고마운 인사는 끝난 줄 알았는데, 내가 음악을 신나게 듣고 몸까지 흔들어댔으니 팁을 달랜다. 하긴 노래 중간 가사에 나를 향해 손가락을 가리키면서 코리아노라는 말도 했으니, 어찌하랴, 5불을 더 주는 수밖에.

노래가 끝났는데, 드럼을 연주하던 친구가 우리에게 와서 영어로 말을 걸었다. 그래서 내가 앞에 앉아 기타를 치는 한 50대의 거무칙칙한 얼굴 모습의 친구가 왜 그렇게 울상이냐고 물었다. 그랬더니 그 친구 여동생이 최근 말기 암 진단을 받아서 그렇단다. 그래서 내가 그 친구에게 가서 내가 한국서 온 장로교 목사인데, 네 여동생을 위해 기도한다고 하면서 뺨에 키스했다. 그리고는 자리에 돌아와 앉았는데, 이 친구가 멕시코 친구에게 뭐라 뭐라 하더니 자기 자리로 돌아간

음식점에서 만난 밴드와 함께

다. 멕시코 친구 하는 말이 자기 여동생이 시골에 사는데, 거기에 가려면 차비가 왕복 10불이 든단다. 내가 조금 보태주었으면 한다고 하는 것이다. 기도까지 해 주었는데, 야고보 사도의 말처럼 실천 없이 말로만 도움을 베푸는 것은 위선이 아니겠는가? 게다가 돈 10불에 인색하면 한국인은 물론 목사 체면이 말이 아니지 않는가? 그래서 10불을 주었다.

식대는 12불이지만, 과외로 지불한 돈이 25불이다. 매일 이런 식으로 지내다간 금방 알거지이다. 앞으로 음악은 그냥 길에서 서서 듣는 것으로 대충 때워야 한다. 이 멕시코 친구가 오늘 가고 나면 나 혼자 움직여야 하니 점심도 가져온 컵라면과 누룽지를 먹으면서 절약을 해야 할 것 같다.

그런데 내가 미국에서 쿠바행 비행기 예약을 할 때, 쿠바 방문 목적에 대해 밝혀야 하는데, 열 개 이상의 항목이 있었다. 거기에 관광 항목은 없었다. 그래서 불가불 선택한 항목이 Help Cuban Peoples라는 항목이었다. 구제하는 것이 내 여행 목적에 맞다.

9. 생각지 아니한 횡재

숙소 옆에 아메리카라는 음악 공연장이 있길래 알아보았더니 일요일 오후 5시에 음악 공연이 있다. 쿠바인들은 0.4불 정도 받는데, 나는 외국인이라고 5불을 내란다. 그런데 좌석은 앞에 중앙으로 좋은 자리를 준다. 5백 명 정도로 꽉 찼다. 주로 나이 든 분들이다. 건물은 오래되었지만, 건축미가 살아있다.

음악은 볼레로였다. 처음 듣는 장르라 걱정 반 의심 반 심정으로 자리에 앉았는데, 대단한 경험이었다. 여기에 나오려면 가수들이 오페라풍의 풍성한 음량이 있어야 하고 고음과 저음을 넘나드는 실력이 필요하다. 여기에 남미풍의 리드미칼한 가락이 가미된 일종의 퓨전 음악이었다. 서구의 오페라와 중남미의 음악이 결합된 음악이었다. 또 반주는 기타 색소폰 드럼 그리고 건반이었는데, 재즈풍이었다. 서구의 클래식과 스페인의 탱고 거기에 남미와 흑인의 독특한 재

예술의 전당 앞에서

즈와 블루와 결합된 형태였다.

한 곡 안에 이런 것들이 묘하게 혼합되어 있었다. 대중들이 쉽게 따라 부르기는 쉽지 않지만, 대중성이 강한 노래들이다. 후에 알고 보니 쿠바, 멕시코, 콜롬비아의 음악인들이 함께 엮어내는 2시간짜리 프로그램이었다. 흥미로운 것은 어느 곡이든지 중간에 청중에 함께 따라 부르는 부분이 있으며 대부분의 청중이 가사를 다 알고 있었다. 중간 휴식도 없이 2시간을 넘게 진행하는데, 전혀 지루하지 않았다. 다만 중간중간 유머스러운 멘트를 하는데, 함께 따라 웃을 수 없는 것이 흠이었다. 오늘은 단돈 오천 원으로 횡재했다.

10. 아바나대학에서 만난 부부사기단

떠나기 전날, 유명한 아이스크림 가게를 찾아가면서 중간에 아바나대학을 방문했다. 그 전날 민박집에 세 명의 여자가 함께 들어왔다. 그중 한 명이 '미국 버클리 생물학과 부교수로 볼리비아 태생인데, 이곳 아바나대학에 한 주간 특별강좌를 인도하기 위해 왔다'고 하면서 자기가 들었는데, 대학 교정이 아름답다더라는 말을 했다.

얼마나 아름다운지 그리고 학생들의 얼굴에 비친 혁명의 기운은 어떠한지 알아볼 겸 수십 계단을 올라 교정에 들어섰다. 입구에서 사진을 한두 장 찍고 걸어가는데, 남녀 한 쌍이 다가와 스페니쉬로 말을 건다. 내가 아무런 답을 하지 않자, 영어로 '저기에서 오늘 국제 학생들을 대상으로 영어 특별강좌가 있어 거기를 가는 중'이라고 한다. 갑자기 영어가 들리니 대화를 좀 할 수 있다는 생각에 반가운 마음이 번쩍 들었다.

아바나대학 역사학과 학생이라고 하면서 옆에 있는 자기 부인을 소개하는 것이었다. 학생치고는 나이가 조금 들어 박사과정에 있나 생각했다.

그러면서 옆에 있는 건물을 가리키면서 '피델이 1959년 혁명을 일으키고 학생들과 함께 토론했던 건물'이라며 앞장을 선다. 뭐라고 답할 사이도 없이 따라갔다. 게시판에 붙여진 피델과 관련한 몇 개의 사진을 가리킨다. 혁명복을 입고 십여 명이 둘러앉아 있는 작은 사진이 있어 '체게바라도 여기에 있느냐'고 했더니 중앙에 한 사람을 가리킨다. 사진이 너무 작아 얼굴로는 구별이 안 될 듯싶은데, 한 사람을 지적하기에 역사학과 학생이라 다르기는 다르구나! 감탄했다. 혁명이 이론으로는 옳지만, 실제에 있어서는 어려움이 있다고 말하면서도 계속 혁명(레볼루찌온)의 정당성을 주장한다. 역시 역사학과 학생답게 주체성이 있구나! 속으로 칭찬했다.

건물 주위의 몇 개의 오래된 얼굴 동상이 있는데, 그들을 한 명 한 명 언급하면서 저들이 이 학교에 기여한 일들을 얘기한다. 그때마다 아내 또한 한두 마디의 짧은 영어로 거든다. 아직 반대편에 보지 않은 학교 건물들이 더 있는데, 우리는 후문 앞에 서 있었다. 그래서 고맙다고 얘기하고 돌아서려는 순간 저기 조금만 가면 '피델 카스트로가 살던 집이 있는데, 가보지 않겠느냐'고 말한다.

그가 살던 곳은 차를 타고 가야 하는 곳으로 알고 있었는데, 조금 걸어가면 된다니 이거 웬 떡이냐 하며 따라나섰다. 조금 걸어가더니 찻집과 연결된 꽤 괜찮게 보이는 집을 가리키면서 저기 2층에서 살았단다. 그래서 사진을 몇 장 찍었다. 안으로 들어가더니 몇 개의 벽에 붙은 사진을 설명하면서 또 혁명을 얘기한다. 백인과 흑인 농부가 함께 앉아 있는 장면을 보여주면서 이것이 혁명의 결과란다. 그러면서 집으로는 들어가지 않고 찻집에서 얘기를 계속한다. 그런데 둘러보니 이 찻집 한복판에는 피델의 사진은 없고 작년 9월 방문한 프란체스코 교황의 사진이 붙어 있다.

대여섯 개의 테이블 중 창가에 놓인 한 테이블을 가리키면서 이 테이블에 바로 피델이 앉았고 저 창문에 학생들이 서 있었단다. 그러면서 자기가 먼저 자리에 앉더니 나보고 앉으란다. 앉았더니 음료수를 시킨다. 그동안 이 친구에게 어떻게 답례해야 하나 계속 고민을 하고 있었다. 학생으로 외국인에게 자발적으로 봉사하는 일이었지만, 가난한 학생이니 뭔가 도움을 주고 가는 것이 예의였다. 그렇다고 몇 불을 주기도 뭐해 고민 중이었다. 음료수 한잔 사주는 것으로 대신하면 되겠다 싶어 잘 됐다 싶었다. 그러더니 15년째 들고 다니는 작은 디지털 사진기를 보더니, 거기에 한국 사진이 있느냐고 물었다. 몇 년 전 제주도 강정에서 찍은 사진 몇 개를 보여주면서 나름 열심히 설명하였다. 그런데 그는 자주 쿠바의 삶의 어려운 점을 얘기한다.

나보고 뭘 하느냐고 하길래, 목사라고 했다. 차가 있느냐? 집이 있느냐? 하길래 교회가 제공하는 사택에 살고 있다고 했다. 그리고 여러 얘기를 한다. 북조선 얘기도 한다. 역사 시간에 배웠다고.

그러더니 여기 들어올 때 한국 돈으로 환전했느냐고 묻는다. 아니다. 한국 돈을 미국 달러로 그리고 다시 쿠바 달러로 환전했다고 말하자 갑자기 달러가 있느냐고 한다. 어 이것 봐라? 웬 갑자기 달러 얘기지? 생각하며 달러 없다. 지금 쿠바에 이 주간 이상 머물고 있는데, 처음 생각했던 것보다 물가가 너무 비싸 돈이 다 떨어졌다.

그는 약간 실망한 빛을 보이더니 선물은 샀냐고 해서 못 샀다고 했다. 그러자 럼은 뭐가 좋고 커피는 무슨 브랜드가 좋단다. 그러면서 상표 이름을 종이에 적는다. 나중에 혹 사더라도 그 상표를 사라고 하는 줄 알았다. 그러자 그는 덧붙이기를 대학 구내매점에서 이것을 파는데, 시중 값의 절반이란다. 그러면서 학생증이 있느냐고 묻는다. 한국에서 온 여행객에게 웬 학생증? 그리고 웬 대학 구내매점에서 술을? 그때 눈치를 완전히 챘어야 했다. 물론 반쯤은 눈치를 채고 있었다. 그런데, 갑자기 아내가 체 게바라의 얼굴이 새겨진 3페소짜리 동전을 주더니 나보고 가지라고 하면서 자기가 학생증이 있으니 커피를 대신 사주겠다고 벌떡 일어난다. 뭐라고 말릴 사이도 없었다.

주문한 콜라를 마시면서 조금 기다렸더니 두 개의 조그마한 커피 봉지를 가져왔는데, 얼마나 싸구려인지 커피 봉지가 터져 조금씩 새고 있었다. 10불이라고 한다. 나도 돌아갈 때 커피를 좀 사서 갈까 하여 이미 상점에서 봐 둔 물건이 있었다. 이보다 더 크고 훨씬 튼튼한 팩에 든 커피도 1불 50전이 안 되었다. 이건 순전히 바가지였다. 그러나 어쩌겠는가? 이미 신세를 졌는데 어쩔 수 없이 10달러를 줬다. 기분이 상해 음료값이나 내고 헤어지려고 종업원에게 얼마냐고 했더니 말로 답해도 될 것을 부러 계산서를 가져온다. 콜라 석 잔에 12달러였다. 한 잔에 4달러였다. 이보다 더 큰 잔에 맛있는 맥줏값이 3불인데, 기껏해야 1불이면 될 것을, 4불 바가지를 또 씌운다. 종업원까지 다 한패구나, 갑자기 열이 올랐다. 그러나 싸울 수는 없었다. 저쪽에는 아까부터 나를 계속 주시하고 있는 떡대 같은 남성 종업원 두 명이 앉아 있었다.

스페인어도 못하는 동양인 노인네 혼자 뭘 어떻게 할 수 있겠는가? 경찰을 부를 수도 없었다. 화가 치밀어 돈을 주면서 일어섰다. 그러면서 목사로서는 쓸 단어가 아니었지만, 영어로 '쿠바 혁명 엿 먹어라' 하며 가게를 나섰다. 그놈들을 향해 '지옥에나 가라' 한 마디 더 할 것을 못내 아쉬워하면서. 물론 서울 강남 찻집에 갔다면 이보다 돈은 더 들겠지만. 쿠바 부부사기단에 걸려든 셈이었다. 물론 따지고 보면 모두 삼만 원 쓴 거니까 사기당한 것이라고 말하기도 힘들지만.

하얀 수염 때문인지 아니면 나이 때문인지 외국 여행을 혼자 다니다 보면 소매치기들의 표적이 자주 된다. 그래서 주머니에는 돈이나 카드를 넣고 다니지 않는다. 이번 여행에도 만일을 위해 비상용 호르라기도 가지고 왔고, 호신용으로 끝에 쇠가 달린 등산용 스틱도 하나

가져왔다. 그러나 거리를 다니다 보니 그럴 필요를 전혀 느끼지 못했다. 그러나 쿠바의 모든 가게와 집들은 창문마다 철장을 다 했다. 좀도둑이 많다는 증거이다. 민박집 도착한 날 주인이 당부한다. 주머니에 돈이나 패스포트를 갖고 다니지 말고 집이 안전하니 놓고 다니라고, 그러면서 목에 거는 작은 가방도 등 뒤가 아닌 앞으로 매고 다니라며 손수 시범까지 보여준 바 있다.

쿠바의 치안은 일단 좋다. 곳곳에 경찰들이 서 있고, 골목길을 다니다 보면 종종 순찰 경찰차들을 목격하곤 한다(물론 이것이 범죄가 자주 일어난다는 방증이 되기도 하겠지만). 그러나 한밤중 골목길을 혼자 걷다 보면 어떤 일이 일어날지 모른다. 밤에 해변이나 길가에서 술을 먹는 사람들이 많아 더욱 그렇다. 물론 가게에서는 오후 6시가 지나면 술은 팔지 않지만, 저들은 돈만 있으면 언제든지 살 수 있다.

어느 도시에나 그렇듯이 여행객을 향해 한두 푼의 적선을 요구하는 사람들을 만나곤 한다. 웬만한 유럽 나라에 다 있다. 서울에 그런 사람들이 거의 없다는 게 신기하기도 하고 자랑스럽다. 어제저녁에도 밤늦게 숙소로 돌아오는데, 식당 일을 끝낸 남자가 아내의 손을 붙잡고 앞치마를 두른 채 말을 건다. 얼굴이 불그스레한 걸 보니 한잔을 걸쳤다. 기분이 좋아 보였다. 한국이 야구를 잘한다고 칭찬을 한다. 그러더니 갑자기 1달러를 달라고 한다. 음료 한잔 사 먹어야겠다며 말이다. 아내의 손을 붙잡고 가면서 모르는 외국인에게 돈 1불을 달라는 이 친구, 체면이고 자존심이고 하나도 없다. 돈이 없다고 냉정하게 뿌리쳤다.

그런데 아바나대학에 들렀다가 부부사기단에 걸린 것이다. 돈이 없어 더 이상 털릴 것도 없었고, 애당초 교정 안내에 대한 감사의 몫으로 5불 내지 10불을 그냥 주려고 생각하고 있었다. 그러나저러나 전부 해서 여윳돈이라고는 30불밖에 없는데, 무려 22불을 여기서 뜯기고 만 것이다. 세상 살면서 별의별 일 다 겪고 여행하면서 다양한 일을 겪었지만, 속으로 생각했다. '야 헌정아! 넌 아직도 멀었어. 이 순진한 목사 친구야!'

그런데 가만히 생각하니 내가 쿠바를 방문하고자 하였던 공식적인 목적, 쿠바 사람들을 돕기 위한 목적은 실천한 셈이다. 속아서 주긴 했지만, 저들에게는 적어도 며칠 동안 생계에는 도움이 될 것이라는 결론을 내고 스스로 위안을 삼기로 했다.

15년 전 평택 미군기지 확장 건설을 반대하는 시위에 나섰다가 내 옆에 서 있던 젊은 친구를 경찰 대여섯 명이 한꺼번에 달려들어 끌고 가길래 내가 이를 막아서면서 특수공무집행 방해죄로 재판을 받은 바 있었다. 1심에서 벌금 300만 원, 2심에서 150만 원 그리고 대법원 확정 벌금 판결을 받은 후 벌금을 몸으로 때우느라 교회에는 특별휴가를 내고 서울구치소에 15일 동안 머문 적이 있다.

몇 달이 지나, 교회로 누가 찾아왔다. 구치소에서 나와 같은 동에 있었다고 하면서 얼마 전 출소했는데, 폭력단에 쫓기고 있다고 하는 그 친구의 말에 속아서 약간의 돈을 준 적이 있었다(이 친구는 나름대로 치밀한 이야기를 하나 꾸며 사전 작업까지 이미 해 두었다). 나중에 그 친구의 얘기를 반추해 보니 이 친구가 구치소에서 나를 본 게 아니라, 나와 관련한 한겨레신문 기사를 보고는 그렇게 사기를 쳤던 것이었다. 그때 사기꾼들의 수법이라고 하는 것이 나의 상상을 초월하는(요즘 일어나는 전화사기단 일들이 일어나기 훨씬 전이었다) 것이라는 것을 깨달았지만, 이번 경우에도 그렇다. 아바나대학 역사학과 학생이라면서 쿠바 혁명의 역사를 자랑스럽게 얘기하고, 마치 피델 카스트로가 그 자리에 살아있는 것처럼 생생하게 유창한 영어로 말하니 하느님인들 속아 넘어가지 않을 수가 있었을까?

혁명의 나라 쿠바! 나는 부부사기단과 찻집이 한 통으로 연계된 새로운 방식의 혁명적 사기를 경험했다. 혁명은 계속되고 있었다. 작은 사진에서 체 게바라를 구별해내는 것은 역사학이 아니라, 사기학이라고 하는 것을 왜 몰랐을까? 지금 생각하니 피델이 살았으면 어느 정도의 기념물이 있고 소개 사진이라도 있었어야 했는데, 그가 앉으라고 한 나무 테이블이 기껏해야 10년 정도밖에 되지 않았는데, 왜 그때 나는 60년 전 피델이 앉았던 테이블이라는 그의 얘기를 믿었을까? 나는 오히려 그 순간 평양 김일성대학을 방문했을 때 김주석이 앉았다 간 책상이라고 특별 표시를 해놓았던 기억이 떠올랐었다. 그러면서 아무런 표시도 남기지 않은 피델 카스트로의 민중적 혁명성에 내심 감탄을 했었다.

아! 그런데 이게 모두 사기였다니. 혁명은 이론으로만 존재한다는 그의 얘기를 귀담아들었어야 했는데….

11. 미완의 아이스크림 혁명

쿠바 여행책을 보면 꼭 등장하는 코이펠라라는 아이스크림 가게가 있다. 별다른 설명 없이 맛은 없지만, 옛날 가격 그대로 싼값에 엄청 많은 아이스크림을 준다고만 되어 있다. 다만 줄이 길어 오래 기다려야 한다고. 어느 한국인 여행자는 45분이 평균이라고 되어 있고, 어느 미국인의 여행기에는 쿠바인들은 1페소이지만, 이제는 외국인들을 위한 전용줄이 따로 되어 있어 기다리지 않아도 되고 값은 현지인의 20배가 되는 1쿡(달러)이라고 되어 있다.

며칠 전 멕시코 친구랑 택시를 타고 가다 이 얘기를 하면서 운전사에게 가자고 했더니 알았다고 한다. 거기 가면 아이스크림을 20 스쿱을 준단다. 그러면서 아이스콘에 20 스쿱이 올라간 모습을 보여준다. 나는 그 얘기를 들으면서 20스쿱을 어떻게 떨어뜨리지 않고 쌓아 줄까? 궁금했다. 가끔 명동에서 파는 아이스크림 높이가 20센티 이상 높게 하여 준다. 그리고 터키식 아이스크림은 찐득찐득하니 10 스쿱 정도는 가능하겠지만, 20 스쿱이라니 믿기 어려웠다. 그러나 그렇다니 믿어야지 다른 도리가 없었다.

운전사는 코이펠라 앞에 차를 세우더니 거기 서 있는 줄을 보여준다. 한 줄에 족히 50명이 넘는 두 줄이 보인다. 저기 줄을 서면 4시간은 기다려야 한다고 한다. 내가 외국인 여행객들을 위해 줄이 따로 마련되어 있는 것으로 들었다고 했더니 그런 건 없고, 저들과 같이 서서 기다렸다 먹어야 한다고 답한다. 할 수 없이 포기하고 가게 간판과 수십 명이 서 있는 줄을 사진만 찍는 것으로 아쉬움을 대신해야 했다.

이제 쿠바를 떠나기 이틀 전 돈도 다 떨어지고 특별히 할 일도 없어 오늘은 서너 시간 기다린다 해도 그 유명한 아이스크림을 한번 먹어보기로 했다. 문 여는 시간 일찍 가면 줄이 짧지 않겠나 생각을 하면서 주인 나자로에게 물어보니 아침 8시부터 문을 연단다. 여기는 대부분 열 시가 넘어야 가게를 연다. 지도를 보니 걸어가면 한 30분이면 갈듯싶었다. 물과 선글라스와 지도와 스페니쉬 회화책이 들어간 조그마한 백팩을 들고 9시경 집을 나섰다. 햇볕은 뜨거웠지만 3, 4층의 줄지어진 건물로 인해 생긴 그늘을 따라 걸어갔다.

아바나대학에서의 씁쓸했던 부부사기단을 뒤로하고 아이스크림 가게로 갔다. 정오가 되지 않은 시간, 역시나 엊그제 방문했던 만큼은 줄이 길지 않았지만 2~30명 되는 줄이 두 개가 보였다. 왜 줄이 두 개인가? 그리고 왜 이 두 줄은 서로 떨어져 있으며 한 줄은 조금 더 길고 다른 한 줄은 짧은가? 긴 줄 뒤에 서 있는 사람이 왜 짧은 줄로 가질 않을까? 외국인 전용줄은 과연 있는 것일까? 영어가 안 통하니 알 길이 없다.

백문이 불여일견이라고 일단 줄을 무시하고 커다란 광장 안으로 들어갔다. 생각보다 아이스크림 광장과 건물이 컸다. 밖에는 줄이 긴데, 안에는 줄이 없다. 여기저기 사람들이 테이블에 앉아 아이스크림을 먹고 있다. 경비가 서 있길래, 물었더니 외국인은 저쪽으로 가란다. 역시 외국인 여행객을 위한 줄이 따로 있었다. 돈 조금 더 내더라도 외국인을 위한 배려심이 좋았다. 갔더니 내 앞 젊은 백인 부부가 주문한다. 유리컵에 담아주는데 겨우 한 쿱이다. 그런데 2불 오십전이다. 여기까지 왔는데, 비싸다고 돌아설 수는 없는 일. 바나나 아이스크림을 시켰다. 역시 맛은 별로. 빨리 일어서서 가게 전체를 천천히 둘러보았다.

의문점이 풀렸다. 이 유명한 아이스크림 하우스는 그 안이 몇 개의 가게로 나뉘어 있었다. 우선 외국인 전용. 그리고 잘 지어진 중앙 건물의 1층과 2층 그리고 세 군데의 서로 다른 아이스크림 가게였다. 이름은 하나이지만, 내부는 구분되어 있었다. 모든 좌석을 다 하면 넉넉하게 삼백 명이 충분히 앉을 수 있었다. 아직도 완전히 어떻게 구분되는지는 분명하지는 않지만, 메뉴가 조금씩 달랐고, 주는 양도 조금씩 달랐다. 한 곳에 두 젊은 남녀가 아이스크림을 먹는데, 두 스쿱씩 들어간 플라스틱 접시가 열 개는 되어 보였다.

운전사가 말한 스무스쿱이 수직으로 올려간 게 아니고 수평으로 놓여 있었다. 운전사도 실제는 먹어본 경험이 없었던 것이다. 정말 저걸 둘이서 다 먹을 수 있을까 생각할 만큼 많은 분량을 둘이서 먹기 시작한다. 사진을 찍기에는 너무 미안한 분량이었다.

건물 기둥에 체 게바라의 사진이 있었고, 설명서가 붙어 있고 본래 세우고자 했던 원래의 건물 설계도와 조명도가 그려져 있었다. 그간 쿠바의 경험과 추측으로 대강 이해한 바는 이렇다. 틀렸으면 나중에 누군가가 시정해 주기를 바란다. 그러나 이를 인터넷에 소개한 한국인도 직접 가서 먹어보지는 않고 대강 들은 얘기를 바탕으로 쓴 것 같다. 여기 와서 먹었다면 당연히 이 얘기를 써야 했다. 왜냐하면 가서 보았다면 도대체 일개 아이스크림 가게가 단지 가게가 아니라 상당히 넓은 크기의 광장에 중앙 건물을 이렇게 아름답게 지어야 할 이유가 무엇이었을까? 게다가 그곳은 가장 땅값이 비싼 상업지역이기도 했다. 그리고 여기에 체 게바라 얘기는 왜 나오는가?

쿠바 혁명이 성공했다. 남자와 여자의 성차별이 무너졌고, 백인 주인과 흑인 노예의 차별이 무너졌다. 백인들이 먹고 마시고 피웠던 모든 것들은 비록 질이 떨어지는 것이지만, 다 먹고 마실 수 있었다. 고기도 럼주도 다퀴리도 시가도. 그러나 단 하나, 아이스크림만은 어쩔 수가 없었다. 왜냐하면 이는 대량생산 제품이 아니었고 뜨거운 날씨에 5분 이상을 버틸 수가 없으니 운반도 불가능했다. 그러면 아이스크림 가게에 왜 이렇게 많은 투자를 해야 했을까?

혁명 전 아이스크림은 백인 중에서도 소수의 선택된 미국 부자들만이 먹을 수 있는 특수상품이었다. 지금도 호텔은 가보지 않아 모르겠지만, 시내 중심가에 가면 아이스크림콘을 사 먹을 수 있다. 그러나 그 값은 작은 건 3불, 거기에 뭔가를 얹으면 5불이었다. 쿠바인에게는 엄청나게 비싼 값이다. 이건 나에게도 함부로 사 먹을 수 없는 비싼 값이다. 서울에서 천 원이면 사 먹을 수 있는 아이스크림을 왜 내가 여기 와서 오천 원이나 주고 사 먹겠나. 차라리 천 원짜리 병맥주를 가게에서 사다 먹든지 아니면 삼천 원짜리 맛있는 생맥주를 길가 찻집에 앉아 한잔 먹지.

여기서 체 게바라는 쿠바의 가난한 민중들도 아이스크림만은 실컷 먹게 하는 꿈을 꾸었다. 그래서 멋들어진 건물을 짓고 거기에 가족들이 나들이를 와서 먹을 수 있도록 조성을 한 것이다. 원칙은 하나, 값은 무조건 싸야 했고 한번 먹으면 질리도록 먹을 수 있도록 하자는 원칙이었다. 메뉴만 보아서는 가게들의 차이가 뭔지 잘 모르겠다. 값이 매겨진 메뉴도 있고 그렇지 않은 메뉴도 있고, 다섯 군데의 서로 다른 구역이 종류나 파는 방식이 다 같지는 않았다. 그러니까 어떤 줄은 길고 어떤 줄은 짧은 것이다.

쿠바의 상점과 사람들

주로 가족들이 한 테이블에 앉았다. 그들이 다 먹고 일어서면 그 안의 종업원이 한 15미터쯤 떨어져 있는 다른 종업원에게 얘기하면 그 종업원이 그보다 20미터 떨어져서 밖의 줄에 서 있는 사람에게 들어오라고 소리를 쳤다. 안에서 먹는 사람이 스트레스를 받지 않도록 줄은 지 멀리 보이지 않는 곳에 만들어놓은 것이다.

또 하나, 분명히 목격한 것은 노숙자 형태의 한 노인네가 혼자서 다 먹다가는 분명히 탈이 날 만큼의 아주 커다란 아이스크림 한 통을 품에 안고 지나갔고, 아주 어수룩한 차림의 한 중년 여인은 줄에 상관없이 세 개의 큰 플라스틱 통을 품에 안고 아이스크림을 사기 위해 들어갔다. 뭔가 사회주의 배급 방식이 존재하는 게 분명했다.

이곳은 아바나에서도 상가와 호텔이 즐비한 강남의 압구정동 같은 곳이었다. 그러고 보니 쿠바의 혁명은 결코 이론만으로 끝난 것은 아니었다. 최소한 아이스크림의 혁명만은 성공하지 않았을까 하는 깊은 여운을 남기기에 충분한 방문이었다.

민박집에 돌아와 이 글을 마치자마자 갑자기 정전이다. 거의 매일 경험하는 일이다. 특히 전력이 가장 많이 소요되는 한낮의 시간에 말이다. 보통은 몇 분이 지나면 다시 들어온다. 그러나 이번에는 약 30분이 지나서야 전기가 다시 들어온다. 냉동실의 아이스크림이 녹기에는 충분한 시간이다. 아직 아이스크림 혁명 또한 완성되지 않았다.

12. 쿠바와 사회주의의 요모조모

한 달 최저생계비 만원. 이는 우리나라에서 현재 논쟁 중인 노동자 한 시간 최저임금을 잘못 말한 것이 아니다. 쿠바 정부가 정한 노동자 최저생계비를 두고 하는 말이다. 하루도 아니고 한 달이다. 의사의 한 달 봉급은 6만 원, 한 달 생계비 만원, 물론 노동자나 공무원들은 이것 가지고는 살 수 없어 과외로 다른 일들을 하거나 아니면 택시 운전사가 말하는 대로 부정한 방식으로 부수입을 올린다. 예를 들면 정부 소유의 차에서 기름을 빼서 팔아먹거나 뇌물을 받아먹거나…. 쿠바 사회주의의 실패를 유감없이 비판하는 운전사의 얘기만을 전적으로 신뢰할 수 없으나 미국의 스페니쉬 케이블 방송이 불법으로 성행하고 인터넷을 통해 서구의 실상을 보다 자세히 들여다보면서 국민의 불만이 높다는 것을 느낄 수 있다.

그러나 내가 이발을 하면서 만난 한 이발사(매우 드물게 그는 영어를 좀 했다. 반미국가라 영어를 아예 배우지 않는 것 같다. 21살 난 민박집 아들은 컴퓨터 공부를 한다는데, 영어 단어 아는 게 거의 없다. 그런데도 양키 모자와 셔츠를 입고 다닌다)는 쿠바의 사회주의가 이념으로는 옳으나 현실에 적용하기에는 어려움이 많고, 그렇다고 미국의 자본주의는 인간을 하나의 기계 부품으로 보기에 이 또한 잘못된 체제라고 비판한다. 제3의 길로 북유럽의 사회복지주의 체제를 주장한다. 이발사가 우리나라의 웬만한 지식인보다 비판적 사고가 높다.

한 달 만원이라고 하지만, 여기 사람들 몸이 마른 사람들은 없다. 오히려 서구 사람 못지않게 비정상적으로 살찐 사람들이 많다. 다른 영어는 몰라도 다이어트 단어는 안다. 우리 주인 아낙네도 살이 너무 쪄서 아침마다 피트니스센터에 가서 운동한다. 가서 보니 운동기구들이 모두 기능은 비슷한데, 기구는 자기들 식대로 철근 덩어리를 갖고 두들겨서 만들었다.

여기 굴러다니는 차들 대부분은 1950년대 형이다. 내부는 일제, 소련제, 중국제 부품들을 사용하여 조립형이다. 공기 정화법이 없다보니 자동차에서 나오는 매연은 엄청나다. 차가 많지 않아 다행이지 차가 많다면 이 또한 큰 문제가 되겠다. 물론 바닷가라 바람이 항상 부니까 매연이 곧 사라진다. 미국의 경제봉쇄로 인해 뭐든지 자가 생산을 해야 했으니 손재주가 많은 나라이다. 70년 된 차들을 몇 번 타 보았는데, 택시로 제일 오래된 차는 1919년형이란다. 10년만 되어도 고물로 내다 버리는 우리나라. 지금이라도 늦지 않았다, 고물차들 있으면 어딘가에 모셔두고 손질을 해두라. 한 20년 후면 꽤 값이 나갈 테니까.

노동자 공무원 한 달 생계비 만원이라고 할 때, 우리식대로 생각해서는 안 된다. 왜냐하면 정부가 생활에 필요한 기본은 다 주기 때문이다. 주택, 교육, 의료, 최소한의 먹을 양식, 아이를 출산하면 우유를 비롯한 경비 보조 등. 우리나라처럼 돈 걱정해서 아이를 낳지 않는 경우는 없다. 그러나 산아제한을 하는지 아이를 많이 낳지는 않는 것 같다. 민박 주인도 아들 하나이다.

가끔 여행객들이 지나갈 때 아이 우유를 사기 위해 돈을 달라고 손을 내미는 여인들이 있다. 쿠바 친구가 말하길 거짓이란다. 우유는 정부가 준단다. 그 여인은 다른 것을 구입하기 위해 저렇게 말한단다.

지금 쿠바 사회는 요동치고 있다. 우리나라 1960, 70년대 농촌에

티브이가 들어오면서 광고와 도시의 부잣집 가정이 배경이 되는 연속극을 보면서 도시로 공장으로 몰려들었듯이 여기에 젊은이들도 몰려들고 있는데, 일할 곳은 없다.

대낮에 도시 이곳저곳 골목을 거닐다 보면 수많은 젊은이가 그냥 골목에 나 앉아 있는 모습들을 쉽게 볼 수 있다.

흔히 우리는 한 나라의 경제를 그 나라의 일 인당 국민소득이나 한 달에 버는 소득으로 평가하는 경우가 많다. 한 달에 만 원의 월급. 이것으로 평가한다면 이건 하루 1불의 가난한 아프리카 아시아의 나라에도 미치지 못하는 엄청난 가난이다.

그러나 국가가 제공하는 모든 것들을 어떻게 계산하느냐에 따라 달라질 것이다. 자본주의 국가에서 교육을 받은 경제학자들이 사회주의 국가의 일 인당 국민소득을 어떻게 계산할까? 난 경제학자가 아니니 잘 모른다. 그러나 상식적으로 생각해도 이는 어떻게 접근하느냐에 따라 그 수치는 엄청 달라질 것이다.

주택으로 본다면 이 정도 아파트라면 낡고 좁으니 한 1억 정도면 살 수 있을 것 같다. 먹을 것 입을 것 또한 이렇게 산정할 수 있다. 그러나 소비가 없다. 멀리 가야 할 필요가 없으니 자동차가 굳이 필요 없고 교통비는 거의 공짜나 다름없다. 우리가 따로 내야 하는 전기세, 물세, 하수세 등등은 매우 미미하다. 그래서 전기나 가스를 절약하는 모습이 보기 어렵다. 이런 것들은 생산이 아니니 수치에 포함하면 안 되는 것일까?

쿠바의 의료 수준은 세계적인 수준으로 알려져 있다. 한 2년 전 베네수엘라의 대통령이 이곳에 와서 암 수술을 받은 적이 있다. 피델 카스트로 전 대통령도 그 나이에 수술을 여러 번 받고도 여전히 생존

산타클라라에 있는 체 게바라 기념관

해 있는 것을 보면 의료 수준이 높은 것을 알 수 있다. 내가 전에 어디선가 들은 바에 의하면 쿠바의 의술은 서구식에 자신들의 전통 방식이 결합된 형태이다.

아마도 체 게바라의 영향이겠지만, 의사들을 많이 양산해서 가까운 남미에 파송을 많이 하여 돕고 있다. 일종의 의료 국가봉사자들이다. 몇 년 전 에볼라가 서부 아프리카에 창궐할 때, 우리나라에서 의료팀을 보낸다고 뒤늦게 법석을 떨었고, 몇 달간 다녀왔다(그때 자원하여 다녀온 의사 한 분이 향린교회에 다니고 있다).

그런데 정부가 무슨 큰 선심이라도 쓰듯이 언론에 떠들었을 때, 이미 그곳에는 쿠바 의사 수십 명이 목숨을 걸고 에볼라와 싸우고 있었다. 미국 주도의 서구 언론은 여기에 대해 함구하고 있었다. 지금 의료가 열악한 남미와 아프리카 나라들에 대한 쿠바의 의사 파견은 유명하다. 전 세계에 삼만 명이 나가 있는 것으로 알고 있다. 난 이런 것들이 사회주의의 장점이라고 여긴다. 북조선도 이런 점을 잘 받아들여 많은 의사를 길러내어 세계의 가난한 나라 곳곳에 파송함으로 민족 자부심을 키울 뿐만 아니라 세계인들의 인식을 바꿀 필요가 있다고 생각한다. 물론 남한도 이렇게 했으면 좋겠지만, 이미 돈 버는 일에 익숙해 있어 남쪽 의사들의 지망은 거의 없을 것이다.

하여간 국가가 제공하는 세계 수준의 공짜 의료비는 어떻게 계산해서 1인당 국민소득에 포함할 수 있을까? 기준을 미국인 부자들이 지출하는 평균 의료비로 계산한다면 어떻게 될까? 미국인들의 중산층 중 절반이 의료보험이 없다. 너무 비싸기 때문이다. 한 달 의료 보험비 5백 불만 잡아도 일 년이면 육천 불. 웬만한 나라의 일 인당 국민소득보다 높다.

자본주의 경제 방식대로 세계 각국의 경제를 비교하는 것은 옳지 않다. 아니 우리나라 1인당 국민소득이 3만 불이라고 한다. 어떤 대통령은 이것을 4만 불, 5만 불로 올려주겠다고 거짓말을 해서 당선이 되기도 했지만, 현재 3만 불이면 3천 3백만 원이다. 모든 국민이 아이든 노인이든 1인당 3천 3백만 원이라는 얘기이다. 그러면 평균 4인 가족, 노동자의 부모님이 살아계신다면 6인 가족이 된다. 4인 가족으로만 잡아도 1년에 평균 1억 2천만 원씩은 벌어야 우리나라 경제 통계가 말하는 수치에 맞는 것이다.

나도 여기에 훨씬 미치지 못하지만, 교인들 평균을 보면 여기에 훨씬 미치지 못한다. 그렇다면 이 수치가 무슨 의미가 있는 것일까? 돈은 다 어디로 가 있는 것인가? 소수의 부자가 너무 많이 갖고 있고 또 벌긴 벌어도 무기 구입비로 빠져나가고 있다. 그러니 자본주의식

카사 델 체 게바라 문화센터

경제 수치 숫자 놀음에 더 이상 속아서는 안 된다.

앞으로 쿠바의 사회주의 정책이 미국의 자본주의 체제와 만나 어떤 형태로 전개될는지는 알 수가 없다. 그간 사회주의 교육을 받았기에 미국식 개인 욕망에 사로잡힌 물질 만능주의에 대한 경계심은 강하게 갖고 있는 것으로 보인다. 다만 이를 어떻게 국민들이 자신의 삶에서 실천할 수 있을지가 관건이다.

하루는 내 나이 또래의 민박집 주인 아버지가 냄새를 피우며 온종일 통돼지를 오븐에 굽고 있다. 몇 시간이 지나 잘 익은 부분을 도려내더니 접시에 담는다. 그리고는 바로 옆집에 갖다준다. 그러자 잠시 후 옆집에서 요리 한 접시를 답례로 준다. 예전 우리나라 농촌사회에서 흔히 볼 수 있었던 모습이다. 그러나 더 부자가 된 지금 강남 아파트에서 인간미는 찾아보기 힘들다.

서울의 한 으슥한 골목길에서 누가 밤중에 쓰러져 있다고 할 때, 도와주려고 팔을 걷어붙이고 나서는 사람이 몇 명이나 될까? 몇 년 전 뉴욕 브루클린 대로변에서 한 사람이 총에 맞아 피를 흘리고 쓰러졌다. 이 모습을 수십 명의 사람이 아파트에서 내려다보았는데, 한 사람도 경찰에 신고 전화를 하지 않았다고 한다. 몇 가지의 이유가 있을 것이다. 신고하면 증인으로 나서야 하는 게 귀찮을 수도 있고 두려웠을 수도 있다. 그러나 사람이 죽어가는데, 자기가 직접 내려와 도와주지는 못해도 경찰이나 병원에 전화 한 통 하지 않는 세상이 미국식 자본주의의 실상이다.

우리가 지금 추구하는 사회는 어떤 사회인가? 미국인가? 그렇다면 큰일이다. 아니 이미 큰일이 일어나고 있다. 세계 최고의 자살율 국가, 태어나면서부터 형제 국가를 죽여야 할 원수로 알고 살아온 나라. 지금도 같은 부모님 밑에서 자란 형제나 자매가 제3국에서 만나 포옹을 하면 국가보안법으로 처벌을 하는 나라이니 아무리 돈이 많은들 정신이 돌지 않겠는가?

우리는 얼마나 더 가져야 만족할까? 행복해지려면 얼마나 더 있어야 할까? 거리에서 마주치는 평균의 쿠바인과 한국인의 얼굴에서 풍기는 삶의 만족도는 그냥 보아도 쿠바인들이 훨씬 높아 보인다. 여러분이 전철을 타거나 버스를 타고 주위 사람들의 얼굴을 한번 천천히 살펴보라. 난 자주 그렇게 한다. 핸드폰은 열심히 들여다보고 있지만, 그 얼굴에 행복한 모습은 거의 보기 힘들다. 삶에 찌든 모습이 대부분이다.

삶은 누리기 위해 존재하는 것이 아닌가? 지금 누리지 못한다면 언제 누릴 수 있다는 말인가? 내일의 행복을 위해 오늘의 행복을 미루는 것은 과연 현명한 일일까? 그 행복은 기다려주는 것일까?

사람들은 돈을 벌어 은퇴하면 외국 여행을 가겠다고 말한다. 그러나 정작 돈이 그렇게 생각만큼 벌리지도 않지만, 돈이 있어도 나이가 들면 여행에 대한 불편과 두려움이 많아져 포기하게 되고 잘못하여 병이라도 나면 여행은 커녕 모은 돈은 모두 의료비로 나간다. 아니면 자식들 뒷바라지로 나가든지.

쿠바로 여행 오는 멕시코 친구들 대부분은 가난하다. 50대 한 친구는 이것저것 닥치는 대로 일하는 하층 노동자인데, 지금까지 가족들을 위해 고생했기에 이번에는 혼자 놀러 왔단다. 그러면서 싸구려 민박집에 와서 맥주도 음식도 잘 사서 나눈다. 쿠바는 주로 스페인과 남미에서 온 여행객들이 많은데, 중산층 이상은 그리 많아 보이지 않는다.

없더라도 현재를 즐기면서 사는 멕시코, 남미 그리고 쿠바인들이 현명할까? 아니면 우리와 같이 목표를 세우고 미래를 향해 계속 달려가는 것이 현명할까? 그래서 성공하는 사람이 몇 명이나 될까? 갖고 싶고, 먹고 싶고, 입고 싶고, 바르고 싶은 이 욕망을 절제함으로 얻는 이익은 없을까? 왜 경제학자들의 논리를 따라 욕망을 키우기만 하려고 하는 것일까? 가습기 세척제 마냥 그게 과연 필요한 것인지 그 말이 맞는 것인지 판단하지 못한 채 자본가들의 이익 추구에 이용만 당하다 서서히 죽어가는 것은 아닐까? 가습기 세균 제거가 남한에서만 통했다면 자본주의 이전에 남한인들이 갖고 있는 의식의 근본적인 결함은 무엇일까? 오늘 우리에게는 남한 사회 자체에 대한 냉철한 비판의식이 필요한 시대이다.

인간 해방과 자유 추구, 과연 이런 것들이 물질로만 가능한가? 오히려 욕망을 절제하는 철학적이고 종교적인 방식이 선행되어야 하지 않을까?

난 지금 쿠바에서 이런 물음을 하고 있다. 그리고 이 물음은 앞으로의 남북통일의 과제를 다룰 때도 중요하게 다루어져야 한다고 생각한다. 현재 남쪽에서 진행되는 경제적 관점만의 통일 논의는 인간의 고유한 감정을 수치로 환산하고 인간을 경제적 동물로만 인식하는 미국식 자본주의 관점이다. 인간을 삶의 주체로 보는 철학적 종교적 관점이 함께 고려되지 않는다면 통일이 된다고 하더라도 얼마 가지 않아 소 잃고 외양간 고치는 식이 되고 말 것이다.

여 행 을 마 치 며

평생을 종교인으로 살아오면서 사회 공동체의 나아가는 길과 개인 삶의 의미에 대해 자주 묻게 된다.

> 어째서 우리나라는 세계 10위권에 육박하는 경제 대국이 되었음에도 불구하고 자살률 세계 1위라는 불명예를 10년 이상 유지하는 나라가 되었을까? 전쟁 직후 먹을 것이 없는 극빈의 상황 속에서도 죽음을 이겨왔거늘, 이토록 풍요한 사회가 되었는데 왜 사람들은 자살을 선택하는 것일까? 그것도 OECD 국가 평균의 두 배 이상이 되는 비정상의 국가로….

어느 날 국가별 자살률 통계표를 보다가 사이프러스라는 분단국가가 2위임을 보는 순간, 분단이 주요 원인임을 깨달았다. 태어나면서부터 '반공! 멸공!'이라는 구호 아래 한 번도 만난 적이 없는 북녘의 동포를 죽도록 미워하는 풍토에서 살아가다 보니 자신도 모르게 생명 경시(輕視) 풍토에 젖어 삶이 어려움에 처했을 때, 쉽게 생명을 포기하는 집단병리 현상이 생긴 것이라는 결론에 도달했다.

이를 극복하는 방법은 무엇일까? 우선 생명 존중 사상이 일어나야 하는데 그러려면 남북화해와 평화 사상일 것이다. 그러나 현실은 어떠한가? 고층 아파트가 성공의 표증이 되고 재산증식의 확실한 방식이 되었다. '창조주' 위의 '조물주' 그리고 '영끌'이라는 단어가 우리의 의식을 잠식하고 말았다. 그러나 상당수의 자살자는 자신이 사는 아파트가 고층이 아니었다면 자살 충동을 이겨낼 수 있었을 것이다. 성공 표증이 아니라 자기 파멸의 원인 제공이 되기도 한다.

필자는 분명히 믿고 있다. 국내든 국외든 최소한의 생필품을 배낭에 지고 단 며칠만이라도 외딴곳을 홀로 걸어본 사람이라면 삶의 행복이 물질욕망 충족에 있지 않고 영혼의 자유함에 있다는 사실을 알게 될 것이라고.

바라기는 국가정책에 있어 돈이 아닌 생명을 살리는 일에 우선순위를 두어 스페인 까미노처럼 대한민국 곳곳을 관통하는 순례길을 만들었으면 한다. 여기에는 삼면의 해안선을 따라 걷는 남한둘레길과 철책선평화누리길이 포함된다. 현재 많은 지자체에서 자체적으로 개발하고 있는 자전거길과 병행하면 좋을 것이다. 그리고 여기서 중요한 것은 그냥 길만 만드는 일에서 그치는 것이 아니라 값싸게 이용할 수 있는 숙박시설을 제공해야 한다. 여기에는 템플스테이와 같은 절은 물론 교회나 성당의 시설을 활용할 수도 있고, 마을이 운영하는 숙박시설을 곳곳에 만들어 주어야 한다. 필자가 직접 목격한 것은 노인들만이 살아가는 스페인 오지 산골 마을에 세계 곳곳의 젊은이들이 찾아들면서 활기를 되찾아가는 모습이다.